SABINE ASGODOM

70 Aha-Momente zum Glücklichsein

**Lebe selbstbestimmt
und wild und weise**

INHALT

EINLEITUNG

»Sie haben gut reden, Frau Asgodom. Ihnen ist es ja immer gut gegangen.« Der Mann, der mir gegenübersteht, ist richtig aufgebracht. »Wie kommen Sie darauf?«, frage ich zurück und runzle die Stirn.

»Sie sind ja immer fröhlich«, kontert er.

Ich stutze kurz, schau ihm in die Augen und sage: »Können Sie sich vorstellen, dass ich fröhlich bin, weil ich in meinem Leben schon durch tiefe, dunkle Täler gegangen bin?«

Nein, das konnte er nicht.

Aber du kannst es dir vielleicht vorstellen. Du weißt vielleicht, dass dieses wunderschöne Leben tatsächlich oft ungerecht und unverständlich ist und uns wie in einer Wäscheschleuder durcheinanderwirbelt. Da diskutieren Menschen hochphilosophisch, ob das Glas halb voll oder halb leer ist. Ich habe in meinem Leben schon öfter festgestellt, dass so ein Glas einfach auch mal umfällt oder kaputtgeht. Und dann habe ich eine Runde geheult, gejammert, gezetert und mich drangemacht, die Scherben zusammenzufegen. Von meinen Erfahrungen mit diesem beknackten Leben möchte ich dir berichten. Aber auch davon, wie wir immer wieder die Sicht auf die wunderschöne Seite richten können.

Du merkst sicher schon, dieses Buch ist kein gewöhnlicher Ratgeber. Eigentlich ist es gar keiner. Die Welt erstickt in Regeln: Tu dies, tu das und das lass sein! Das Leben ist aber viel zu bunt für Binsenweisheiten. In diesem Buch bekommst du keine Ratschläge, die so tun, als würden sie für alle gelten. Dieses Buch folgt dem Coachingansatz, nach dem ich seit 30 Jahren arbeite: Ich möchte dich mit meinen Geschichten zum Nachdenken bringen, gebe dir ein paar Impulse und vertraue darauf, dass du auf deine eigenen Lösungen kommst.

Deswegen bietet dir dieses Buch teils vergnügliche, teils dramatische Geschichten aus meinem Leben, ehrlich und offen aus einer reflektierenden Perspektive heraus erzählt. Ich erzähle so schonungslos wie in keinem Buch zuvor, von meinen krassen Kindheitserlebnissen, meinem Weg ins Ungewisse, von der Befreiung aus einer toxischen Beziehung, meinem Scheitern, meinen Enttäuschungen und meinen Freiheitsschritten – immer das Ziel eines glücklichen Lebens vor Augen. »Ein Wunder, dass aus mir überhaupt etwas geworden ist«, denke ich manchmal und lasse dich an meiner Entwicklung teilhaben.

Herausgekommen sind 70 Aha-Momente, die dich überraschen und unterhalten sollen. Die Zahl 70 ist kein Zufall. Wenn dieses Buch erscheint, werde ich meinen 70. Geburtstag feiern, am 7.7.2023 – die Quersumme der Jahreszahl ergibt übrigens auch 7, habe ich beim Schreiben bemerkt. Ich habe die Zahl sieben immer gemocht. Ich denke, sie ist meine Glückszahl – nicht beim Roulette, sondern ein glückliches Omen für mein Leben. Und ich gebe dir gern etwas von meinem Glück ab.

Du bekommst also 70 Geschichten in sieben Kapiteln. Manchmal wirst du vielleicht Mitgefühl mit mir spüren, manchmal wirst du staunen oder den Kopf über mich schütteln, und hoffentlich kannst du oft mit mir lachen. Denn du weißt ja: Wer tiefe, dunkle Täler hinter sich gebracht hat, kann fröhlich sein.

Am Ende jeder Geschichte findest du Anregungen, wie du meine Erkenntnisse auf dein Leben übertragen und in deinem Handeln umsetzen kannst – wenn du magst. Ich möchte dir Mut machen, dieses verwirrende Leben anzunehmen, wie es ist. Und alles dafür zu tun, dass es wunderschön wird.

Oder wie mein Mann Siegfried zu sagen pflegte: »Nein, nicht alles wird gut. Alles ist gut.« Er, den ich leider an die Demenz verloren habe, war jeden Tag, an dem ich geschrieben habe, in meinen Gedanken. Er war und ist meine Muse.

Deine Sabine Asgodom

Vertrauen & Selbst-bestimmung

SCHREIBEN IST LEBEN

Als ich neulich, erschöpft nach einem langen Schreibtag, in meinem Schaukelstuhl saß, Paolo Conte hörte und zu müde war, um ins Bett zu gehen, kam mir urplötzlich dieser Gedanke: Bücher schreiben zu können, ist das Geschenk des Lebens an mich.

Ein Geschenk, weil ich für mein Leben gern schreibe. Schon als Elfjährige habe ich Geschichten geschrieben, die ich in der Klasse vorlesen durfte. Mit 13 wurde mein erstes Gedicht in meiner Heimatzeitung veröffentlicht. Gedanken zu formulieren und aufzuschreiben, war und ist mein größtes Talent. Was für eine Gnade, meine Stärke leben zu dürfen. Und sogar einen Beruf daraus machen zu können.

Und das Geschenk ist noch viel bedeutsamer: Schreiben hat mir das Leben gerettet. Im Schreiben habe ich meine Gefühle äußern können, über die zu sprechen ich mich meistens nicht getraut habe. Schon mit 15 habe ich tieftraurige Gedichte geschrieben, von Einsamkeit, tiefer Verlorenheit und Verzweiflung über die verlogene Familie, in der ich lebte. Die nach außen ganz wunderbar erschien, deren Inneres aber von Angst und Strafe geprägt war. Ich bin sicher nicht die Einzige, die dachte, in die falsche Familie geboren worden zu sein. Vielleicht doch vertauscht? Konnte bei mir nicht sein, ich war eine Hausgeburt. Ich fühlte mich trotzdem immer so fremd. Ich wollte nicht so sein wie sie, so werden wie sie. Das durfte ich jedoch nicht aussprechen – aber schreiben.

Ich war vielleicht 16, da passte mich eines Tages meine Mutter ab, als ich aus der Schule kam. Sie fragte mich ganz direkt: »Sag mal, hast du Selbstmordgedanken?« Ich erschrak, versperrte mein Herz mit allen Schlössern und fragte sie – äußerlich ganz gelassen –, wie sie denn darauf käme. Sie erzählte, dass sie zufällig meine Gedichte gefunden hätte (sie hatte also heimlich in meinem Zimmer herumgestöbert). Als ich verneinte, sagte sie knapp: »Dann ist es ja gut.«

Und ließ mich stehen. Sie hat nie mit mir über die Gedichte und über die Gefühle, die ich darin verriet, gesprochen.

Diese Gedichte haben mir die Umarmungen gegeben, die ich als Kind so bitterlich vermisst habe. Jede Zeile hat mir ihr Ohr geliehen, während die Ohren bei meinen Eltern verschlossen waren. Und die Texte waren die Schwestern, die ich nie gehabt hatte, aber so sehr gebraucht hätte. Erst als Erwachsene habe ich erfahren, dass ein Jahr, nachdem ich auf die Welt gekommen war, meine Mutter eine Totgeburt hatte, Susanne hätte das kleine Mädchen heißen sollen. So lange wurde nie darüber gesprochen. Heute denke ich: Jedes Buch von mir ist diese Schwester. Die mir zuhört und versteht, was mich bedrückt. Die mich liebevoll umarmt und tröstet.

Dieses Buch hier ist nun meine jüngste Schwester, und die Jüngsten habe ich immer am liebsten. Weil sie sich mir zuwenden, sich mir anvertrauen, sich mit mir verbünden und sich auf mich verlassen. Und ich mich auf sie.

Und auch die Menschen, die meine Bücher lieben, sich von ihnen angesprochen fühlen, die spüren, was ich meine, sind meine Schwestern. Sie sind meine Schwestern, die ich lieb habe und deren Gesellschaft mich erfreut. Indem ich versuche, sie zum Lachen zu bringen und zum Nachdenken, zu Leichtigkeit und Ernsthaftigkeit, zum Innehalten und zum Handeln.

Auch meine Zuhörerinnen bei Vorträgen sind meine Schwestern, mit denen ich in Resonanz trete, denen ich mich verbunden fühle, mit denen ich in einem inneren Dialog bin, obwohl ich auf der Bühne einen Monolog führe. Auch Männer können zu meinen Schwestern gehören. Männer, die offen sind für den Austausch von Gefühlen und Gedanken, ganz ohne Angst. Die sich eins fühlen mit mir im Wunsch nach Verstanden- und Gehalten-Werden.

Das größte Geschenk meiner ganzen Kindheit und Jugend war die kleine Reiseschreibmaschine, die ich meinem Vater abtrotzen hatte können. Sie war die Vermittlerin zwischen mir und der Welt, auch wenn das kleine »e« hakte und ich mir beim Wechseln des Farbbands die Finger verschmierte. Was mein Mund nicht aussprechen durfte oder konnte, haben meine Finger für mich übernommen. Ungefiltert konnten die Gedanken in die Tasten fließen, ohne die Korrektur durch mein ausgeprägtes rationales Denken. Manchmal bin ich aus der Schreibtrance aufgetaucht und habe Sätze gelesen, von denen ich nicht geglaubt habe, dass meine Hände sie getippt haben.

Ich konnte durch das Schreiben meine Angst bändigen, meine tiefe Einsamkeit überwinden, meine Bedürfnisse formulieren. Jede Phase des Nachdenkens, Recherchierens und natürlich das Schreiben selbst war ein Stück Selbsttherapie für mich. Lange bevor meine Leserinnen davon profitieren konnten.

Schreiben ist Überleben. Schreiben ist mein Leben.

WER SCHREIBT, DER BLEIBT

◇ Trau dich, zu schreiben. Über dich, deine Erfahrungen, deine Beobachtungen, deine Gefühle. Die therapeutische Kraft des Schreibens ist längst wissenschaftlich erwiesen. Sich etwas von der Seele zu schreiben, tut gut.

◇ Versuche möglichst, mit der Hand zu schreiben. Neuere Studien haben gezeigt, dass wir tiefer an unsere Gefühle kommen, wenn wir die Buchstaben mit einem Stift auf Papier formen und nicht nur gleichförmig auf eine Tastatur tippen.

SPRING DOCH!

Ich stehe auf dem Schwebebalken, mein Vater sagt: »Spring runter.«
Ich schaue auf die dünne blaue Matte, die auf dem Boden liegt, und
schüttle den Kopf. Ich habe Angst. Mein Vater reicht mir eine Hand
und wiederholt jetzt schon energischer: »Komm, das ist gar nicht
hoch, jetzt spring doch!« Ich nehme die Hand nicht und springe
auch nicht. Irgendwann hebt er mich ärgerlich vom Gerät.

Ich habe mir oft überlegt, warum ich mich an diese Situation
bis heute erinnere. Es war beim Turnunterricht in der Schule mit
der Klasse meines Vaters, bei dem ich als kleines Kind oft dabei sein
durfte. Ich sehe mich als Fünfjährige auf dem Schwebebalken und
ich sehe ihn, ärgerlich auf mich einredend. Ich habe oft darüber
nachgedacht, warum ich nicht gesprungen bin. Und irgendwann
wurde mir klar: Ich hatte kein Vertrauen zu ihm. Die Angst überwog.

Wenn ich Kinder auf dem Spielplatz sehe, wie sie vom Kletter-
turm vor Freude quietschend in die Arme ihres Vaters oder ihrer
Mutter springen, freue ich mich. Gleichzeitig gibt es mir immer
einen kleinen Stich ins Herz. Ich habe meinem eigenen Vater nie
vertrauen können.

Vielleicht lag es daran, dass er mich nachts, als ich gerade zwei
war und weinend vor dem Elternbett stand, allein im Dunkeln zurück in mein Bett schickte, durch den langen, finsteren Flur. Mutti
hat mir davon erzählt, als ich schon erwachsen war. Irgendwann
habe ich sie gefragt: »Warum hast du das zugelassen?«

»Ich habe mich nicht getraut, ihm zu widersprechen.«

Und da wundere ich mich, dass ich ein Problem mit Vertrauen
habe?

Zu einem Mann, einem angesehenen Pädagogen, der zu den
Honoratioren im Dorf, ja im ganzen Landkreis gehörte. Einem
Mann, der auf der anderen Seite seine Familie mit seinem Jähzorn,
seiner Wut dominierte. Der uns Kinder, vor allem meine Brüder, zur

Strafe regelmäßig verprügelte? Wie oft musste ich vor Angst zitternd zuschauen, wenn er einen meiner Brüder mit wutverzerrtem Gesicht aufforderte, vom Moped, das vorm Haus stand, den Lederriemen vom Gepäckträger zu holen. Und der Delinquent wusste, dass er damit gleich geschlagen wurde. Ich erschauere heute noch vor dem Sadismus. Dann hieß es Hose runter, umdrehen. Klatsch, klatsch, klatsch. Für mich war das Zuschauen genauso schlimm, als würde ich die Tracht Prügel selbst erleiden. Und jedes Mal dachte ich, jetzt schlägt er meinen Bruder tot.

Meine Mutter hatte weniger Kraft, aber dafür nicht weniger Wut in sich. Sie griff gern zum Holzkochlöffel oder zum Teppichklopfer. Einmal zerbrach sie einen Kochlöffel auf dem Rücken des Übeltäters, mein Bruder Klaus hatte im Garten Erdbeeren genascht. Und das war streng verboten. Die brauchte sie zum Marmeladekochen. Wenn sie selbst nicht zum Verhauen aufgelegt war, stieß sie Drohungen aus wie: »Warte, bis Vati nach Hause kommt.« Und sie hat uns wirklich jedes Mal verpfiffen.

Eine weitere Strafe war, uns in den Keller zu sperren. Meine Brüder ohne Licht, mich als Kleinste wenigstens mit einer funzeligen Lampe an. Und da unten mussten wir dann, auf der untersten Treppenstufe sitzend, über unser Fehlverhalten nachdenken. Ich werde niemals den Geruch dieses Kellers, Baujahr 1908, loswerden – nach feuchtem Lehm, fauligen Kartoffeln und Kohle. Wie soll da Vertrauen wachsen?

Später, als ich ins Gymnasium ging, hatte ich mehr Angst vor dem Lehrer zu Hause als vor denen in der Schule. Wenn er mich abends Französischvokabeln oder mathematische Formeln abfragte, habe ich innerlich geschlottert vor Angst, und mein Hirn war leer. Enttäuschung stand in seinem Gesicht. Versager!

Überhaupt Enttäuschung. Unsere Eltern machten uns unermüdlich klar, welche Enttäuschung wir Kinder für sie waren. Erst hatte der Krieg ihnen alles genommen, so die Litanei, und dann hatten sie ihre Träume und ihr Leben für uns geopfert. Sie redeten uns ein, wir seien schuld, dass es in der Familie so viel Streit gab. Der perfideste Moment, an den ich mich erinnere: Mein Vater gab mir eine heftige Backpfeife, warum, weiß ich nicht mehr. Und dann sagte er: »Du bist schuld, dass ich mich jetzt so schlecht fühle, weil ich dich bestrafen musste.«

Wundert es irgendjemanden, dass Schuld lange ein Thema bei mir war? »Ich will nicht schuld sein, wenn …«, hörte ich mich abwehren. »Ich bin schuld, dass er nicht mehr anruft«, hörte ich mich Freundinnen vorweinen. Lange Jahre fühlte ich mich ja sogar schuldig am Tod meines Vaters. Wenn ich nicht nach München gegangen wäre, während er sich von einer Lungenkrebs-OP erholte, wäre er bestimmt nicht gestorben. Es hat mich viele Therapiestunden gekostet, dieses Schuldgefühl loszuwerden.

Je mehr ich mich mit Psychologie und Pädagogik beschäftigt habe, umso klarer wurde mir, dass dieses wunderbare »Urvertrauen«, von dem alle redeten, ein Fremdwort in meinem Leben war. Die gute Nachricht: An Selbstvertrauen habe ich im Laufe der Jahre gewonnen. Ich habe als Journalistin so viele Chancen gehabt, mit klugen Menschen zu reden, zu lesen, Neues zu erfahren. Ich habe in Teams gearbeitet, die mich geschätzt und gestärkt haben. Ich habe den Mut entwickelt, trotz aller Selbstzweifel Herausforderungen anzunehmen, schwierige Situationen zu meistern, Lösungen zu finden. Irgendwann habe ich mich getraut, einfach ins kalte Wasser zu springen. Dadurch fand ich Vertrauen in mich selbst.

Aber anderen Menschen einen Vertrauensvorschuss zu geben, fiel mir lange schwer. Mich auf andere verlassen? Lieber mache ich es selbst. Vertrauen, dass es jemand gut mit mir meint? Na, warten wir's ab, ich bleib mal ein bisschen auf Distanz. Einen Fehler machen dürfen? Bloß nicht, dann wirst du ausgestoßen.

Warum lebte ich dann so lange mit einem Mann zusammen, dem ich nicht vertrauen konnte, der mich von Anfang an, wie sich bald herausstellte, belog und betrog? Eine befreundete Therapeutin sagte mal: »Das war ein bekanntes Muster, du kanntest es nicht anders, als dass du belogen und enttäuscht wirst. Damit konntest du umgehen.« Als ich mich aus dieser toxischen Situation endlich gelöst hatte, legte ich den Schalter radikal um. Völlig überzogen reagierte ich ab sofort privat auf Vertrauensbruch. Wer mich verarscht hatte, bekam keine Chance mehr. Wer mein Vertrauen missbrauchte, den katapultierte ich zurück in die Steinzeit. Freundschaften beendete ich gnadenlos, wenn ich mich betrogen fühlte. O ja, ich konnte übelnehmen! Und jedes Mal wisperte wieder die alte Stimme in meinem Kopf: »Siehste, vertraue niemandem!«

Das änderte sich erst, als ich mit 54 Siegfried kennenlernte, meinen zweiten Mann. Der mochte sicher viele Fehler haben, aber mir gegenüber war er der loyalste Mensch, den man sich vorstellen kann. Er stand immer hinter mir, und manchmal vor mir, wenn er glaubte, mich verteidigen zu müssen. Er war mein weißer Ritter. Mein Unterstützer. Und er war mein Meister. Ich lernte von ihm alles über Positive Psychologie, also die Erkenntnisse, was Menschen froh und gesund macht. Er war Psychologe und Experte für diese moderne Richtung der Wissenschaft. Dazu gehört ja, gute Beziehungen aufzubauen und zu pflegen. Er schaffte es, dass wir ehrlich reden konnten, keine Spielchen spielten. Sagten, was wir dachten und fühlten.

Bei unserem ersten romantischen Spaziergang, als er mich zärtlich um die Hüfte fasste, sagte er: »Na, wir sollten auch ein bisschen abnehmen.« Mir blieb kurz die Luft weg. Der traut sich was, dachte ich. Einer der Sätze, die mir noch besser gefallen haben, war: »Du darfst ungerecht sein.« – Ich doch nicht. – »Doch. Und du darfst es sein.« Siegfried gab mir die Erlaubnis, ich zu sein. Die hatte mir bis dahin niemand, nicht einmal ich selbst, gegeben. Und er tat mir gut.

Das neu gewonnene Selbstvertrauen half mir, anderen diesen Vertrauensvorschuss zu geben. Im Coaching weiß ich, dass ich keine Lösung für meine Klienten finden muss. Ich vertraue stattdessen darauf, dass wir im Gespräch verschlossene Türen öffnen können, dass die Menschen ihre eigenen Lösungen finden. Ich vertraue auf den Augenblick, dass passiert, was passieren soll. Ich vertraue auf der Bühne darauf, dass schon die richtigen Sätze aus meinem Mund kommen werden, ohne auswendig gelernt werden zu müssen. Ich liebe spontane Einfälle, auch wenn sie schräg sind. Ich wage es einfach. Und ernte dafür so viel Liebe von meinem Publikum.

Vertrauen schafft Liebe. Was für eine wunderbare Erkenntnis.

BOTSCHAFTEN AUS DER KINDHEIT HINTERFRAGEN

Vertrauen entsteht, Misstrauen auch. Das heißt, ob wir uns selbst und anderen ver- oder misstrauen, liegt an unseren Kindheitserfahrungen. Wenn auch du ein Vertrauensproblem hast, überleg, welche Botschaften du aus deiner Kindheit dazu mitbekommen hast, und beantworte dir folgende Fragen:

◇ Wie haben sie mein bisheriges Leben beeinflusst?
◇ Nützen oder schaden sie mir?
◇ Was möchte ich ändern?
◇ Wer kann mich dabei unterstützen?

FLIIIIIIEEEEEEEG!

»Ich liebe Skispringen!« Wir sitzen mit Bilen, ihrem Mann Martin und den drei Enkeln beim Kaffeetrinken. Gerade habe ich mir jedes Springen der Vier-Schanzen-Tournee angesehen. Die Neunjährige schaut mich skeptisch an und sagt dann kopfschüttelnd: »Oma, du kannst doch überhaupt nicht Ski fahren.«

Vor Lachen schütte ich fast den Kaffee über die Tischdecke. »Ja, da hast du völlig recht. Ich meinte, ich schaue total gern Skispringen im Fernsehen!« Skispringen kennen die Kinder nicht. Sie schauen auch so gut wie nie Fernsehen, aber bei Netflix, Sky oder Amazon kennen sie sich aus.

Als ich Kind war, saß ich im Winter jeden Sonntag mit der Familie vor dem Fernsehapparat und habe Skispringen geschaut. Vielleicht ist diese Erinnerung an (seltenen) Familienfrieden und Gemütlichkeit ein Teil meiner Faszination. Zwischen erstem und zweitem Durchgang wurde schnell der Kaffeetisch gedeckt, der Rührkuchen aufgeschnitten, die Sahne geschlagen. Und dann ging die Spannung weiter, vor allem wenn Helmut Recknagel, der deutsche Skisprungstar der 1960er-Jahre, an der Reihe war.

Noch mehr als Nostalgie ist es aber der Mut der Springer, sich von einer riesigen Schanze in die Tiefe zu stürzen, der mich ungemein begeistert. Habe ich schon erzählt, dass ich ein gewaltiger Schisser bin, wenn es darum geht, irgendwo runterzuspringen?

Mein aktueller Liebling ist Markus Eisenbichler, sein Gesichtsausdruck nach jedem Sprung ist wie ein Erfolgs-Barometer. Von »Jawoll, ich bin der König der Lüfte!« bis »Ach, ich habe keine Lust mehr. Wer will meine Ski haben?« Und manchmal auch ehrliche Freude: »Aber wenigstens ist mein Freund, der Karl Geiger, vorne.«

Warum gerade Skispringen (noch lieber Skifliegen, da fliegen sie doppelt so weit)? In dieser Sportart spielen alle Gefühle, die auch mich täglich durcheinanderwirbeln können, eine Rolle: Angst,

Erwartungen, Selbstzweifel, Freude, Enttäuschung, Hoffnung, Geduld, Motivation, Ehrgeiz oder Demut. Dazu kommt das Ertragen des Schicksals: Dreht der Wind von Aufwind auf Rückenwind? Bekomme ich eine Riesenchance oder werden alle meine Hoffnungen zerstört?

Ich bewundere die Resilienz der Springer (wie sowieso aller Sportler, die sich dem Wettkampf stellen). Es können ja nur drei Gewinner aufs »Treppchen«, wie es so schön heißt. Wenn also 50 springen, müssen 47 damit rechnen, nicht zu den Gewinnern zu zählen. Und trotzdem geben sie ihr Bestes, jede Woche wieder, Monat für Monat, Jahr für Jahr. Und sie freuen sich, wenn sie unter den Top Ten oder den Top 20 oder nicht der Letzte oder so weit wie noch nie oder überhaupt heil heruntergekommen sind.

Mich ermutigt das Zuschauen jedes Mal, mich den Böen des Schicksals zu stellen. Mal habe ich Glück mit hilfreichem Rückenwind, mal kommt eine scharfe Brise von vorn und stoppt mich. (Beim Skispringen ist es übrigens anders als im richtigen Leben: Rückenwind ist schlecht, weil er nach unten drückt, Gegenwind bedeutet Aufwind und erhöht die Chance auf einen weiten Sprung.) Mal stehe ich ganz oben auf dem Stockerl (wie die Österreicher sagen) und könnte platzen vor Stolz. Und mal bin ich froh, mit heilen Knochen davongekommen zu sein. Ich bewundere die souveräne Haltung der Sportler, in Sieg und Niederlage, wie sie die Ergebnisse ihrer Bemühungen annehmen können und sofort für den nächsten Versuch bereit sind.

Alle Welt spricht heute von Resilienz im Beruf, der Seminarmarkt ist voller entsprechender Angebote. Mir reicht es Skispringen zu sehen, und ich begreife, wie man nach einer Niederlage sehr schnell wieder Hoffnung schöpfen und aktiv werden kann. Wer verloren hat, legt sich nicht eine Woche ins Bett und heult, sondern er trainiert noch mehr, er verbessert seine Kondition, er feilt an der Technik. Er probiert aus, wie er seinen Körper noch besser wie ein Adler ausbreiten kann.

Sie macht es übrigens auch. Ähnlich wie im Berufsleben haben sich Frauen längst den Luftraum über dem Schnee erobert. Eine dreifache Weltmeisterin wie Katharina Althaus stürzt sich mit der gleichen Waghalsigkeit die Schanze hinunter wie die männlichen Kollegen. Bis vor 20 Jahren noch undenkbar. »Viel zu gefährlich«, hatten Männer gewarnt, die es selbst schon mehrmals geschmissen hatte. Und heute fliegen die besten Frauen leicht an der schwächeren Hälfte der Männer vorbei.

Weltmeisterin wird man nicht mit Vermeidungsstrategien. Sondern durch die Bereitschaft, immer wieder etwas zu riskieren, und ja, auch immer wieder zu scheitern. In einem Interview nach einem verpatzten Sprung hörte ich Katharina Althaus neulich sagen: »Heute war nicht ganz so mein Tag. Nächste Woche greife ich wieder an.« Ja. Das nennt man Resilienz. Übrigens: Vier Wochen später wurde Katharina Althaus Weltmeisterin.

RESILIENZ TRAINIEREN

Hast du das Gefühl, du möchtest an deiner Resilienz arbeiten, also an deiner Fähigkeit, mit Niederlagen oder Störungen umzugehen? Diese Gedanken können dir helfen, deine innere Stärke zu entwickeln und deine Akzeptanzfähigkeit zu trainieren:

◇ Manchmal erreichst du dein gesetztes Ziel nicht. Vergeude deine Energie aber nicht mit Grübeln oder Selbstkasteiung.
◇ Versöhn dich mit dir und deinen Schwächen.
◇ Festige die Überzeugung, dass das Leben viel Gutes für dich bereithält.
◇ Konzentriere dich auf deine Stärken und setze sie mutig ein.
◇ Schreibe jeden Abend auf, was dir gut gelungen ist.
◇ Lerne dazu, wenn du Bedarf hast, oder frage andere um Rat.
◇ Beherzige folgende Weisheit: Gib mir Gelassenheit, wenn ich Dinge nicht verändern kann. Und Mut, Dinge zu verändern, die ich verändern kann. Und hilf mir, das eine vom anderen zu unterscheiden.

GRIESSBREI UND KLOPPE

»Du warst ein Jahr alt. Du hast im Hochstühlchen mit uns und deinen drei Brüdern am Küchentisch gesessen. Für dich hatte ich Grießbrei gekocht. Wir haben Krautsalat gegessen. Du wolltest unbedingt auch Krautsalat. Als ich dir einen Löffel Grießbrei hingehalten habe, hast du dich trotzig nach hinten geworfen. Ich hab' dich aus deinem Stühlchen gezogen, dir einen Klapps auf den Hintern gegeben, dich im Schlafzimmer ins Bettchen gelegt und die Tür zugemacht. Als ich wieder in die Küche gekommen bin, haben meine vier Männer mich nicht angeschaut. Plötzlich hat Klaus gesagt: ›Und wenn ich mal Mutter bin, und du bist Kind, dann haue ich dich noch viel mehr.‹«

Meine Mutter lachte jedes Mal fröhlich, wenn sie diese Geschichte zum Besten gab. Gerne auch vor Freunden oder Kollegen von mir, um zu beweisen, wie eigensinnig Sabinchen immer schon gewesen ist. Haha.

Die ersten Jahre habe ich tatsächlich immer noch höflich mitgelacht. »Tja, so war das damals«, strahlte meine Mutter und blickte Zustimmung heischend in die Runde, ohne die betretenen Gesichter zu bemerken. Als ich selber Kinder hatte, mich mit Erziehung beschäftigte, auch mit der sogenannten Schwarzen Pädagogik, wurde mir klar, wie brutal diese Geschichte war. Und ich habe ihr nie mehr erlaubt, sie zu erzählen, wenn ich dabei war.

Harmloser war die Geschichte, die sie von mir als Vierjähriger erzählte: Meine Oma soll mich auf dem Arm gehalten und mir ihre Kette gezeigt haben.

»Schau mal, was für eine schöne Kette die Oma hat.«

»Nicht schön«, soll ich gesagt haben.

»Aber die ist ganz wertvoll.«

Ich hätte nur den Kopf geschüttelt und wiederholt: »Nicht schön!«

Ich glaube, dass beide Storys stimmen. Denn der Eigensinn oder meinetwegen auch Trotz, zieht sich durch mein Leben. Vielleicht ist das die Erklärung dafür, warum ich in München Journalistin geworden bin. Meine Eltern hätten es viel lieber gehabt, wenn ich an der Pädagogischen Hochschule in Hannover auf Lehramt studiert hätte. Sie waren beide selbst Lehrer. Dann hätte ich doch schön zu Hause wohnen bleiben und täglich fahren können (Horrorvorstellung für mich).

Ich wollte da schon Journalistin werden und wenigstens in Göttingen Deutsch und Geschichte studieren (da hätte ich nur am Wochenende heimfahren müssen). Als allerdings die Berufsberaterin am Ende der 12. Klasse erwähnte, da gäbe es so eine Schule in München, die Journalisten ausbilde, aber da hätte ich eh keine Chance, weil die nur 30 Absolventen aufnähmen, war mein Trotz geweckt. Sie gab mir widerstrebend die Adresse, ich habe mich sofort beworben und wurde genommen!

Mein Eigensinn erklärt vielleicht auch, warum ich meine eigene Coachausbildung entwickelt habe. Ich bin zufällig zum Coaching gekommen: Ob ich auch Einzelgespräche anbiete, haben mich vor circa 30 Jahren Seminarteilnehmerinnen gefragt. Na klar, warum nicht? Ich war intelligent, konnte gut zuhören und habe als Journalistin gelernt, die richtigen Fragen zu stellen. Also habe ich Einzelgespräche angeboten, in denen ich vor allem Frauen half, berufliche Lösungen zu finden. Nach und nach habe ich Methoden entwickelt, wie Klientinnen und auch Klienten schneller zu den für sie richtigen Schritten gelangen.

Kurz nach den ersten Einzelgesprächen habe ich als Journalistin an einem Psychologenkongress in Berlin teilgenommen und dort das erste Mal den Begriff Coaching gehört. Ich habe an einem Workshop zum Thema Coaching teilgenommen und festgestellt: Genau so mache ich das auch. Dann habe ich die beiden einzigen Bücher über Coaching durchgearbeitet, die es damals auf dem deutschen Markt gab, und fühlte mich abermals bestätigt. Von da an nannte ich mich Coach (was im Übrigen bis heute kein geschützter Begriff ist).

Als ich angefangen habe zu coachen, Anfang der 1990er-Jahre, habe ich mich schon nach Ausbildungsmöglichkeiten umgesehen. Damals gab es nur zwei: Die eine war mir total unsympathisch, weil ich sie als manipulativ empfand. Die andere war mir zu starr, dort wurden feste Fragen vorgegeben, erste, zweite, dritte. Das gefiel mir überhaupt nicht. Ich habe lieber meine eigene Fragemethode weiterentwickelt. So wurde ich zur Coach-Pionierin mit meinem »Lösungsorientierten Kurzcoaching« (LOKC). Dabei geht es um Orientierung und Lösungen und das in kurzer Zeit. Zwei Stunden dauern die Coachings in der Regel.

20 Jahre später ging es um die Frage, einem Coachingverband beizutreten. Die nahmen aber niemanden ohne Ausbildung. Na, dann halt nicht. Konventionen waren mir schon immer ziemlich piepegal. Ich habe meine Methode ausgebaut und mithilfe von Siegfrieds psy-

chologischem Wissen didaktisch auf ein sicheres Fundament gestellt. 2012 habe ich ein Buch mit meinen Tools dazu veröffentlicht: »So coache ich«. Und 2013 haben wir unsere eigene Coachausbildung angeboten, von Anfang an mit großer Resonanz. Mehr als 200 Coaches habe ich inzwischen nach meiner LOKC-Methode ausgebildet.

Und da juchzt mein Pionierinnenherz: Als Teilnehmerin auf dem Kongress eines großen Coachingverbands habe ich vor Kurzem erfahren, wie viele andere »etablierte Ausbildungen« ganz ohne Scheu mit meinen Tools und meinen YouTube-Video-Beispielen arbeiten. Ich nehme das mal als Anerkennung.

EIGENE WEGE GEHEN

Ohne eine große Portion Eigensinn wäre ich nicht das geworden, was ich heute bin, und ich wäre vermutlich nicht so glücklich, wie ich bin. Wäre ich dem Wunsch meiner Eltern gefolgt oder hätte mich beim Coaching nach dem gerichtet, was offiziell angesagt war, dann hätte ich keine Bücher geschrieben, keine eigene Methode entwickelt ... Vermutlich lohnt es sich auch für dich, eigensinnig eigene Wege zu gehen. Dazu ein paar Tipps:

◇ Glaub nicht alles, was du hörst, und tu nicht alles, was man von dir verlangt.

◇ Lass dich nicht abschrecken, wenn du eine gute Idee hast.

◇ Und denk an Mahatma Gandhi, der einst geschrieben hat: »Zuerst ignorieren sie dich, dann lachen sie über dich, dann bekämpfen sie dich und dann gewinnst du.«

DER HUND, DER NICHT REDEN WOLLTE

Flocki schaut mich neugierig an, legt den Kopf schief. Flocki ist der Hund meiner Nachbarin Frau Weiß. Frau Weiß ist eigentlich die Wirtin vom Gasthaus neben der kleinen Kirche in meinem Dorf. Das ist da, wo Vati nach der Kirche immer mit anderen Männern aus dem Dorf zum Frühschoppen abbiegt, während Mutti mit uns Kindern nach Hause geht, um den Sonntagsbraten vorzubereiten. Also, diese Frau Weiß, die ich nur mit Kittelschürze kenne, hat einen Garten gegenüber vom alten Schulhaus, in dem wir als Lehrerfamilie wohnen. Sie baut dort Kohl an und Kartoffeln. Und sie hat drei Reihen Erdbeeren, von denen ich naschen darf, wenn sie schön reif sind.

Ich gehe oft über die Straße, die eher ein Feldweg ist, zu Frau Weiß in den Garten, meistens, um mit Flocki zu spielen. Flocki ist ein Spitz, er ist wirklich weiß wie eine Schneeflocke und genauso rund. Der kleine Hund mag mich. Ganz geduldig sitzt er mit mir zwischen den Erdbeeren, während ich gerade mal wieder versuche, ihm das Sprechen beizubringen. »Flocki, sag doch mal Sabine!« Flocki schaut aufmerksam auf meinen erhobenen Zeigefinger. Aber er sagt nichts. Ich versuche es immer wieder: »Flocki, sag doch mal Sa-bi-ne!« Aber der Hund lernt das einfach nicht.

Ich bin erst vier Jahre alt, aber die Szene ist verbürgt. Frau Weiß hat sie Mutti erzählt, und Mutti hat die Geschichte zig Mal zur Erheiterung auf Familientreffen oder wenn Besuch da war zum Besten gegeben. Das war zu Zeiten, als oft Besuch kam – einfach so, ohne Verabredung oder telefonische Absprache. Der Besuch stand einfach vor der Tür, wurde hereingelassen, es gab Kaffee oder Bier und man hatte es schön. »Unser Bienchen«, pflegte Mutti dann zu sagen. »Die wird auch mal Lehrerin.«

Irgendwann ist mir ein Licht aufgegangen, wie ich wohl auf die Idee gekommen bin, dem Hund das Sprechen beizubringen: Wir hatten zu der Zeit einen Wellensittich, sein Name war Pitter. Also, eigentlich war es Muttis Wellensittich, er war ihr Gesprächspartner, wenn sie allein zu Hause war. Stundenlang muss sie mit ihm geübt haben, bis er wirklich etwas sagen konnte. Auch Pitter wurde bei Besuch vorgeführt. Dann saß er auf Muttis Finger, wippte aufgeregt mit seinem Schwanz und schnarrte los: »Wolfgang, Dieter, Klaus, Sabine haben eine frohe Mine.« Oder: »Mutti, das Wasser kocht.« Und Pitter konnte wie ein Schiedsrichter pfeifen, sodass wir bei Fußballspielen im Fernsehen nicht wussten, wer gepfiffen hat. Das war immer sehr lustig.

Ich hatte wohl mit der Logik der Vierjährigen daraus geschlossen: Wenn der blöde Vogel sprechen lernen konnte, dann würde es mein Freund Flocki ja locker hinkriegen. Nein, ich wurde nicht Lehrerin. Aber Flocki ist nicht schuld daran. Ich arbeite einfach lieber mit Menschen, die freiwillig zu mir kommen.

Mein Bruder Dieter hatte übrigens ein Jahr lang eine Schildkröte, die konnte gar nichts außer fressen und schlafen. Aber von der habe ich nichts gelernt. Ganz anders bei Pitter und Flocki. Ich finde die Erinnerung an die beiden so passend für meinen heutigen Beruf, sei es im Coaching oder bei der Ausbildung von Rednern und Rednerinnen: Ein Vogel kann keinen Ball fangen und ein Hund kann nicht reden. Pitter konnte pfeifen und Flocki bellen. Genauso unterschiedlich sind Menschen. Eine Lösung für A muss nicht auch gut für B sein. A darf auf der Bühne ganz anders wirken als B, wenn sie einen Vortrag hält. Und vor allem muss niemand es so machen wie ich.

Meine Lieblingserkenntnis aus der Psychologie, die schon 1952 erforscht wurde, heißt deshalb auch:

1. In gewisser Weise ist jeder Mensch wie alle anderen Menschen. Wir müssen alle atmen, essen, trinken, schlafen, sterben.
2. In gewisser Weise ist jeder Mensch wie einige andere Menschen. Manche fahren Motorrad, andere nicht. Manche lesen Bücher, andere nicht.

3. Und in gewisser Weise ist jeder Mensch wie kein anderer Mensch. Das heißt, wir müssen gar nicht sein wie die anderen. Es lebe der Individualismus! Es gilt allerdings auch der Umkehrschluss: Die anderen dürfen anders sein als wir. Und das finden wir manchmal etwas anstrengend.

ERKENNE DAS TIER IN DIR

Vielleicht haben ja auch in deinem Leben bestimmte Tiere eine Rolle gespielt und du kannst Erkenntnisse für dich daraus ziehen. Du kannst aber auch auf andere Art mithilfe von Tieren deine Persönlichkeit einkreisen.

◇ Überleg doch mal für dich: Welches Tier bist du? Bist du ein Flocki, ein Pitter oder die Schildkröte? Oder ein Löwe oder eine Ameise oder ein Pferd oder ein Känguru oder …
◇ Welches Tier ist dein Partner/deine Partnerin und dein Chef/ deine Chefin?
◇ Was für Tiere sind deine Eltern, deine Kinder?

Welche Erkenntnisse ziehst du aus deinem ganz persönlichen Tierpark über dich und deine Beziehungen?

LEBE WILD UND UNERSÄTTLICH

»Ja, so ein Volldepp!« Ich starre auf den Bildschirm mit der Mail, die gerade gekommen ist, und schimpfe laut vor mich hin. »Hör mal, Bilen!« Meine Tochter schaut von ihrem Computer auf. »Da hat einer auf den Bericht heute in der Süddeutschen über meine Coach-Auszeichnung reagiert. Weißt du, was der Dödel schreibt?« Sie will's hören.

Ich lese vor: »Sehr geehrte Frau Asgodom, ich habe in der heutigen Ausgabe der Süddeutschen Zeitung von Ihnen gelesen. Meines Wissens nach sind Sie Journalistin. Wie kommen Sie dazu, sich als Coach zu gerieren? Siegfried Brockert, Diplom-Psychologe.« Mein Ärger steigt. »Ja, was will denn der Blödmann?!«

Ich will die Mail gerade löschen, als Bilen sagt: »Warte mal, Mami, der Name kommt mir bekannt vor. Brockert, Brockert … Na klar, du hast ein Buch von ihm in der Literaturliste in deinem neuen Buch.«

»Wieso?«

»Du hattest mich doch gebeten, die Liste in ›Lebe wild und unersättlich‹ mit Literatur zum Thema zu ergänzen. Und da habe ich das Buch reingetan, das ist gar nicht schlecht. Hier: ›Brockert, Siegfried, Der einfache Weg ins Glück. Du sollst dich lieben‹.«

»Können wir das noch rausschmeißen?«

»Nein, die Fahne ist schon abgesegnet. Das Buch erscheint doch schon in acht Wochen.«

Ich schreibe dem Herrn Diplom-Psychologen sofort: »Wieso pampen Sie mich so an? Und ich promote sogar noch ihr Buch!«

»Wie kommen Sie dazu, mein Buch zu promoten?«, schreibt er zurück.

Ich erkläre es ihm. Er antwortet. Ich antworte. Die Mails werden lockerer. Er hat Witz. Er beginnt mir zu gefallen. Ich google ihn. Über 40 Bücher hat er geschrieben! Auf dem Foto sieht er gar nicht schlecht aus.

Irgendwann schreibe ich: »Vielleicht hätten Sie mal Lust, unseren Diskurs bei einem Kaltgetränk fortzusetzen?«

»Kaltgetränk ist mein Wort.« (Es ist ein beliebter Begriff unter Journalisten zu dieser Zeit.)

Anfang März sind wir im Café Roma in der Maximilianstraße verabredet. Er werde mich erkennen, schreibt er, in dem Artikel sei ja ein Foto von mir gewesen.

Ich betrete das Café, es ist voll, Zigarettenrauch trübt die Luft, Menschen stehen an der Bar, es herrscht ein unbeschreiblicher Lärm. Ich schaue mich suchend um. Da steht ein gutaussehender Herr auf, die Süddeutsche unterm Arm. Während er quer durch den Raum kommt, habe ich Gelegenheit, ihn kurz zu mustern. Ein klares, anziehendes Gesicht, sehr schönes silberweißes Haar. Hinter der randlosen Brille blitzen lustige Augen. Er begrüßt mich kurz mit den Worten: »Wir gehen woanders hin, hier ist es zu voll«, und eilt zum Ausgang. Ich versuche, seinen großen Schritten zu folgen. Auf dem Gehsteig überlegt er kurz und sagt: »Wir gehen in die Kulisse.« Aha.

Wir überqueren die Maximilianstraße, und er führt mich in das Café der Münchner Kammerspiele. Es ist so gut wie leer. Wir suchen, besser gesagt, er sucht einen Zweiertisch am Fenster aus. »Is's recht?«, fragt er kurz, und als ich nicke, rückt er den Stuhl für mich zurecht.

Die Bedienung kommt: »Einen Cappuccino und eine Sachertorte mit Schlag«, bestellen wir unisono und müssen lachen. Er gefällt mir immer besser. Volle zwei Stunden sitzen wir anschließend zusammen und reden. Er behauptet, wir würden uns von früher kennen, aus einer Redaktion. Es stellt sich heraus, er war früher Redakteur bei ELTERN gewesen und hat später einen Kollegen von mir besucht. Dabei sei ich ihm aufgefallen. Ich erinnere mich nicht an ihn.

Als wir uns herzlich verabschieden, frag ich so ganz nebenbei, was er denn zu Ostern machen würde. »Ich habe ein Date mit meiner Steuererklärung«, antwortet Siegfried. Ah ja, das wollte ich wissen. Da ist niemand an seiner Seite. Und wir verabreden, Ostern einen Ausflug an den Tegernsee zu machen.

Später pflegte Siegfried auf meinen Satz »Frechheit siegt« zu antworten: »Und wird mit lebenslänglich bestraft.« Geheiratet haben wir im Dezember 2009.

SEI DU SELBST

Kennst du das, dass du anderen Menschen gefallen möchtest, dass du dich anpasst, dich deshalb sogar verbiegst? Und du fühlst dich nicht gut damit? Ich möchte dich ermutigen: Sei, wie du bist. Und vertraue darauf, dass das jemandem gefallen wird.

Stell dir vor, du verstellst dich beim ersten Date oder in einem Vorstellungsgespräch. Du hast Erfolg und wirst erwählt. Dann musst du ewig so bleiben! Schreckt dich diese Vorstellung? Mit Recht. Meine Erfahrung ist: Manchmal sind wir nicht die richtige Partnerin, manchmal passen wir und der ausgeschriebene Job nicht zusammen. Scheinlösungen bringen nicht das große Glück.

Wenn du dich zeigst, wie du wirklich bist, bekommst du die Chance, eine passende Beziehung aufzubauen, in der der andere dich so nimmt, wie du bist – das gilt für die Liebe ebenso wie für den Beruf.

GEBOREN FÜR DIE BÜHNE

Ich trete durch den Samtvorhang auf die Bühne, die Band spielt, die Scheinwerfer blenden mich etwas. Zielsicher laufe ich auf den Catwalk, mit meinem weißen Röckchen, einer roten Bluse und einem elegant in der Hand gehaltenen Tennisschläger. Ich schaue rechts und links ins Publikum. Die Menschen lächeln mich an. Ich lächle fröhlich zurück. Am Ende drehe ich mich etwas wackelig um und schreite mit meinen 1,20 Metern hoch aufgerichtet zurück. Die Menschen klatschen. Drei weitere Auftritte mit verschiedenen Outfits folgen. Beim letzten habe ich Pummel, meinen grauen Stoffpudel, unterm Arm. Eine Frau im Publikum, die mich unverwandt anstarrt, erschrecke ich, indem ich Pummel auf sie richte und ihn bellen lasse. Alles lacht. Ich bin sieben.

Die mit meinen Eltern befreundeten Besitzer eines Modehauses in Rodenberg haben Mutti, meinen Bruder Klaus und mich neben anderen Modellen für fünf Modenschauen engagiert. Ich erinnere mich nur noch durch die Bilder im Fotoalbum daran und die Erzählungen meiner Mutter. Erst kürzlich bin ich in den Besitz eines Briefs gekommen, in dem mein Vater stolz an Freunde geschrieben hat: »Sabine war der Liebling des Publikums.« Und ich vergieße Tränen, weil ich vergessen hatte, dass er manchmal auch stolz auf mich war.

Diese Modenschau hat mir gezeigt, was mir Spaß macht. Später in der Schule habe ich gern Theater gespielt oder bin auf Klassenfesten als Bänkelsängerin aufgetreten. Bühnen haben mich nie eingeschüchtert. Im Gegenteil: Auf Bühnen bin ich ganz ich.

Genau 60 Jahre später betrete ich die Bühne der Lanxess Arena in Köln, Musik spielt, die Scheinwerfer blenden mich etwas, und ich trete ganz vorn an den Bühnenrand. Ich lasse meinen Blick übers Publikum schweifen und fühle mich sofort wohl. Einer meiner Vorredner war Barack Obama, der Ex-Präsident der USA. Aber ich mache mir deswegen nicht in die Hose. Na und? Mein Vortrag hat schließlich den Titel »Schöner scheitern«. 15000 Menschen schauen mich erwartungsvoll an. Meine Botschaften:

1. Riskiere, du selbst zu sein. Verbieg dich nicht für andere.
2. Riskiere, unperfekt zu sein. Das Streben nach Perfektion hindert uns oft daran, uns auszuprobieren und dadurch weitere Stärken zu erkennen.
3. Riskiere, glücklich zu sein. Lebe dein Leben, nicht die Erwartungen anderer.

Von herzlichem Applaus begleitet, gehe ich nach 20 Minuten glücklich ab.

Nach der Pause bahne ich mir einen Weg durch die Menschenmenge. Ich möchte zu unserem Ausstellungsstand, an dem mein Team Infos verteilt und Bücher verkauft. Ich komme nur schwer voran, denn alle paar Meter werde ich erkannt und angehalten. Viele junge Besucher bitten mich um ein gemeinsames Foto, und manche, vor allem junge Männer, fragen: »Darf ich Sie umarmen? Das hat mir so gutgetan, was Sie gesagt haben.« Aber gerne. Das hat mich wirklich überrascht, wie viele junge Männer sich von meiner Botschaft angesprochen fühlten. Anscheinend stehen sie noch mehr als junge Frauen unter Erwartungsdruck und brauchen die Ermutigung zum eigenen Weg.

Ich bin sehr dankbar dafür, dass ich aus meinem offensichtlichen Talent einen Beruf machen konnte. Dass mich die Freude, auf Bühnen zu stehen und gesehen zu werden, durchs Leben getragen hat.

WAS IST DEIN DING?

Nicht jeder will auf Bühnen stehen, aber die meisten Menschen sehnen sich danach, das zu machen, was ihrem Talent entspricht. Nur erkennen viele es einfach nicht. Immer häufiger ist deshalb die Frage nach einer neuen Berufsperspektive Thema in meinen Coachings. Die Klienten haben einen Beruf aus Vernunftgründen gewählt oder weil ihre Eltern ihnen den empfohlen haben oder weil ihnen nichts Besseres eingefallen ist.

Meist zwischen Ende 30 und Mitte 40 kommt dann der Gedanke auf: »Das kann doch noch nicht alles gewesen sein!« Oder: »Klar könnte ich das bis zur Rente machen – aber will ich das auch?«

Im Coaching stelle ich bestimmte Fragen, die auch dir vielleicht helfen, deinem Talent auf die Schliche zu kommen. Die ersten drehen sich ausschließlich um Träume, Sehnsüchte oder Wünsche:

◇ Was machst du richtig gern, im Beruf oder in der Freizeit?
◇ Was fällt dir leicht?
◇ Wobei vergisst du die Zeit?
◇ Worin siehst du eine sinnvolle Tätigkeit?
◇ Wen kennst du, den du für seine Arbeit beneidest?
◇ Was würdest du gern machen, wenn es keine Hindernisse gäbe?

Im zweiten Schritt geht es um die Umsetzung:

◇ Was kannst du konkret tun, um umzusatteln?
◇ Brauchst du noch eine zusätzliche Ausbildung?
◇ Willst du deinen jetzigen Beruf als »Brotjob« behalten und das Neue als Hobby oder Nebenbeschäftigung ausprobieren?
◇ Willst du den Sprung wagen und noch einmal ganz von vorne anfangen?

WENN MÄNNER NACH DER PFEIFE TANZEN

»Frau, Frau … Schiedsrichterin!« Der Spieler baut sich drohend vor mir auf, er ist richtig sauer. Ich habe sein Tor nicht anerkannt, weil es Abseits war. So habe ich es jedenfalls gesehen. Der junge Mann, der einen guten Kopf größer ist als ich, reißt sich sichtbar zusammen. Kopfschüttelnd läuft er davon. Puh. Ich bin gerade mal 17 geworden, gerade mal 1,62 groß und seit Kurzem eine der ersten Schiedsrichterinnen in Deutschland.

Ich komme aus einer Fußballerfamilie, mein Großvater hat schon in Schlesien Fußball gespielt. Meine drei großen Brüder waren beim »TUS Rehren A. O.« aktiv. Mutti war ihr größter Fan und bei jedem Spiel dabei. Schon als kleines Mädchen habe ich also an fast jedem Wochenende am Rande eines Fußballfelds mit meinen Puppen gespielt oder auf den Wiesen ringsum Blumen gepflückt. Mädchen durften in Vereinen noch keinen Fußball spielen. Wir schreiben das Jahr 1969.

Vati war Schiedsrichter-Obmann des Fußballkreises Rinteln. Er war es, der in dem Jahr mit der Neuigkeit nach Hause gekommen war, dass das Fußballverbot für Frauen in Niedersachsen aufgehoben worden sei. Das bedeutete gleichzeitig, dass Frauen ab sofort auch Schiedsrichterinnen werden konnten. »Magst du nicht die Ausbildung machen? Das geht ab 16. Der nächste Kurs beginnt im Herbst. Ich kann dich anmelden.« Ich überlege nur kurz: Vati würde stolz auf mich sein. Ich werde Schiedsrichterin.

Mit 14 männlichen Kollegen mache ich den Kurs, lerne alles über Abseits und Foul, Freistoß und Elfmeter. Und dass das Wichtigste beim Pfeifen ist, schnell eine Entscheidung zu treffen. Auch wenn sie mal falsch ist. Die »Sportkameraden«, meist selbst aktive

Fußballspieler, akzeptieren mich von Anfang an. Einer nimmt mich sogar im Auto mit zu den Heimspielen von Hannover 96 (das endet erst, als er bei mir auch mal ein Tor schießen will). Die Prüfung schaffe ich mit Bravour und bekomme den Schiedsrichterausweis und eine Anstecknadel des Verbands.

Da es noch keine Frauenmannschaften gibt, pfeife ich vorwiegend Jungenspiele im ganzen Landkreis. Und werde auch gern für Jubiläumsspiele oder Benefizspiele als Schiedsrichterin eingeladen. Zum Beispiel für ein Spiel »Schwarz gegen Weiß«. Schornsteinfeger und Bäcker spielen für die Aktion Sorgenkind. Die Schaumburger Zeitung und die Hannoversche Allgemeine berichten stolz von diesen Events und vergessen nicht, mich zu erwähnen. Vati ist stolz auf mich.

»Alles ist für was gut!«, pflegte meine Oma Hanni immer zu sagen. Und sie hatte recht. Ich habe zwar keine Karriere als Schiedsrichterin gemacht, da ich nach dem Abitur nach München zog. Aber mein ungewöhnliches Hobby hat mir zur Karriere verholfen, als ich mit knapp 19 die Aufnahmeprüfung der Deutschen Journalistenschule bestand. Nach zwei schriftlichen Arbeiten wurde ich von ursprünglich 700 Bewerbern als eine von 60 zur Schlussprüfung nach München eingeladen. 30 Plätze wurden vergeben.

Ein Teil der Prüfung war, neben einem Test über Allgemeinwissen und einer Reportage über das damals brandneue Olympiagelände, eine mündliche Befragung. Wir saßen jeweils zu dritt vor einer illustren Kommission, Vorsitzender war der damalige Chefredakteur der Süddeutschen Zeitung, Dr. Hans Heigert. Daneben saßen neun Chefredakteure von Rundfunk, Zeitungen und Magazinen – eine Frau darunter. Meine beiden Mitbewerber erzählten kurz, dass sie immer schon gerne Schulaufsätze und Beiträge für die Schülerzeitung geschrieben hätten, wie es in ihrem Lebenslauf stand. Dann sprach mich Gerda Bödefeld, eine damals berühmte Journalistin von der Brigitte sofort auf meine Schiedsrichterinnentätigkeit an. Ich war in meinem Element, erzählte Geschichten vom Pfeifen, von den Ängsten, von den Männern, mit denen ich zu tun hatte, bis die Zeit rum war. Ich wurde angenommen. Später lernte ich, ich hatte ein »Alleinstellungsmerkmal«, auch USP (Unique Selling Proposition) genannt. Das wurde dann auch Thema meiner erfolgreichsten Seminare.

LASS DICH SEHEN

Ein Grundsatz, um auf sich aufmerksam zu machen, heißt: Werde sichtbar! Denn die im Dunkeln sieht man nicht. Egal, worum es geht. Du willst eine Beförderung? Du möchtest Einfluss nehmen? Du möchtest den tollen Job? Du willst zur Elternsprecherin gewählt werden? Oder in den Stadtrat? Du möchtest mehr Kunden? Du willst ein Thema transportieren? So kannst du deine Sichtbarkeit erhöhen:

◇ Engagiere dich in Organisationen.
◇ Lerne neue Menschen kennen.
◇ Geh zu Veranstaltungen.
◇ Mach bei spannenden Projekten mit.
◇ Halte Vorträge.
◇ Lass dich auf Herausforderungen ein.
◇ Geh in Vereine, die zu dir passen.
◇ Such das Gespräch mit einflussreichen Menschen.
◇ Schreib einen Blog oder ein Buch.
◇ Biete einer Zeitung dein Thema an.

VON SCHRAUBEN
UND MÜTTERN

»Wir sind doch keine Schraubenfabrik!« Damit ist die Diskussion beendet. Mein Chefredakteur macht mir ein Zeichen, dass ich gehen kann. Ich koche innerlich vor Wut. »Wir sind auch keine mütterfreundliche Zeitschrift«, brumme ich auf dem Weg in mein Büro. Ich bin Redakteurin bei einer Eltern-Zeitschrift. Von Anfang an habe ich mich besonders um das Thema berufstätige Mütter gekümmert. Wie viele Geschichten haben wir veröffentlicht, in denen wir familienfreundliche Arbeitsplätze und Arbeitszeiten gefordert haben? Immer gab es aus der Chefredaktion großes Lob dafür.

Auf eine Geschichte bin ich besonders stolz: Wir haben Mütter an ihrem Arbeitsplatz fotografiert: Mit ihrem Kind im Tragetuch auf dem Rücken zeigten wir jeweils eine Kassiererin im Supermarkt, eine Sachbearbeiterin, eine Automechanikerin und eine Briefträgerin. Unsere Forderung: Wir brauchen eine qualitative Kinderbetreuung für alle berufstätigen Mütter (und Väter). Begleitend dazu habe ich ein Interview mit der damaligen Familienministerin Rita Süssmuth geführt. Die Resonanz unserer Leserinnen war gewaltig. Wieder großes Lob von den Chefs.

Und jetzt das! Dabei wollte ich doch nur meine Arbeitszeit etwas kinderfreundlicher gestalten. Arbeitsbeginn in der Redaktion war lässig gegen zehn Uhr. Das kam mir anfangs sehr entgegen. Ich übernahm ganz locker die Morgenschicht mit den Kindern, konnte in Ruhe mit ihnen frühstücken und sie dann um neun in den Kindergarten bringen. Es blieb sogar noch Zeit, um einkaufen zu gehen. Mein damaliger Mann, der inzwischen einen festen Job in einem Krankenhaus hatte, übernahm die Nachmittagsschicht. Er holte die Kinder um halb vier ab, bei schönem Wetter ging er mit ihnen auf den Spielplatz. Ich kam dafür erst um halb sieben nach Hause.

Als meine Tochter in die Schule kam, passte dieses Modell nicht mehr. Wir mussten sowieso früh aufstehen, sie brauchte mich jetzt aber auch am Nachmittag. Deshalb wollte ich gern eine Stunde früher nach Hause gehen, also um fünf, und war bereit, dafür morgens um neun Uhr anzufangen oder die sehr üppige Mittagspause von eineinhalb Stunden zu verkürzen. Eben darum ging es im Gespräch mit dem Chefredakteur. Er erklärte mir wortreich, warum das beides nicht gehen würde, blablabla. Und dass er keinen Präzedenzfall schaffen wolle. Sicher spielte eine Rolle, dass ich neben meiner Arbeit auch als Betriebsratsvorsitzende fungierte und ihm manches Mal auf die Füße getreten war. Und dann fiel das Wort »Schraubenfabrik«.

Ich war richtig wütend. Ich konnte nicht akzeptieren, dass wir nach außen die Fahne für familienfreundliche Arbeitszeiten schwenkten und nach innen das Gegenteil lebten. Mit meinem ausgeprägten Gerechtigkeitssinn war das nicht zu vereinbaren. Ich versuchte, die Kollegen zu aktivieren. Der Betriebsrat startete eine Umfrage, in der wir die Kollegen baten, zuzustimmen, dass mehr zeitliche Flexibilität möglich gemacht werden sollte. Auf den Fluren wurde gemunkelt, dass dann die großzügige Mittagsregelung gekippt würde. Und die Mehrheit der Belegschaft lehnte ab.

Ich stand mit leeren Händen da. Enttäuscht, aber auch verbittert ob der mangelnden Solidarität der Kolleginnen und Kollegen, für die ich mich jahrelang eingesetzt hatte. Ich zog meine Konsequenzen. Als ich wenig später auf Empfehlung einer externen Kollegin mit einer anderen Zeitschrift ins Gespräch kam, handelte ich ein Spitzengehalt für mich aus und gab das geforderte Versprechen, dass ich im neuen Verlag nicht in den Betriebsrat gehen würde. Lange habe ich mit mir gehadert, ob das die richtige Entscheidung gewesen war. Heute weiß ich: Ja, die Entscheidung war goldrichtig. Für mich, mein Selbstwertgefühl und für meine Familie.

BLEIBEN ODER GEHEN?

Wenn du in einer Situation verharrst, in der Anspruch und Wirklichkeit, Worte und Taten, Behauptung und Umsetzung nicht übereinstimmen, kann das sehr ungesund werden. Vor allem kannst du dir selbst irgendwann nicht mehr gut in die Augen schauen. Da heißt es konsequent sein, selbst wenn du einen großen Schritt dafür wagen musst. Schau einmal auf deine aktuelle Situation und überlege:

◇ Wie gehe ich mit dem Widerspruch zwischen blumigen Worten und fehlenden Taten um?
◇ Gehe ich Kompromisse ein, die mir nicht guttun?
◇ Kann ich an Ort und Stelle etwas ändern und wenn ja, was? Engagiere dich dann für die Veränderung.
◇ Was kann ich tun, wenn sich der Widerspruch nicht auflösen lässt? Suche aktiv nach Alternativen und verabschiede dich.

Wie immer die Sache ausgeht – wenn du bewusst mit Widersprüchen umgehst, stärkt das dein Selbstvertrauen und dein Selbstwertgefühl.

PELZ GIBT NICHTS

Ich stehe mit einer Spendenbüchse in der Hand auf dem Münchner Marienplatz. Es schneit leicht an diesem Samstag vor dem dritten Advent. Menschen mit dicken Einkaufstüten schlendern an mir vorbei. Ich halte ihnen die Büchse hin und sage meinen Spruch auf: »Bitte spenden Sie für Kinder in Eritrea. Wir versorgen sie mit Nahrung und Kleidung.« Die Reaktionen sind sehr unterschiedlich: »Gern, wir haben selbst auch Kinder.« Kopfschütteln. Böse Blicke. Fragen wie »Dürfen Sie das überhaupt?«. Ja, wir haben die Genehmigung des Kreisverwaltungsreferats und werden überprüft.

Unübertroffen: »Wir haben selbst nichts!« von einem Paar, das vier prall gefüllte Tüten mit dem Aufdruck eines exklusiven Sportgeschäfts schleppt und sich eilends davonmacht. Und auf der anderen Seite: ein altes Mütterchen, das mit steifen Fingern fünf Groschen aus der kleinen zerkratzten Geldbörse fischt und jeden einzelnen in meine Spendenbüchse steckt. »Mehr habe ich leider nicht«, sagt sie und tätschelt meinen Arm.

Möchtest du jemals dein Selbstbewusstsein stärken und gleichzeitig eine Lektion in Sachen Demut und Dankbarkeit bekommen, stell dich mit einer Spendenbüchse auf einen Marktplatz, vor eine Kirche oder ein Einkaufszentrum. Pass aber auf, dass deine Erfahrungen dich nicht zum Menschenfeind machen. Für mich waren die ersten Male eine Tortur. »Betteln tut man nicht«, hieß es bei uns zu Hause. Doch obwohl ich ja gar nicht für mich selbst bettele, ist es für mich 21-jähriges schüchternes Dorfkind eine echte Herausforderung, hier zu stehen und die Leute anzusprechen. Es sind die Blicke, die mich anfangs fertigmachen – die angewiderten, die ablehnenden, die feindlichen. An die anteilslosen habe ich mich bald gewöhnt.

In den kurzen Pausen, die wir Sammler uns gönnen, tauschen wir uns bei heißem Tee aus: »Pelz gibt generell nichts!« ist unsere übereinstimmende Erfahrung. Zweite Erkenntnis: Alte Menschen, die allein unterwegs sind, sind aufgeschlossener, sie fragen sogar nach, wo Eritrea liegt. Dieses kleine Land am Roten Meer ist damals so gut wie unbekannt. Manche Jugendliche laufen sogar extra zu uns, um etwas Geld in die Büchse zu werfen. Eine Familie mit zwei kleinen Kindern hat 20 Mark gespendet und sogar noch »Fröhliche Weihnachten« gewünscht. Wie fast immer im Leben gleichen sich gute und schlechte Erfahrungen aus.

Zehn Jahre lang ist die Spendensammelaktion meine Einstimmung auf Weihnachten. Und je länger ich es mache, umso selbstbewusster klappere ich mit meiner Büchse. Vor allem, nachdem ich in Eritrea selbst gesehen habe, wie dringend unser Aufruf ist, und davon auch erzählen kann. Als zweite Vorsitzende des Eritrea-Hilfswerks trage ich inzwischen selbst Verantwortung dafür, dass die Spenden ankommen.

Eine zweite öffentliche Stärkung meines Selbstbewusstseins erfahre ich durch mein Engagement in der Gewerkschaft Druck und Papier. Bei dem großen Druckerstreik 1976 stehe ich, 23-jährig, mit meiner Redaktions- und Betriebsratskollegin Ute und anderen Gewerkschaftsmitgliedern den ganzen Tag vor unserem Verlagstor in der Paul-Heyse-Straße, halte Plakate in die Höhe und skandiere Forderungen nach sicheren Arbeitsplätzen. Durch die Einführung von Computertechnik sind nämlich die Arbeitsplätze vieler unserer Kollegen aus der Setzerei gefährdet.

Am nächsten Tag ruft unser Chefredakteur Ute und mich zu sich. »Ich schätze, Sie beide waren gestern krank«, versucht er väterlich, uns eine Brücke zu bauen. Ute und ich schauen uns kurz an und antworten mit bebender Stimme leise: »Nein, wir haben gestreikt.« Da explodiert er, schreit uns zusammen, droht uns eine Abmahnung an. Mit zitternden Knien schleichen wir unter den verwunderten bis schadenfrohen Blicken unserer Kollegen zurück an unseren Arbeitsplatz. Und sind innerlich total stolz!

Einem Rhetorikkurs der Gewerkschaft verdanke ich einen großen Teil meiner Rede-Fertigkeit. Knut Becker hieß unser Betriebsratsvorsitzender, der ein begnadeter Redner war. In seinem fünftägigen Rhetorikkurs habe ich die Scheu vor öffentlichem Reden verloren und mein eigenes Redetalent entdeckt. Schon in der nächsten Betriebsversammlung hat er mich auf die Bühne geschickt.

Ihm verdanke ich, dass ich »das Maul aufmache«, wie man in Bayern sagt. In Redaktionsvertretungen und als Elternbeiratsvorsitzende, im Kampf um eine Mittagsbetreuung in der Schule und für Spielmöglichkeiten in unserem Viertel. Ich verhandle mit dem Vorstandsvorsitzenden von Gruner + Jahr genauso wie mit dem Münchner Oberbürgermeister. Deswegen werden auch Interviews meine Spezialität in den Magazinen, bei denen ich später arbeite. Ich habe keine Scheu vor großen Tieren. Und wenn Barack Obama mein Vorredner in der Lanxess Aarena in Köln ist – na und? »Ich muss nichts mehr werden, ich bin schon wer«, zitiere ich gerne meinen Mann.

SELBSTBEWUSSTSEIN STÄRKEN
DURCH ENGAGEMENT

Brauchst du einen Selbstbewusstseinsschub? Dann überleg doch mal, ob du dich (mehr) engagieren kannst.

◇ Magst du dich für Kinder, Flüchtlinge, die Natur einsetzen? Eine Gemeinschaft kann uns helfen zu wachsen, weil wir uns als stark erleben und neue Herausforderungen meistern.

◇ Wo kannst du das »Maul aufmachen« – in deinem Unternehmen, in deinem Bekanntenkreis, in deiner Familie, im Verein?

◇ Zu welcher Gelegenheit kannst du die Jubiläumsrede halten oder Sprachrohr für eine Initiative werden?

◇ Sag ja, wenn du gebeten wirst, die Präsentation für dein Team zu halten oder dich für eine gute Sache einzusetzen. Ach ja, und wenn du Barack Obama triffst, grüß ihn von mir.

SAND, STEINE, STILLE

Die Räder unseres Jeeps mahlen im Sand. Wir, das sind drei Frauen einer deutschen Hilfsorganisation, ein Dolmetscher und der Fahrer. Wir Frauen wollen uns mit eigenen Augen Flüchtlingslager und Krankenhäuser in der Sahelzone anschauen, für die wir mit dem Eritrea-Hilfswerk in Deutschland um Spenden werben.

Wir sind auf dem Weg von Port Sudan über die äthiopische Grenze in die Provinz Eritrea, wir schreiben das Jahr 1979. Seit mehr als 15 Jahren kämpfen eritreische Gruppen um die Unabhängigkeit Eritreas von der äthiopischen Besatzung. Wir sind am Morgen in der sudanesischen Hafenstadt losgefahren und überqueren in der schlagartig einsetzenden Dunkelheit die unbewachte Grenze. Erst geht die Fahrt noch über eine Sandpiste mit eingeschalteten Lichtern. An einem Posten der eritreischen Befreiungsbewegung EPLF machen wir Halt. Wir schütteln unsere verkrampften Muskeln aus und nehmen auf Steinen Platz. Über uns der schönste Sternenhimmel, den ich je gesehen habe.

Soldaten bringen uns stark gesüßten Tee, für jeden eine Büchse Sardinen und ein Stück Brot. Wir essen stumm, ringsherum herrscht absolute Stille. Als wir weiterfahren, steigen zwei bewaffnete »Tegadalay«, wie die Kämpfer in Eritrea genannt werden, zu. Jetzt fahren wir ohne Licht und im Schritttempo. An bestimmten Stellen steigt einer der Kämpfer aus und geht vor dem Jeep her, um den Weg zu weisen. »Die Front ist nicht weit weg«, erklärt uns unser Dolmetscher leise. Ich bemerke, dass der Fahrer die kleinen roten und grünen Kontrolllampen im Fahrzeug abgeklebt hat, und denke: »Die Front muss verdammt nah sein, wenn die unser Lämpchen sehen könnten.«

Wir kommen lange nach Mitternacht an unserem Ziel an, einem in Felsenhöhlen geschlagenes »Krankenhaus«. Wir bekommen das Gästezelt zugewiesen und schlafen auf unseren Pritschen sofort ein.

Fünf Wochen lang verbringen wir in den sandig-steinigen Tälern des Sahel. Wir besichtigen die in Felsen geschlagenen Operationssäle, erleben dort Operationen. Wenn den Ärzten gerade mal wieder die Betäubungsmittel fehlen, müssen die Patienten auf Stöcke beißen, während sie operiert werden.

Wir besichtigen ein Waisenhaus, in dem 200 Kinder und Babys in Zelten wohnen und von jungen Freiwilligen betreut werden. Viele der ganz Kleinen haben nichts zum Anziehen, sind nackt oder nur in Tücher gehüllt.

Wir sprechen in Flüchtlingslagern, die Tausende von Menschen beherbergen, mit Müttern, die mit ihren Kindern aus den wenigen Städten des bereits befreiten Teils Eritreas geflüchtet sind – mit nichts als der Kleidung auf dem Leib. Sie berichten von Raketenangriffen und Toten. An einem Tag, in der Mittagshitze, erleben wir selbst einen solchen Angriff. Äthiopische Kampfflugzeuge haben die grauen Zelte in unserem Tal entdeckt. Wir sitzen in einem der Zelte auf einer Pritsche und unser Dolmetscher gibt uns den Rat: »Macht den Mund weit auf und steckt euch die Finger in die Ohren. Dann platzt das Trommelfell nicht, wenn in der Nähe eine Rakete einschlägt.«

Um mein Trommelfell mache ich mir die wenigsten Sorgen, wenn ich ehrlich bin. Und dann hören wir sie: Im Tiefflug donnern zwei Kampfjets über uns hinweg, kurz danach hören wir das Detonieren von Raketen, das sich an den Felswänden bricht. Es gibt einige Verletzte, Gott sei Dank keine Toten. Der Angriff dauert höchstens 30 Sekunden, aber es sind die längsten 30 Sekunden meines Lebens. Erst Wochen später, wir sind längst wieder wohlbehalten in Deutschland zurück, wird mir klar, dass diese halbe Minute mein Leben geändert hat. Ich habe kapiert, dass unser Leben in einer Sekunde vorbei sein kann. Und man muss in dieser Sekunde nicht in einem eritreischen Flüchtlingszelt sitzen. Die Sekunde kann sein, wenn man in München vom Bus überfahren wird, ein Sturm einen Kran umwirft, der auf uns fällt, oder wenn uns schlafend im Bett ein Herzinfarkt niederstreckt. Ich habe in dem Moment für mich beschlossen: Ich will jede Sekunde so leben, wie ich es möchte.

Ich möchte Leben nicht verschieben. Ich will nicht so tun, als hätte ich ein Zweitleben im Kleiderschrank. Als ich nach meiner sechswöchigen Reise zurück in München bin, zurück in der Redaktion der Zeitung, für die ich arbeite, kündige ich. Zehn Monate später bekomme ich ein Kind. »Leben wär' eine prima Alternative« heißt ein Buch der DDR-Schriftstellerin Maxie Wander, das ich damals gelesen habe. Ich liebe diesen Titel.

Wieder zurück nach Eritrea. Unser Jeep passiert vor Sonnenaufgang die Stadtgrenze von Asmara. Erst geht es über heiße Teerstraßen, die abgelöst werden von staubigen Schotterpisten. Und jetzt, Stunden später, mahlen die Räder des Jeeps durch den Wüstensand, wir kommen nur noch im Schritttempo voran. Wir, das sind vier Wahlbeobachter, ein Dolmetscher und unser Fahrer.

Heute, am 25. April 1993, findet die landesweite Abstimmung über die Unabhängigkeit Eritreas statt, das vor drei Jahren endgültig von den »Tagadalay« befreit worden ist. Ich bin vom Eritrea-Hilfswerk in Deutschland nominiert worden, als eine von Hunderten von Wahlbeobachtern aus aller Welt die Abstimmungslokale zu be-

suchen und darauf zu achten, ob alles fair und frei geschieht. Bei
sechs Wahllokalen waren wir schon, sie sind meistens in der ört-
lichen Schule untergebracht. Lange Schlangen fröhlicher Frauen
und Männer warten vor dem Gebäude, ungefragt zeigen sie uns ihre
Wahlberechtigungskarte. Andere Menschen strecken uns stolz ihre
blauen Daumen entgegen, die zeigen, dass sie schon gewählt haben.

Die Bürgermeisterin des Ortes, in dem wir gerade die Wähler-
listen und Urnen kontrolliert haben, lädt uns zu einem Imbiss ein.
Wir sitzen auf Steinen unter einem schattenspendenden Eukalyp-
tusbaum und trinken stark gesüßten Tee, dazu gibt es süße Brot-
fladen. »Liberty is the most important base for a good life«, sagt sie
ernst. Ja, Freiheit und Selbstbestimmung sind die wichtigste Grund-
lage für ein gutes Leben. Davon bin auch ich überzeugt.

LEBE JETZT

Welche Gedanken kommen dir, wenn du daran denkst, dass das
Leben kostbar ist? Beantworte dir folgende Fragen …

◇ Was möchtest du nicht länger verschieben?
◇ Wem wolltest du immer schon etwas sagen?
◇ Was wolltest du immer schon tun?
◇ Wäre jetzt der richtige Moment dafür?
◇ Was brauchst du, um es zu tun?

… und setz dein Vorhaben um, wenn dir dein Leben lieb ist.

EINE RUNDE
SELBSTLIEBE

Eine Frau kommt nach einem Vortrag zu mir an die Bühne. Sie wirkt verhalten aggressiv und spricht mich an: »Frau Asgodom, Sie sind doch Coach. Aber wie wollen Sie denn anderen Menschen helfen, eine Lösung zu finden, wenn Sie offensichtlich nicht mal Ihr eigenes Problem in den Griff bekommen?« Abschätzig lässt sie ihren Blick über meine Rundungen wandern. Ihre Bemerkung trifft mich ins Mark. Ich bin gerade 40 geworden, und tatsächlich kämpfe ich mit meinem Gewicht. Ich schaffe es, ruhig zu bleiben, und antworte mit aller Arroganz, die ich aufbringen kann: »Wie kommen Sie darauf, dass ich damit ein Problem habe?«, und lasse sie stehen.

Aber ich bin in den Grundfesten erschüttert. Hat sie vielleicht recht? Und ich einen blinden Fleck? Natürlich ist mein Übergewicht das Thema, das mich seit der Pubertät begleitet. Und gelöst hatte ich bis dahin noch gar nichts. Und ich spüre, dass ich mich aktiv mit meinem Selbstbild befassen muss.

Bei meinen nächsten Auftritten merke ich, wie ich automatisch den Bauch einziehe, wenn ich eine Bühne betrete. Und hoffe, dass ich dann schlanker aussehe. Aber was passiert, wenn ich den Bauch einziehe? Ich atme nur noch ganz flach. Und dann habe ich nicht genug Luft zum Reden. Die Folge – meine Stimme wird immer höher und schriller. Bevor meine Zuhörerinnen denken: »Warum ist die dicke Frau auf der Bühne so hysterisch?«, breche ich das Experiment ab.

Im Nachhinein wurde mir klar: Baucheinziehen hilft nicht. Von vorne sieht man das gar nicht. Ich müsste die Hüften zusammenziehen. Aber das ist mit Atemtechnik nicht zu schaffen. Wenn ich heute auf der Bühne diese Bauchgeschichte erzähle, lachen sich meine Zuhörerinnen weg. Vor allem, weil ich sie mit vollem Körpereinsatz vorführe. Bauch rein, Bauch raus, seitwärts. Und ich freue mich auch jedes Mal. Denn ich weiß: Es ist wirklich kein Problem mehr. Ich kann mit Bemerkungen rund um meinen Körper spielen, denn ich mag mich, wie ich bin.

Ich habe mich mit mir versöhnt. Es war ein langer Prozess, an dessen Ende ich sagen kann: Ich mag mich in jedem Stadium meines Seins. Ich mag mich, wenn ich dick bin, und ich mag mich, wenn ich abgenommen habe. Ich mag mich, wenn ich müde aussehe, und ich mag mich, wenn ich strahle. Ich mag mich, wenn man mir mein Alter ansieht, und ich mag mich, wenn Leute sagen: »Sie werden 70? Nieeemaaals!« (Natürlich bin ich auch ein bisschen eitel.)

Und ich habe die spannende Beobachtung gemacht: Seit ich mich mag, mögen die Menschen im Publikum mich auch. Meinen – ich kann es nicht anders sagen – umwerfenden Erfolg als Rednerin verdanke ich dem Liebesverhältnis mit mir selbst. Und wann lieben wir wirklich? Wenn wir den anderen so nehmen, wie er ist.

Vielleicht gefällt uns manches nicht an ihm. Mein Mann Siegfried zum Beispiel hatte die seltsame Angewohnheit, sich in feinen Restaurants als Erstes die gefaltete Stoffserviette wie eine Krone auf den Kopf zu setzen. Anfangs hat mich das irre gemacht. Mit einem Handkantenschlag habe ich sie ihm jedes Mal vom Scheitel gehauen. Gleichzeitig habe ich mich ängstlich umgeschaut, ob es jemand gesehen hat.

Irgendwann kam mir der Gedanke: Ich bin nicht Siegfrieds Gouvernante, er kann doch selbst entscheiden, ob er sich zum Affen macht. Ich habe stoisch neben ihm gesessen und getan, als wäre sein Verhalten das Normalste der Welt. Natürlich haben manche der Gäste und Kellner gelächelt, wenn sie das gesehen haben. Aber sonst ist nichts passiert. Kein Drama, keine Tragödie, nicht der Ausschluss aus der Gesellschaft oder was immer früher meine Ängste gewesen sein mögen. Und je weniger ich mich gekümmert habe, umso seltener hat er es gemacht.

Auf dem Weg zur Selbstliebe habe ich irgendwann den Spruch aus meiner Kindheit ad acta gelegt: »Was sollen denn die Nachbarn sagen?« Und ich habe ihn durch mein neues Motto ersetzt: »Ich entscheide, was ich mache.« Und ich entscheide auch über meinen Körper. Ich weiß, wie Abnehmen geht (ich habe sogar ein Buch darüber geschrieben). Ich habe schon oft Gewicht verloren, »but it keeps finding me«, wie ich mal von einer Amerikanerin gehört habe. Heute bin ich nicht mehr bereit, meine ganze Energie in dieses Thema zu stecken. Was mich viel mehr triggert ist der Gedanke: Ich möchte gesund leben. Und über diesen Ansatz schaffe ich es, meinem Körper Gutes zu tun. (Durch einen liebevollen Umgang mit mir selbst habe ich es bei diesem Buch übrigens erstmals geschafft, während des Schreibens nicht zuzunehmen, sondern gesund zu essen und ein paar Kilo zu verlieren.)

Letztens ist nach einem Vortrag eine Frau aus dem Publikum strahlend auf mich zugekommen und hat gesagt: »Frau Asgodom, Sie muss man einfach lieb haben.« Ich habe ein bisschen gebraucht, um das Kompliment annehmen zu können. Aber ich gewöhne mich daran, Komplimente fröhlich anzunehmen.

SICH SELBSTAKZEPTANZ ZUSCHREIBEN

Möchtest du dein Liebesverhältnis mit dir selbst noch intensivieren? Dann hilft dir vielleicht diese kleine Übung:

◇ Schreib auf ein Blatt Papier mehrmals: Ich liebe und akzeptiere mich, obwohl …
◇ Führe die Sätze zu Ende mit dem, was du nicht perfekt an dir findest.
◇ Mach diese Übung so lang oder so oft, bis du alles rausgelassen hast, was dich bisher daran gehindert hat, dich zu lieben.
◇ Häng dieses Blatt irgendwo auf, wo du es täglich siehst. Denn du hast es verdient, dich zu lieben.

DIE ZWEITE HÄLFTE
DES HIMMELS

»Ich möchte gern diese Bücher zurückbringen und vier neue mitnehmen.« Inge Seegers Stimme lässt mich aus der Lektüre meines Buches aufschrecken. Ich war tief in die Geschichte eingetaucht. Ich war im Gefühl der Fühlenden; im Chaos der Suchenden; im Arm der Liebenden. Eigentlich hätte ich dieses Buch noch gar nicht lesen dürfen. Es steht normalerweise ganz oben rechts in dem Regal für Erwachsene. Und ich bin erst 13. Aber Inge wird mich nicht verpetzen. Inge ist meine beste Freundin, wir gehen gemeinsam in der Kreisstadt aufs Gymnasium. Sie ist die Tochter des Bauern, bei dem ich abends immer mit der hellblauen Kanne Milch holen musste, direkt aus dem Stall. Wir verloren uns aus den Augen, als sie sich in der 7. Klasse für den Lateinzweig entschied, Ich mich für Französisch.

»Was liest du denn da?«, fragt sie mich neugierig, weil sie meine Entrücktheit spürt. »»Désirée‹, schon zum dritten Mal«, sage ich, »sie hat sich gerade in Napoleons Marschall verliebt, es ist immer soo schön!« Ich lege das Buch beiseite, suche Inges Karteikarte, trage die vier zurückgegebenen Bücher aus und frage: »Weißt du schon, was du mitnehmen willst?« Schnell sucht sie sich vier Jugendbücher aus, ich trage sie in ihre Karte ein. Sie sagt: »Ich muss noch Mathe machen. Treffen wir uns morgen früh auf der Auebrücke?« Klar, wie immer.

Seit einem Jahr betreue ich unsere kleine Dorfbibliothek, die in einem Raum in der neuen Schule untergebracht ist. Es gibt nicht allzu viel zu tun, dafür kann ich zweimal in der Woche zwei Stunden lang in Ruhe lesen. Was für ein Luxus. Ich liebe den Duft nach trockenem Papier, die Stille, die nur vom Rascheln der Seiten beim Umblättern unterbrochen wird. Ich mag die glatte Kühle der feinen Seidenbändchen, die als Lesezeichen in den wertvolleren Büchern angebracht sind. Und niemand kontrolliert, was ich lese.

Kaum ist Inge aus der Tür, schnappe ich mir wieder das dicke, fest gebundene Buch, auf dem das in zarten Farben gemalte Porträt einer anmutigen jungen Frau in einem Empirekleid zu sehen ist. In Goldlettern prangt der Titel auf dem Buchrücken: »DÉSIRÉE«.

Ich erinnere mich an die Wirkung des Buchs auf mich Backfisch (so nannte man Teenager damals bei uns), die mich völlig gefangen genommen hat. Eine hübsche, junge Kaufmannstochter aus Marseille wird von dem jungen General Napoleon umworben, wird sogar mit ihm verlobt. Doch dann verliebt sie sich in einen seiner Marschälle, Graf Bernadotte, und wird dessen Frau. Der stellt sich irgendwann mutig gegen den Kaiser und wird nach Dramen und Kämpfen schließlich zum König von Schweden gewählt.

Was mich an der Frauenfigur besonders fasziniert hat, ist ihr Mut, dem Kaiser zu widerstehen und den einzig richtigen Weg zu ihrem Glück zu finden, an der Seite eines aufrichtigen, fast revolutionären Helden. Ihr Weg hat mich geprägt, keine Frage. Sie ist kein Opfer, sondern Handelnde. Sie ist anmutig und mutig. Schön und selbstbestimmt. Liebend, aber sich nicht verzehrend. Wenn ich an Désirée denke, wird mir warm ums Herz. Immer noch fühle ich mich mit ihr verbunden. (Als ich den Nachlass meiner Mutter geordnet habe, habe ich das Buch in ihrem Bücherschrank gefunden, die Originalausgabe von 1951. Und ich habe es auch nach drei Umzügen als eines von wenigen Büchern behalten.)

Désirée war eine der Heldinnen meiner Jugend. Sie steht in einer Reihe mit der Sängerin und »Sünderin« Hildegard Knef – »Ich will alles oder nichts!« – und der »Sibylle«, einer Kolumnistin im STERN, die mir Anfang der 1970er-Jahre gezeigt hat, dass Frauen ein anderes, selbstbestimmteres Leben wählen können als das ihrer Mütter. Mutig forderte sie für Frauen »den zweiten Teil des Himmels«, also eine Gleichberechtigung im Berufsleben und gleiches Gehalt. Ich weiß noch genau, ich habe ihre Kolumne mit offenem Mund gelesen und gedacht: »Darf man so etwas denken, darf man so etwas schreiben? Das will ich auch!«

Im letzten Jahr habe ich Inge bei der Feier unseres 50-jährigen Abiturs wieder getroffen. Sie hatte mich eingeladen, die Tage bei ihr zu wohnen. Es war unglaublich, wie schnell wir nach den vielen Jahrzehnten wieder zueinanderfanden. Das Fundament unserer Freundschaft hat Bestand. Inge verdanke ich übrigens viele Details aus meiner Kindheit, so wusste sie noch, dass der weiße Spitz unserer Nachbarin Flocki hieß und nicht Fifi, wie ich in Erinnerung hatte. Inge ist das wandelnde Gedächtnis meiner Dorfkindheit. Ich freue mich auf ein Wiedersehen.

FIKTIVE VORBILDER

Es sind nicht allein die Eltern, die Erzieher und Lehrerinnen, die Dorfgemeinschaft, die Fußballtrainerinnen oder Ballettlehrer, die uns prägen. Sehr einflussreich können auch Lieder, Filme und vor allem Bücher sein. Willst du dich noch ein wenig besser kennenlernen, dann stell einmal folgende Überlegungen an:

◇ Welches Buch hat dich einmal in deiner Innersten Seele berührt?
◇ Was hat dich so angerührt?
◇ Mit welcher Figur in diesem Buch hast du dich identifiziert?
◇ Warum gerade mit dieser?
◇ Was hast du in deinem Leben von dem umgesetzt, was dich in dem Buch beeindruckt hat?
◇ Was würdest du gern noch umsetzen?
◇ Und falls du keine Leseratte warst: Gibt es andere Fiktionen – Film- oder Theaterfiguren, Liedtexte oder Bilder –, die Einfluss auf dein Leben hatten?

LIEBE MIT SCHOKOGUSS

»Drei Kuchen habe ich neulich zum Geburtstag von Maxi gebacken, die halbe Nacht bin ich in der Küche gestanden. Ich bin völlig fertig!« »Ich habe neulich am Ende des Geburtstags von Caro-
line zehn Eltern beim Abholen noch auf einen Imbiss eingeladen.
Ich habe alles selbst gemacht, sogar das Brot selbst gebacken. Ach,
die wollten gar nicht mehr gehen!« Die beiden Mütter nicken sich
verständnisvoll zu, während ich verstohlen meinen Erdbeerkuchen
(Erdbeeren auf einem fertigen Tortenboden mit Dr.-Oetker-Torten-
guss, Arbeitszeit 7 ½ Minuten) auf den riesigen Tisch des Elternbei-
rats der Grundschule stelle. Noch habe ich ein schlechtes Gewissen.
»Rabenmutter«, klingt es in mir. »Das muss mit Liebe gebacken werden!«, tönt meine innere Kritikerin.

Im Lauf der Jahre befreie ich mich von den Selbstvorwürfen
und gehe pragmatischer an die Sache ran. Zum Beispiel Kinderge-
burtstag. Du rührst und knetest und machst – und dann fieseln die
Racker eh nur den Schokoladenguss mit den bunten Smarties ab.
Oder überhaupt nur die bunten Zuckerbomben. Die Kuchenreste
darf ich dann wegschmeißen (schlimmstenfalls selbst aufessen).
Irgendwann gewöhne ich mir an, zwei Marmorkuchen zu kaufen, sie zu einem hübschen Karree zusammenzufügen, einen Liter
Schokoladenguss draufzukippen und die Smarties wie Konfetti
drüberzuwerfen. Alle Kinder sind glücklich. (Keines hatte irgendeine Allergie oder durfte keinen Zucker essen – daran merkst du,
wie alt ich bin.)

Die nächste Phase meiner inneren Unabhängigkeit von Mütter-
stolz und »Backen ist Liebe« erreiche ich, als ich auf die Frage »Oh,
selbst gebacken?« fröhlich antworten kann: »Nein, mit Liebe gekauft.« Die folgenden Blicke mit offenem Mund genieße ich. Und
diebische Freude ergreift mich, als ich das erste Mal beim Weih-
nachtsbasar eine andere Mutter diesen Satz sagen höre. Yes, we can!

Dieser mütterliche Ehrgeiz – »Wer ist die allerallerbeste Mutter im Land, das zeigt sich an der Bäckerinnenhand« – ist mir schon immer gehörig auf den Senkel gegangen. Wie überhaupt diese ganze Mütter-Olympiade mit höher, schneller, weiter! »Unser Joachim konnte schon mit neun Monaten laufen.« – »Luise kann schon schreiben, dabei wird sie doch im November erst fünf.« – »Also, alle meine Kinder waren mit anderthalb schon trocken. Das war überhaupt kein Problem.« Ja, schön für euch, freut euch, aber tragt die Erfolge eures Nachwuchses nicht wie Verdienst-Medaillen um den Hals! Denn wo es Gewinnerinnen gibt, gibt es auch immer Verliererinnen.

Und die rufen von Montag bis Freitag bei mir in der Redaktion an. Ich bin sechs Jahre lang Redakteurin bei einer Eltern-Zeitschrift in München und habe mir bei unseren Leserinnen offensichtlich den Ruf der Mütterversteherin erschrieben. Jeden Tag werden Frauen zu mir durchgestellt, die ein tröstendes Ohr brauchen. Ein typisches Telefongespräch: »Ich kann nicht mehr, ich habe jetzt eine Stunde lang mein Baby herumgetragen, das nur geschrien hat. Ich habe es jetzt in sein Bettchen gelegt und die Tür zugemacht. Ich bin am Ende mit meinen Nerven. Ich muss mit jemandem sprechen, der mich versteht.«

»Haben Sie niemanden, der Sie entlasten kann?«

»Nein, mein Mann ist in der Arbeit. Unsere Eltern wohnen woanders.«

»Und was ist mit den Müttern in der Nachbarschaft? Können Sie sich mit einigen zusammentun und sich gegenseitig unterstützen?«

»Nein, das möchte ich nicht. Ich will nicht, dass die merken, was für eine schlechte Mutter ich bin!«

»Da haben Sie mal keine Angst, die Mutter aus Ihrer Nachbarschaft hat gestern angerufen«, sage ich dann schon mal lakonisch. Und freue mich, wenn ich dann ein kleines Lachen höre. Schade.

Ich freue mich, dass die Mütter der heutigen Generation offensichtlich mehr Ansprechpartnerinnen haben. Im Internet gibt es glücklicherweise neben weichgezeichneter Influencer-Baby-Idylle auch eine Menge Mami-Blogs und Podcasts mit ehrlichem Austausch und entlastenden Berichten. Und von meiner Tochter weiß ich, dass sie völlig offen mit ihren Freundinnen auch über Frust und Überforderung reden kann.

MÜTTER, VEREINIGT EUCH

◇ Bist du vielleicht auch manchmal von den gesellschaftlichen Erwartungen, die andere – wirklich oder vermeintlich – an dich stellen, überfordert? Entsprichst du gar nicht dem Frauen-, Mutter-, oder Großmutterbild, das in deiner Umgebung propagiert wird? Dann präge dein eigenes.

◇ Denk daran, dass du mit deiner Veränderung andere Frauen ermunterst, sich ebenfalls nicht anzupassen und so Veränderung auf gesellschaftlicher Ebene herbeizuführen.

◇ Suche oder schaffe dir eine Mütter-Clique, in der ihr euch ehrlich austauschen könnt darüber, wie ihr sein wollt und wie eben nicht – mit Schokoglasur oder ohne.

Fehler & Fettnäpfchen

DER MOND ÜBER
NEUMÜNSTER

Von München ist Neumünster gefühlt so weit weg wie der Mond von der Erde. Aber für einen guten Auftrag fahre ich überallhin, auch in den hohen Norden. Ich stehe also auf der großen Bühne der Stadthalle von Neumünster, vor mir 400 Zuhörende. Sie wollen die zwölf Schlüssel zur Gelassenheit kennenlernen, über die ich ein erfolgreiches Buch geschrieben habe.

Ich bin in meinem Element, liebe das Thema, liebe es, Aha-Momente bei den Zuhörenden zu erzeugen, freue mich über die spürbare Resonanz. Ich erzähle gerade eine Geschichte zum Thema Großzügigkeit. Ach was, ich spiele sie, voller Temperament und Inbrunst. Das Publikum reagiert begeistert, ich sehe in lauter strahlende Gesichter. Mit hocherhobenen Armen stehe ich da, mache eine effektvolle Pause kurz vor der Pointe – plötzlich spüre ich einen kalten Hauch an meiner Leibesmitte.

Als ich an mir herabschaue, sehe ich meinen blanken, runden Bauch, der wie der silbrige Mond über Neumünster scheint. Mein elastisches schwarzes Top ist offensichtlich bei meinen theatralischen Bewegungen bis kurz unter den Busen gerutscht. Mit offenem Mund starre ich kurz meinen nackten Bauch an, dann die Zuschauer, die sich offensichtlich köstlich amüsieren. Als ich aus der Schockstarre erwache, dreh ich mich hastig um und bringe meine Kleidung in Ordnung.

In meinem Kopf überschlagen sich die Gedanken: Wie peinlich. Halbnackt auf der Bühne. Was denken die Leute? O Gott, was soll ich tun? Wo ist der Notausgang? Ich sterbe vor Scham! Hoffentlich hat das keiner fotografiert!

Schließlich übernimmt die Vernunft wieder: Aber hallo, was ist denn schon dabei? Krieg dich wieder ein. Wie mache ich weiter? Habe ich nicht ein epochales Werk über Gelassenheit geschrieben?

Na klar. Und ist einer der Schlüssel nicht Humor? Bingo. In dem entsprechenden Kapitel habe ich auch den italienischen Komödianten Roberto Benigni zitiert: »Wenn du lachen kannst, bist du der Herrscher der Welt.«

Ich drehe mich langsam wieder zu meinem Publikum – 400 Grinsekatzen. Ich schaue ihnen – scheinbar verzweifelt – direkt ins Gesicht. »Also, sagt mal, oh, mein Gott! Ich falle in Ohnmacht! War das Top schon länger oben?« Die Grinsekatzen nicken. In gespielter Empörung schimpfe ich: »Und ihr warnt mich nicht? Keiner von euch gibt mir ein Zeichen? Ihr seid doch das mieseste, hinterhältigste Publikum, das ich je hatte!« Lacher. Schweigend und kopfschüttelnd gehe ich auf und ab. Dann habe ich die Lösung: »Und damit kommen wir zum neunten Schlüssel zur Gelassenheit, dem Humor.« Die Grinsekatzen wiehern vor Vergnügen (ich weiß, das Bild ist schief. Aber das tun sie!).

Was schrieb Altmeister Goethe? »Gott schütze mich vor Katastrophen und Menschen, die nicht lachen können.« Der Vortrag ging sehr fröhlich mit Standing Ovations zu Ende. Ich durfte danach noch anderthalb Stunden Bücher signieren. Eine Dame bat mich verschwörerisch grinsend: »Bitte schreiben Sie rein, es war ein unvergesslicher Abend!« – Ja, danke, für mich auch.

Du kannst dir sicher vorstellen, dass es in einem Rednerinnenleben zahlreiche urkomische Situationen gibt, einmal bin ich wegen eines falsch verlegten Teppichs von der Bühne gefallen, Gott sei Dank war sie nur 50 Zentimeter hoch. Einmal ist auf einem Sekretärinnenkongress in Heidelberg ein Podest unter mir zusammengeklappt (die vorderen Standfüße waren nicht richtig eingerastet). Ich habe übergangslos auf der schiefen Ebene weitergeredet. Die Zuschauerinnen waren schwer beeindruckt.

Eigentlich müsste man solche Gags erfinden und einbauen, die Resonanz des Publikums ist immer wieder grandios. Geholfen haben mir natürlich mehr als 20 Jahre Bühnenerfahrung, in denen immer wieder mal etwas schiefgegangen ist – der Laptop hat seinen Geist aufgegeben, das Mikro versagt, ich hatte einen Blackout … Am meisten gewappnet hat mich jedoch die Überzeugung, dass solche Zwischenfälle für mich wohl bedeutsam, aber für das Universum wahrscheinlich nicht mal ein Fliegenschiss sind.

HUMOR UND SELBSTIRONIE TRAINIEREN

Wissenschaftliche Studien haben längst belegt, dass Lachen

1. schlau macht,
2. uns gesund erhält und
3. Sympathie erzeugt.

Deshalb sollten wir alles daransetzen, mehr zu lachen. Mit anderen, nicht über sie. Dafür gerne mehr Selbstironie, denn wenn wir über uns selbst lachen können, versöhnen wir uns mit unserer Unzulänglichkeit. Nur wenn wir in der Lage sind, über eigenes Missgeschick zu lachen, haben wir es uns auch verziehen. Und Selbstironie verlangt dringend nach Selbstbewusstsein.

Hier nun eine kleine Übung, mit der du dich mit dir versöhnen kannst, die Angst vor Blamagen abbaust und außerdem in lustiger Runde eine schöne Geschichte des Scheiterns erzählen kannst. Die lieben Menschen nämlich viel mehr als Heldengeschichten, glaub mir.

Überleg zuerst, in welcher peinlichen Situation du schon einmal warst. Wahrscheinlich fallen dir mehrere ein. Wähle eine davon aus. Such dir dann jemanden mit Humor und erzähl dieser Person die Geschichte, indem du

◇   den Vorfall übertrieben komisch schilderst,
◇   die Situation vorspielst,
◇   immer noch mehr Drama reinbringst …

… bis du auch selbst darüber lachen kannst.

20 BEAMTE UND EINE TRAUMFRAU

Es war eines der schrecklichsten Seminare, die ich jemals gegeben habe. Es war in Wien, 2006. Die Teilnehmer waren zwanzig Beamte der Wiener Stadtreinigung. Ihre Chefin hatte an einem Seminar bei mir teilgenommen und mich engagiert, um die Männer aus ihrer Lethargie zu reißen und ihr Engagement zu wecken. Ich hatte bis dahin ausschließlich Frauenseminare gemacht, aber ich ließ mich überreden – so viel anders könne das ja auch nicht sein. Es war anders. Österreicher. Männer. Beamte. Und diese hatten offensichtlich ein Problem damit, eine Frau als Chefin zu haben. Und da diese mich engagiert hatte, sahen sie auch in mir von Anfang an den Feind.

Schon bei der ersten Übung, die ich mit ihnen machen will, lassen sie mich auflaufen. Die Übung geht so: »Wenn Sie drei Millionen Euro erben würden, was würden Sie dann beruflich verändern?« In jedem Seminar vorher ergaben sich spannende Ideen, Erkenntnisse und Gespräche. Ich frage den ersten Teilnehmer: »Was würden Sie machen?« Der schaut mich aus verhangenen Augen an und sagt in schleppendem Wienerisch: »Na, da würd i an Puff aufmach'n.« Lacher. Alle sehen mich neugierig an: Wie reagiert sie? Ich nicke bedächtig mit dem Kopf und sage: »Eine interessante Idee.«

Der nächste ist dran und sagt ebenso schleppend: »Dös is a guade Idee. Dann würd i a an Puff aufmach'n.« Alle lachen. Mir stockt der Atem. Aha, passiver Widerstand. So ähnlich geht es den ganzen Vormittag weiter. Ich bin erst ratlos, dann kopflos, dann hoffnungslos. Egal, was ich sie frage oder was ich ihnen anbiete, von den Teilnehmern kommt nichts zurück.

Kurz vor Mittag bin ich am Ende meiner Weisheit. Ich kapituliere. Ich biete den Teilnehmern an: »Wissen Sie, bevor wir uns weiterhin gegenseitig Stress machen, lassen wir es doch einfach. Sie gehen zurück an Ihre Arbeit und ich fahre heim.« Ich hoffe, dass ich ihnen so entkomme.

Aber Pustekuchen, davon wollen sie nichts wissen. Nein, sie wollen, dass wir dieses Seminar bis zur letzten Stunde durchziehen. Also gut. Ich verordne erst mal eine lange Mittagspause, um einen Schlachtplan zu entwickeln, wie ich weitermache. In der Pause rufe ich als Erstes einen Trainer-Kollegen aus dem Mühlviertel an, den ich aus einem Netzwerk kenne, und schildere ihm mein Dilemma. »Ja, gehst«, seufzt Rainer. »Beamte!« Er verspricht, abends nach Wien zu kommen, um mich in der Hotelbar wieder aufzurichten.

Der Nachmittag vergeht zäh, aber wenigstens die jüngeren Teilnehmer kann ich ein bisschen für meine Themen erwärmen. Sie reden tatsächlich mit mir, bringen Beispiele aus ihrer Abteilung. Es ist harte Arbeit, aber wir erreichen den Feierabend.

Abends sitze ich völlig frustriert mit Rainer in der Bar. Während ich an einer Piña Colada nuckle, erzählt er freudig, dass er seit Neu-estem verheiratet ist. Seine Frau habe er beim Universum bestellt. Ich horche auf: »Wie bitte?« Ja, er habe mit einem Freund zusam-mengesessen und über dieses bekloppte Buch mit den Bestellungen geredet. Und nach einigen Bieren sei er auf die Idee gekommen. Er habe genau aufgeschrieben, wie seine Traumfrau sein müsste, wie sie aussehen sollte, welche Haarfarbe, wie groß, intelligent, berufs-tätig, aus der Gegend, in der er lebt … Schon am nächsten Morgen sei sie ihm auf dem Parkplatz eines Hotels begegnet, sie war auch Trainerin und hatte dort wie er ein Seminar. Sie hätten sich wieder-getroffen und verliebt. Vor einem Vierteljahr hätten sie dann gehei-ratet. Jetzt sei er glücklich.

Ich bestelle noch eine Piña Colada und beschließe etwas be-schwipst, das auch zu probieren. Ich bin jetzt drei Jahre allein und hätte auch gerne wieder einen Mann. Ich lasse mir vom Barkeeper Papier und Stift geben und schreibe eine Liste: Er sollte etwas älter sein, schöne weiße Haare haben, gutaussehend, witzig, geistreich-sein. Er sollte selbstständig sein, mir meine Freiheit lassen, aber immer für mich da sein, wenn ich ihn brauche. Und natürlich ein guter Liebhaber.

Am zweiten Seminartag fehlen morgens drei Teilnehmer. Aber das ist mir jetzt auch schon Wurst. Wir bekommen die Zeit bis zum Seminarende ganz ordentlich hin. Und am Schluss verabschieden sich die meisten bei mir mit Handschlag. Da schau her. Ich berichte der Auftraggeberin von dem missglückten Seminar, und sie sagt: »Ja, das hatte ich erwartet.« Na, Dankeschön. Mal sehen, wie es mit der Männerbestellung weitergeht.

DIE DREI-MILLIONEN-EURO-FRAGE

Das Drei-Millionen-Euro-Spiel ist wirklich eine schöne Übung, wenn du über deine berufliche Zukunft nachdenken willst. Es geht so:

◇ Stell dir vor, du erbst drei Millionen Euro von irgendeiner Erbtante, die du gar nicht kanntest. Du bekommst das Geld aber nur, wenn du berufstätig bleibst (das Geld zu verwalten, gilt nicht als Beruf). Ob du ganztags oder halbtags arbeitest, angestellt oder selbstständig, ist dir überlassen. Ob du in deiner jetzigen Heimat arbeitest oder an einem fernen Traumort, spielt auch keine Rolle. Du kannst dein Geld in die neue Beschäftigung investieren oder einfach als Sicherheit auf dem Konto belassen. Du musst aber weiter Geld verdienen.

◇ Schreib auf, was du konkret tun würdest.

◇ Frag dich im nächsten Schritt, ob du für die gewünschte Veränderung wirklich drei Millionen Euro brauchst? Manchmal trifft das sicher zu, wenn du dir beispielsweise ein kleines Hotel im Süden kaufen oder dich mit einem größeren Projekt selbstständig machen willst. Viele meiner Seminarteilnehmerinnen haben jedoch festgestellt: Manchmal liegt es gar nicht am Geld, wenn wir Veränderungen nicht anpacken.

TRAUMMANN MIT KLEINEM FEHLER

Am Abend nach dem ziemlich schrecklichsten Seminar meines Lebens schlendere ich am Wiener Flughafen völlig geschafft zum Abflug-Gate nach München. Ich lasse mich auf eine Bank fallen und schaue mich um. Meine Augen bleiben an einem gutaussehenden Mann hängen. Und mir wird heiß: Wow, der kommt meiner Bestellliste, die ich beim Universum aufgegeben habe, sehr nah: Leger angezogen, schwarze Hose, schwarzes Hemd, silberweiße Haare, feines Gesicht, Brille. Er sieht aus wie ein Unternehmensberater oder Architekt. Das gibt's doch nicht! Also das Universum ist doch ein Fuchs.

Ich kann meinen Blick nicht von ihm lassen und bin plötzlich hellwach. Er tippt konzentriert auf seinem Laptop herum, und ich beschließe: »Wenn er nur einmal aufschaut, dann spreche ich ihn an.« Hypnotisierend starre ich zu ihm hinüber, aber meine diesbezüglichen Kräfte reichen wohl nicht. Der Kerl schaut nicht ein einziges Mal hoch, nicht einmal, als unser Flug aufgerufen wird. Schade.

Vier Wochen später stehe ich am Salzburger Bahnhof und warte auf den Railjet von Wien nach München. Ich habe einen Vortrag in der Wirtschaftskammer gehalten und jetzt geht's nach Hause. Der Zug kommt, ich steige ein und öffne die Abteiltür. Und wer sitzt auf meinem reservierten Platz? Der Mann vom Flughafen! Ich schwöre. Wieder starrt er in seinen Laptop und schreibt. Stotternd mache ich ihn darauf aufmerksam, dass er auf meinem Platz sitzt. Er entschuldigt sich eilfertig und will seine Sachen zusammenräumen. Hektisch sage ich: »Nein, nein, bleiben Sie doch sitzen, äh, der Platz neben Ihnen ist ja auch noch frei.« Ich setze mich und zweifle an meinem Verstand. Aber er ist es tatsächlich.

Uns gegenüber sitzt noch ein weiterer Reisender, er ist um die 40 und redseliger. Ich unterhalte mich mit ihm über dies und das, und wir landen schließlich beim Fußball. Da wird mein Nachbar plötzlich aufmerksam und beteiligt sich am Gespräch. Irgendwann klappt er sogar seinen Laptop zu. Der junge Mann erzählt, dass sein Unternehmen eine Lounge im Münchner Stadion habe. Und da wir beide Interesse an Fußball hätten, würde er uns gern am folgenden Samstag zum Spiel einladen. Mein Nachbar und ich lächeln uns kurz an und nicken. Also, wir sind am Samstag Gäste in der Allianz Arena. Kneif mich mal!

Am Samstag werden wir in der Lounge fürstlich verwöhnt, leckeres Essen, Champagner, Bier, was das Herz begehrt. Ach ja, und Fußball schauen können wir auch. Ich erfahre, der »bestellte« Mann heißt Peter, wohnt in München und ist tatsächlich Architekt. Als das Fußballspiel vorbei ist und wir noch bei einer Edel-Currywurst sitzen, vereinbaren Peter und ich, uns ein Taxi in die Stadt zu teilen. Erst zu mir, dann weiter in den Münchner Süden, wo er wohnt.

Kurz bevor ich aussteige, strahle ich ihn noch mal an und frage: »Hätten Sie vielleicht Lust, einmal zum Essen zu mir zu kommen?« Er lächelt zurück: »Ja gerne. Da wird meine Frau sich aber freuen.« Verdammt, der Falsche! Ich habe vergessen, »ledig, solo, unbeweibt« auf meine Liste zu schreiben. Zu blöd! Zu Hause angekommen, ergänze ich das sofort!

Der Richtige hat mich dann ein paar Monate später gefunden – Siegfried. Er hat alle Kriterien auf der Liste erfüllt.

WIE TRÄUME WIRKLICHKEIT WERDEN

Auf das Universum scheint kein Verlass zu sein, wenn es um die Erfüllung von Träumen geht. Damit das, was wir uns wünschen oder erträumen, eine Chance auf Verwirklichung bekommt, müssen wir uns bewegen – in Gedanken und im Handeln.

◇   Wenn du jemanden kennenlernen möchtest, solltest du unter Menschen gehen (oder dich im Internet zeigen).

◇ Wenn du eine Chance möchtest, solltest du deine Wünsche formulieren.

◇ Wenn du etwas nicht willst, solltest du Nein sagen.

◇ Wenn du etwas ändern willst, solltest du deinen ganzen Mut zusammenkratzen.

◇ Wenn du eine Möglichkeit bekommst, solltest du zupacken. (Auch wenn es keine Garantie gibt, dass alles gelingt.)

◇ Und manchmal müssen wir andere Menschen enttäuschen, um nicht selbst ein enttäuschtes Leben zu führen.

ABSCHIED VOM GRÜNEN SEIDENKLEID

»Herzlich willkommen, Frau Asgodom. Sie haben ein interessantes Buch geschrieben.«

»Äh, ich, äh, ja.«

»Darin geht es um Familie und Beruf?«

»Äh, ja, wie man die vereinbaren kann.«

»Sie selber haben ja auch Kinder?«

»Äh, krächz, ja, zwei.«

Der Fernsehmoderator verzweifelt an mir. Ich bin eingeladen, um mein erstes Buch vorzustellen: »Balancing – das ideale Gleichgewicht zwischen Beruf und Privatleben«. Und ich verkacke es hier gerade.

Der Tag hatte eigentlich wunderbar angefangen. Ich habe mich auf meinen allerersten Talkshow-Auftritt gefreut. Und habe das neue Kleid angezogen, das ich extra dafür gekauft habe. Ein Kleid aus schilfgrüner Seide, todschick, Riesenschulterpolster – die trugen Frauen Anfang der 1990er-Jahre gern. Auf der Vorderseite ein verwegener Zickzackausschnitt und eine Längspasse, denn längs macht ja bekanntlich schlank. Das Kleid war für meine Verhältnisse irre teuer gewesen, aber ich dachte, du musst auch mal investieren in den Erfolg.

Doch als ich in Hamburg aus dem Flugzeug ausstieg, erlebte ich den ersten Schock: Ich hatte ein Bauchplissee quer. Also lauter Querfalten – vom Sitzen, vom Sicherheitsgurt –, der Längseffekt war jedenfalls weg. Und damit auch mein Selbstbewusstsein. Ich habe dann auf der Fahrt zum Studio die ganze Zeit versucht, die Falten zu glätten. Doch umsonst.

Nachdem ich in der Maske geschminkt worden war, traf ich die anderen Gäste, wir mussten länger warten, unter den gleißenden Studioleuchten. Ich spürte, wie mir der Schweiß ausbrach. Wir bekamen eine Einweisung durch die Aufnahmeleiterin, erst würde jeder Gast einzeln vorgestellt, dann säßen wir in der Runde. Wir warteten, der Schweiß lief mir den Rücken hinunter. Endlich hieß es: »Start in zehn Minuten!«

Ich suche die Damentoilette auf. Vor dem Spiegel sehe ich die Katastrophe. Unter beiden Armen habe ich große Schweißflecken. Und wenn Seide nass wird, was wird sie? Ja, schwarz. Ich denke: »Erde, tu dich auf und verschling mich!« Tut sie nicht. Verzweifelt versuche ich, an dem kleinen Händetrockner die Achseln trocken zu föhnen. Umsonst, da kommt ja heiße Luft raus, ich schwitze noch mehr. Mein Selbstbewusstsein sinkt auf Minus 5000. Plötzlich reißt jemand die Tür auf und ruft leicht panisch: »Da sind Sie! Kommen Sie schnell, Frau Asgodom, Sie sind unser erster Gast. Dies ist eine Live-Sendung.«

Was bleibt mir anderes übrig, ich haste hinter der Aufnahmeleiterin her. Ich bekomme ein Mikrofon in die Hand gedrückt, und die Sendung beginnt. Christian Berg von Radio Bremen moderiert, es ist auch seine erste Talkshow. Plötzlich stehe ich neben ihm. Und völlig neben mir. Dann beginnt der spannendste Dialog der Fernsehgeschichte, siehe oben. Der arme Moderator.

Ich darf mich setzen. Ich gehe auf die Sitzecke zu, es sind Clubsessel, tief, rund und eng. Jetzt erst bemerke ich, es sind eher Clubsesselchen! Ich steuere auf mein Sesselchen zu und denke erst: »Scheiße, da komme ich nie wieder raus.« Und dann: »Live-Sendung.« Todesmutig nehme ich Platz.

Nach und nach kommen die anderen Gäste dazu: Der Schriftsteller Volker Elis Pilgrim, er hat ein neues Buch geschrieben: »Vatersöhne«. Die Frau des verstorbenen Star-Regisseurs Jürgen Roland, Eva Roland, hat ihr erstes Buch geschrieben: »Die Frau über 40«. Professor Peter Grottian erzählt, warum er auf ein Drittel seiner eigenen Stelle verzichtet, damit eine Gender-Professur eingerichtet werden kann. Neben ihm sitzt die Frauenbeauftragte von VW in Wolfsburg, Gabriele Steckmeister. Sie erzählen alle lauter spannende Geschichten. Ich werde auch zweimal etwas gefragt, weiß aber nicht mehr, was. Ich weiß nur, dass mein Hirn leer ist und mein innerer

Kritiker nicht mal mehr mit mir spricht, sondern nur noch »tz, tz, tz, tz« macht. Ich habe diesen Auftritt als völliges Desaster in Erinnerung.

Drei Erkenntnisse hat mich dieser mediale Reinfall gelehrt:

1. Geh vor einem Auftritt zu einer Farb- und Stilberaterin, die hätte sicher gesagt: »Bloß keine Seide!«
2. Bereite dich besser vor, Fernsehen ist Stress, und Stress macht bekanntlich blöd.
3. Verzweifle nicht. Du bekommst immer eine zweite Chance!

Die kam beim nächsten Buch ein Jahr später: »Zwischen Kindern und Karriere« hieß es. Ich wurde zu Schreinemakers Live eingeladen. Gott sei Dank hatte ich wieder Mut und habe zugesagt. Ich war zwar nicht der Burner, aber es war okay. Viele Bücher und viele Talkshows später bekam ich 2012 sogar eine eigene Coaching-Sendung mit Gästen im Bayerischen Fernsehen. Was lange währt …

RAUS AUS DER KOMFORTZONE

Kennst du das Modell der drei Zonen, in denen wir uns bewegen? In der Mitte ist die Komfortzone. In der machen wir, was wir immer gemacht haben. Beruhigend, aber auf Dauer ein bisschen langweilig. Auf die Komfort- folgt die Risikozone. In der probieren wir etwas Neues aus und entwickeln uns weiter. Da wohnen die Chancen. Die dritte Zone ist die Panikzone, in der war ich im Studio. Die muss man nicht betreten, aber wie du siehst, überlebt man sie auch. Scheitern, Misserfolge, Blamagen passieren. Also los:

◇   In welcher Situation hättest du Lust, die Komfortzone zu verlassen?
◇   Auf welches kalkulierbare Risiko könntest du dich einlassen?
◇   Welchen Schritt bist du bereit zu tun?

Die gute Nachricht: Wenn du dir in der Risikozone beweist, dass du mehr kannst, als du dachtest, erweiterst du automatisch die Komfortzone. Denn jetzt ist das Neue ja schon viel einfacher und wird nach einiger Zeit zu etwas, das du »schon immer« gemacht hast. Auf ein Neues!

TRÜFFEL UND CHAMPAGNER

»Darf's ein bisschen mehr Trüffel sein?«, fragt der Besitzer des Restaurants, in das ich Freunde aus Frankfurt eingeladen habe.

»Ja gerne«, strahle ich und lass ihn die edle Knolle über meine Spaghetti hobeln. »Für die anderen natürlich auch.«

Ich bin hingerissen. Ich erlebe 1992 meine erste Buchmesse und darf bei Monika und ihrem Mann wohnen. In dem feinen Restaurant, das Monika vorgeschlagen hat, möchte ich mich für die Gastfreundschaft bedanken.

Wir speisen vorzüglich und trinken leckeren Wein dazu. Als die Rechnung kommt, falle ich fast vom Stuhl – 265 Mark! Das sind zwei Drittel vom Messegeld, das ich für die vier Tage mitgenommen habe. Eine Kreditkarte besitze ich nicht. Ich schaue den Kellner verständnislos an und deute fragend auf die Summe. Er murmelt diskret: »Die Trüffel werden nach Gramm berechnet.«

Großer Gott, warum sagt mir das niemand? Ich bin ein Lehrerkind aus einem niedersächsischen Dorf. Trüffel waren da ebenso unbekannt wie Kiwis oder Papaya. Und während der letzten zwölf Jahre war ich froh, wenn ich am Wochenende genug Geld für den Familieneinkauf hatte. Jetzt habe ich zwar ein gutes Gehalt, aber von einem Luxusleben bin ich weit entfernt.

Meine finanzielle Situation stabilisiert sich mit den Jahren. Vor allem, seit ich neben meiner Vier-Tage-Woche als gut bezahlte Redakteurin schon als Trainerin, Coach und zunehmend als Rednerin Aufträge bekomme. Als ich 1999 kündige, um mich endgültig selbstständig zu machen, fragt mich meine damals 18-jährige Tochter: »Aber, Mami. Was ist denn mit der Sicherheit?« Ich staune über die Frage. Denken 18-Jährige so? Und dann antworte ich ihr: »Es gibt nur eine Sicherheit im Leben, und die ist hier drin.« Dabei lege ich eine Hand auf mein Herz. »Auch wenn du angestellt bist, gibt es keine endgültige Sicherheit. Wenn die Firma pleite geht, bist du weg. Wenn du einen neuen Chef bekommst, mit dem die Chemie nicht stimmt, bist du weg. Deine Sicherheit ist, wenn du weißt, wer du bist und was du kannst.«

Was ich heute mit Sicherheit weiß: Ich war wirklich gut in dem, was ich tat. Aber eine gute Geschäftsfrau war ich lange nicht. Bis dahin musste ich noch ziemlich viel Lehrgeld bezahlen. Ich sage nur: Business Dinner im Bayerischen Hof. Nach vier Jahren, als ich wirklich gut gebucht und hoch bezahlt war, dachte ich, jetzt bin ich wer. Ich reservierte blauäugig einen Saal im Palais Montgelas des Hotels Bayerischer Hof, vereinbarte ein Drei-Gänge-Menü und bot 150 guten Kundinnen, Geschäftspartnern und Kolleginnen an, zum Preis von 69 Euro an einem Business Dinner teilzunehmen. Ich hatte eine Vortragsrednerin engagiert und eine Jazzsängerin. 90 Anmeldungen.

Wie sich später herausstellte, reichte der Beitrag gerade mal, um das Menü zu bezahlen. Ich hatte völlig falsch kalkuliert: Ich hatte den Abend inklusive Getränke angeboten und naiv gedacht, dass wir auf jeden Sechsertisch je zwei Flaschen Wein und Wasser stellen würden. Kurz zusammengefasst: Die Gäste haben mir die Haare vom Kopf gesoffen. Sie bestellten eifrig weitere Flaschen, die Stimmung war super! Nach dem Essen wurden von lustigen Tischgemeinschaften Runden an Cognac und Cocktails geordert, war ja umsonst. Ich war zu feige, das zu unterbinden. Als schließlich noch Zigarren auf meine Rechnung bestellt wurden, wusste ich: Heute Abend lernst du was für die Ewigkeit.

Honorare und Technik eingerechnet, musste ich fast 6000 Euro aus eigener Tasche bezahlen. Selber Schuld! Aber es tat mir gehörig weh. Ganz abgesehen von der menschlichen Enttäuschung über einige vermeintliche Freunde, die ihre Gier nicht zähmen konnten. Und ich begriff, dass ich nicht BMW oder eine Großbank war, die mit solcher Art Großzügigkeit Kundenbeziehungen pflegen konnte. Zurück auf Anfang, hieß es für mich: Besinn dich darauf, wo du herkommst und wo du hingehörst und vor allem wo du hingehören möchtest, besinn dich darauf, was man Klügeres mit so viel Geld anstellen könnte.

MEHR SEIN ALS SCHEINEN

Was ich aus diesem letzten Beispiel gelernt habe, kann dir vielleicht in einer ähnlichen Situation Anregung sein: Aus falschem Ehrgeiz versuchen wir manchmal, mit anderen mitzuhalten. Zu beweisen, dass wir auch jemand sind. Das hast du gar nicht nötig. Du bist genau richtig, wie du bist. Ein anderer Mensch ist nicht besser, nur weil er vielleicht mehr Geld hat als du. Denn …

◇ … du musst niemandem etwas beweisen.
◇ … du brauchst dich nicht zu verbiegen.
◇ … du hast deine Stärken.
◇ … du darfst zufrieden sein mit dem, was du hast.

Wenn dich Neidgefühle befallen, kannst du versuchen, sie in Bewunderung plus Ansporn zu verwandeln. Nach dem Motto: Toll, wie der das geschafft hat. Wenn ich es auch wollte, was müsste ich dafür tun? Und was wäre der Preis?

ACHTSAM WIE BROT

Nach einem elendigen Stau auf der Autobahn komme ich fast in letzter Minute in das Nürnberger Veranstaltungshotel gehetzt. Ich werde schon ängstlich erwartet, bekomme ein Mikrofon angesteckt und nach kurzer Ankündigung stehe ich auf der Bühne.

Ich soll einen lustigen Vortrag halten, so die Absprache, und deshalb ruhig witzige Anekdoten aus meinem Leben einstreuen. Also erzähle ich eine Geschichte, die in einer Talkshow spielt. In einem Nebensatz erwähne ich eine B-Promi-Schauspielerin, die damals eher als »Freundin von« häufig in Talkshows auftaucht und nicht den besten Ruf genießt. Grinsend witzele ich: »Die war echt nett, aber dumm wie Brot.«

Einige wenige Teilnehmer lachen. Komisch, sonst wiehern die Leute meistens bei diesem Ausdruck. Ein Mann im Publikum hebt die Hand. Ich deute freundlich auf ihn: »Ja, bitte?«

Er sagt: »Darf ich eine Bemerkung dazu machen?«

Ich, immer noch arglos: »Ja, gern.«

Er: »Brot ist nicht dumm!«

Ich erstarre, eiskalt fährt es mir ins Herz. Und mir wird klar: Ich spreche hier vor der Bäckerinnung Nordbayern. Was für ein fundamentaler Fehler. Stotternd entschuldige ich mich für den Fauxpas. Aber die Stimmung ist im Eimer. Wie ein geprügelter Hund schleiche ich mich nach dem Vortrag davon, nicht ohne noch eine Bemerkung von dem Mann mitzubekommen, der mich empfohlen hat: »Schade, das hätte ich nicht gedacht.«

Dieser Vorfall ist fast 15 Jahre her. Aber noch heute spüre ich heiß die Scham über meine eigene Dummheit. Ich habe mich damals schriftlich bei der Innung entschuldigt und allen Teilnehmern ein Buch von mir zur Wiedergutmachung geschickt. Ich habe nie wieder von ihnen gehört.

Wie konnte mir das passieren? Diese Frage hat mich monatelang beschäftigt. Okay, ich war abgehetzt, nicht konzentriert, habe nicht nachgedacht. Aber schwerer wiegt: Tief in mir steckt ein sehr sarkastischer, ja, schwarzer Humor. In meiner Zeit als Journalistin habe ich oft den Satz gehört: »Lieber einen Freund verlieren, als einen Gag verschenken.« Sarkasmus war in den Redaktionen gang und gäbe. Natürlich hatte ich inzwischen als Coach gelernt, Menschen nicht zu bewerten. Und im Coaching gelang mir das auch. Aber auf der Bühne hatte ich eher die Erfahrung gemacht, dass ein guter Gag Applaus erzeugt.

Tja, und jetzt hatte ich eine heftige Lektion erteilt bekommen. Was ich daraus für meine Vorträge gelernt habe: Ich mache keine Witze auf Kosten anderer mehr. Da ich lustige Geschichten liebe, und sie auch gern gehört werden, erzähle ich höchstens welche über mich selbst. Und mehr als das: Ich habe seither ernsthaft an mir gearbeitet und habe mir auch abgewöhnt, überhaupt abwertend über jemanden zu denken! Meistens schaffe ich es. Und wenn doch mal ein sarkastischer Gedanke hervorschießt, kann ich wenigstens meine Klappe halten.

WAHRNEHMEN STATT WERTEN

Heute wird ja viel über Achtsamkeit geredet. Zu Recht. Achtsamkeit beim Urteil über andere steht dabei an erster Stelle. Wenn du auch einen Hang zu sarkastischen Bewertungen hast und dich das stört, hier ist eine kleine Übung für dich:

Setz dich eine Stunde lang ins Café, auf eine Parkbank oder an eine Bushaltestelle und sieh die vorbeigehenden Menschen an. Versuche, sie nur zu beobachten. Also: schwarze Jacke, grüne Hose, aber was für Schuhe! Halt, das ist schon wieder eine Wertung. Abgetragene Schuhe.

Vielleicht merkst du bei dieser Übung, wie oft und schnell auch du wertest. Warum passiert uns das? Weil wir unser eigenes Geschmacks- und Normenraster über jeden anderen legen. Vielleicht haben wir entsprechende Wertungen von unseren Eltern übernom-

men. Etwa: »Das tut man nicht!«, »So kann man doch nicht rum-
laufen! Wie schaut die denn wieder aus!?«, »Was für ein Versager!«,
»Das gehört sich nicht!«.

Ich habe tatsächlich mit viel Übung diese Stimmen weitgehend
zum Schweigen gebracht. Der Lohn dafür ist, ich kann viel unbe-
schwerter mit Menschen kommunizieren, die anders sind als ich.
Und ein bisschen Demut tut auch nicht schlecht – ich bin gar nicht
das Urmuster der Schöpfung. Ach, guck.

KLASSISCHER
ANFÄNGERFEHLER

»Hallo, Frau Asgodom, wir haben eine gemeinsame Bekannte, meine Kollegin Marion. Sie meint, Sie waren vorgestern auch auf dem Kongress dieser Bank in Frankfurt?« Es ist ein Kollege, der für ein Wirtschaftsmagazin arbeitet. Ich räume weiter Sachen in einen Karton, den Telefonhörer zwischen Schulter und Kinn geklemmt. In einer Woche werde ich meinen Job in dem Frauenmagazin beenden, für das ich das Karriereressort geleitet habe. Ich werde mich selbstständig machen. Etwas zerstreut murmle ich: »Mhm.«

Er fährt fort: »Wir wollen einen kleinen Bericht auf unserer Online-Seite machen. Da gab es ja wohl einen kleinen Zwischenfall mit einem Vorstandsmitglied, der Mann ist ja wohl bei den Frauen nicht so gut angekommen.« Ich überfliege ein paar Papiere, werfe sie in den Papierkorb und murmle: »Mhm.«

Er: »Stimmt das, dass die Frauen ihn ausgelacht haben?« Jetzt schiebe ich meinen großen Ficus zur Seite, um die Fensterbänke abzuräumen, und murmle wieder: »Mhm.«

Der Anrufer bedankt sich: »Das war's schon, einen schönen Tag noch.«

»Servus«, murmle ich.

Ja, ich war auf dem Kongress. Nachmittags habe ich vor 700 Frauen einen Vortrag gehalten. Viel Beifall gab es dafür, Dank und Anerkennung. Eröffnet hatte den Kongress ein Vorstandsmitglied, der eine uninspirierte Rede hielt. Seine Aussagen waren so unterirdisch platt, dass die Frauen im Plenum irgendwann angefangen haben zu lachen.

Als ich noch einmal über den Anruf nachdenke, bin ich plötzlich alarmiert. Jui, das war wohl doch nicht so klug, mit ihm darüber zu reden. Ich bekomme Magengrummeln. Na ja, auf der Online-Seite ein kleiner Bericht, versuche ich mich zu beruhigen.

Wer schaut schon auf die Online-Seiten von Zeitschriften? (Wir schreiben das Jahr 1999.)

Ich werde trotzdem immer nervöser, alle fünf Minuten schaue ich auf die Website des Magazins. Und plötzlich knallt mir die Schlagzeile entgegen: »Der Skandal des Dr. C.!« In roten Großbuchstaben. Atemlos überfliege ich den Text. Und was sehe ich? Die einzige Augenzeugin, die zitiert wird, bin ich. Er hat mir alle Fragen, die er mir gestellt hat, als Aussagen in den Mund gelegt.

»Oh, lieber Gott, mach, dass die das nicht sehen.« Ein naiver Wunsch, merke ich schnell. Sie haben es gesehen.

»Wie konnten Sie nur? Was haben Sie uns angetan? Wir sind verzweifelt!« Die Sätze aus dem Telefonhörer dröhnen mir im Ohr. Die Frauen, die für ihr Netzwerk in der Bank den Kongress organisiert haben, sind fassungslos. »Wir brauchen nie wieder mit der Idee für eine Veranstaltung zu kommen, wir sind gebrandmarkt. Warum haben Sie uns das angetan?«, fragt die Verantwortliche.

Ich stottere etwas von »überrumpelt« und »gar nicht gesagt« und »konnte doch nicht wissen …« Ich sehe direkt, wie sie am Telefon den Kopf über mich schüttelt. »Es tut mir sooooo leid«, stammle ich noch. Sie legt auf. Ich bin fix und fertig.

In den nächsten Tagen bekomme ich noch mehrere Anrufe. Die Frauen arbeiten an den verschiedenen Standorten der Bank in ganz Deutschland. Als freie Trainerin sollte ich eine ganze Reihe von Frauenseminaren geben. Die Botschaft übereinstimmend: »Wir müssen leider unseren Auftrag stornieren.« Hamburg, Berlin, Dresden, Stuttgart, Frankfurt, Düsseldorf …

Was habe ich getan? Mit der Gewissheit, diesen Großkunden schon mal an Bord zu haben, habe ich mich doch überhaupt nur getraut, mich selbstständig zu machen! Sieben Jahre lang habe ich nebenbei Vorträge gehalten, Seminare und Coachings durchgeführt. Aber ich war lange zu feige, den großen Schritt zu wagen und bei der Zeitschrift zu kündigen. Und jetzt habe ich mich selbst abgeschossen.

Ich brauchte lange, bis ich verstanden habe, warum ich einen so saudummen Fehler machen konnte. Ja, ich war abgelenkt, nicht bei der Sache. Dabei sage ich in Medientrainings den Teilnehmenden immer: »Sagen Sie in Interviews nichts, was Sie nicht gedruckt sehen wollen.« Beknackt!

Doch der tiefere Grund war etwas ganz anderes: Ich war im Herzen noch Journalistin und noch nicht Dienstleisterin. Und die Journalistin hat etwas abgenickt, was wirklich so war. Als Dienstleisterin, das ist mir klar geworden, darf ich aber niemals in der Öffentlichkeit etwas Negatives über meinen Kunden sagen, und wenn es hundertmal stimmt. Mit einer einzigen Ausnahme: Wenn die Öffentlichkeit durch mein Schweigen Schaden nähme. Aber dann würde ich diesen Kunden auch nicht behalten wollen.

Diese Lektion habe ich gelernt. Heue nach 30 Jahren erfolgreicher Selbstständigkeit sage ich, glücklicherweise ist mir das ganz am Anfang passiert. Es ging um nur einen Kunden. (»Schlimm genug«, sagt mein innerer Kritiker.)

Zwei Schlussbemerkungen zu meinem Anfängerfehler: Erstens: Mein Kalender füllte sich im ersten Jahr von »Asgodom live« ganz zügig mit anderen Aufträgen, für die ich heute noch sehr dankbar bin. Zweitens: Neun Jahre später, mein Name war wohl auf der schwarzen Liste weit genug nach hinten gerückt, bekam ich von eben dieser Bank erstmals wieder einen Vortragsauftrag für eine Veranstaltung in Berlin. Aber es blieb der einzige bis jetzt.

FEHLER ALS LERNCHANCEN SEHEN

Falls dir mal ein Anfängerfehler oder sonst ein saudummer Fehler passiert, hilft dir vielleicht meine Erkenntnisliste. Mit der kannst du eine Niederlage in ein »Learning« verwandeln:

◇ Suche Gründe, nicht Schuldige, zum Beispiel: »Ich habe mich offensichtlich verschätzt …«
◇ Analysiere, wie es zu dem Fehler kommen konnte, und überlege fürs nächste Mal Alternativen: den Mund halten, mehr Zeit einplanen, dich beraten lassen.

◇ Es kann sein, dass du stinksauer auf dich selbst bist, aber hör auf, dich selbst zu beschimpfen.

◇ Denk an den »Ikarus-Effekt«: Der Sohn von Dädalus ist zu hoch geflogen und dann abgestürzt.

◇ Reden hilft: Suche dir eine vertrauensvolle Person, eine Mentorin oder einen Coach, mit der oder mit dem du die Erfahrung aufarbeiten kannst.

◇ Hör auf Max Planck: »Auch eine Enttäuschung bedeutet einen Schritt vorwärts.«

KNÄCKEBROT UND KRÄNKUNGEN

»Bitte setzen Sie sich dahin.« Die Regieassistentin zeigt mir den Platz, von dem aus ich an der Talkshow teilnehmen soll. Und ich merke, irgendwas läuft hier richtig schief. Ich sitze auf der falschen Seite! In dieser Sendung sitzen auf der einen Seite »Fälle« und auf der anderen die Experten zum Thema. Ich bin sicher, als Expertin eingeladen worden zu sein. Ich habe schließlich gerade ein Buch übers Dicksein geschrieben. Titel: »Das Leben ist zu kurz für Knäckebrot – selbstbewusst in allen Kleidergrößen«. Trotz des witzigen Titels ist es kein lustiges Haha-ich-habe-mal-wieder-eine-Diät-gemacht-Buch, sondern ich habe sorgfältig recherchiert, Experten interviewt, die neuesten Studien zum Thema zitiert und ein Selbstbewusstseinsprogramm für Frauen entwickelt.

Ich müsste eigentlich drüben sitzen bei den drei Ärzten, die ihre neuesten Abnehmprodukte vorstellen dürfen. Aber während ich noch völlig perplex darüber nachdenke, geht die Sendung bereits los. Neben mir sitzt eine untergewichtige Millionärin, sie trägt ein Kleid, das wie eine umgedrehte Melitta-Filtertüte aussieht, aus der ihr knochiger Körper ragt. Sie erzählt stolz und unter dem bewundernden Kopfnicken der Moderatorin, dass sie schon morgens auf dem Stepper steht, während sie ihren Espresso zubereitet. Daneben sitzt ein dicker Mann, der unter seinem Übergewicht leidet. Und neben der Moderatorin ein bekannter Nachrichtensprecher, der gerade 30 Kilo abgespeckt hat (und der lustigerweise der Sohn meines früheren Mathelehrers ist). Er wird als leuchtendes Beispiel gefeiert.

Und ich? Ich werde anmoderiert als die lustige Dicke, die sich mit ihrem Gewicht ausgesöhnt hat. Mein Buch wird kurz erwähnt.

Nachdem wir »Laien« zu unserem persönlichen Thema rund ums Abnehmen interviewt wurden, dürfen die Herren »Experten« ihre Abnehmprogramme vorstellen und sogar Abnehmgeräte ausführlich erklären, mit Preisangabe und dem Hinweis, wo es sie zu bestellen gibt. Ich bin immer noch fassungslos. Ich versuche, dazwischenzugrätschen, und werfe ein, dass wir doch auch mal darüber diskutieren sollten, wie Frauen ihr Selbstwertgefühl stärken können. Ich werde von der Moderatorin sofort abgewürgt: Nein, das sei jetzt nicht unser Thema. Und die Experten werben weiter.

Ich sitze wie gelähmt in meinem Sessel und überlege, ob ich einfach aufstehen und unter Protest das Studio verlassen soll. Aber ich weiß aus eigener Erfahrung, dass die meisten Talkshows so rechtzeitig aufgezeichnet werden, dass man Pannen ausbügeln kann. Und sie würden mich hier ausbügeln. Da bin ich sicher. Also bleibe ich sitzen und versuche tapfer, immer wieder mal die Frage einzubringen, warum Frauen unbedingt abnehmen müssen. Die Moderatorin fährt mir immer wieder über den Mund.

Ich fahre am nächsten Morgen völlig geknickt nach Hause. Nicht nur, weil ich gekränkt bin und mich mies behandelt fühle, sondern auch, weil ich nicht konsequent war und für einen Eklat gesorgt habe.

In München holt mich mein Mann am Flughafen ab. Er hat die Sendung gesehen und nimmt mich tröstend in den Arm. »Diese blöde Henne«, schimpft Siegfried, »die hat dir keine Chance gegeben.« Ich schniefe in mein Taschentuch und bin ein bisschen getröstet.

Meine Mitarbeiterinnen im Büro sind ebenfalls entsetzt. Noch am selben Tag erreichen uns mitfühlende Mails von Fans: »Machen Sie sich nichts draus.« – »Was für eine blöde Ziege.« – »Unmöglich, wie Sie behandelt wurden, liebe Frau Asgodom.« – »Sie kamen ja gar nicht zu Wort.« Ich richte mich innerlich wieder ein bisschen auf.

In den folgenden Tagen erreichen uns schließlich auch mehrere Kopien von Protest-Mails, die Zuschauerinnen an die Redaktion der Talkshow geschickt haben: »Wie konnten Sie …?« – »Unmöglich …!« – »Ich protestiere dagegen, wie Frau Asgodom mundtot gemacht wurde.« Ich bin gerührt und muss wieder ein bisschen weinen. Diese Resonanz tut mir gut.

Und eine Woche später liegt ein Brief von der Fernsehredaktion auf meinem Schreibtisch. Ich rufe alle Mitarbeiterinnen zusammen, öffne feierlich den Umschlag und lese das Schreiben vor: »Liebe

Frau Asgodom, wir sind von verschiedenen Seiten darauf hingewiesen worden, dass wir Ihnen in unserer letzten Sendung nicht gerecht geworden sind. Wir möchten uns herzlich dafür entschuldigen. Wir hoffen, Sie tragen uns das nicht nach. Mit freundlichen Grüßen, die Redaktionsleiterin.« Meine Ehre ist wieder hergestellt.

Zwei Wochen später bin ich bei Lanz im ZDF eingeladen. Trotz der letzten schlechten Erfahrungen traue ich mich hinzugehen. Markus Lanz ist gut vorbereitet, er gibt mir Zeit und fragt sehr interessiert nach. Ich kann mein Buch gut präsentieren und über das Selbstwertgefühl dicker Frauen sprechen. Ich bin zufrieden.

Aber die wahre Belohnung sind Briefe, die mir Leserinnen des Knäckebrot-Buchs schreiben: »Nachdem ich ihr Buch gelesen habe, habe ich mich das erste Mal seit vielen Jahren wieder getraut, ins Schwimmbad zu gehen.« Oder: »In der Kur hatte mir meine Therapeutin Ihr Buch geliehen. Es hat mir gutgetan. Ich bin gestern das erste Mal seit langer Zeit wieder in ein Gasthaus zum Essen gegangen. Bisher hatte mich der Gedanke abgehalten, was wohl die anderen Gäste darüber denken, wenn die Dicke das Essen in sich reinschaufelt. Danke.«

Zum versöhnlichen Abschluss: Inzwischen habe ich viele neue Bücher geschrieben und zauberhafte Talkshow-Erfahrungen gemacht, bei Bettina Böttinger, in der NDR Talk Show, bei Westart und im Nachtcafé.

MANGEL AN ANERKENNUNG KOMPENSIEREN

Wir werden manchmal verkannt und gekränkt. So ist es, das können wir nicht ändern. Aber wir können entscheiden, wie wir mit Kränkungen umgehen. Vier Aspekte dazu:

◇ Erkenne deinen Kränkungsknopf. Also, womit können andere dich überhaupt kränken? Falsche Beschuldigungen, Missachtung, fehlender Respekt? Wenn sie dich übergehen? Wenn sie deine Expertise nicht anerkennen?

◇ Wenn du deinen Kränkungsknopf definieren kannst, wirst du die Bemerkungen anderer besser einschätzen: Waren sie wirklich so schlimm oder hat nur dein Kränkungsknopf überreagiert? Du entscheidest, ob du dich kränken lässt. (Ich bin da in den letzten 15 Jahren schon viel besser geworden.)

◇ Denk dran, Bemerkungen von anderen sind nur deren Meinung, sie spiegeln keine Wahrheit und keine Tatsache wider. Wenn du also etwas hörst, das deinen Kränkungsknopf zum Blinken bringt, denke dir: »Deine Meinung, nur deine Meinung!«

◇ Oft enthalten Kränkungen auch Aussagen der Sprecher über sich selbst. Seit ich mal gehört habe, dass die Moderatorin meiner Unglückssendung sich kasteit, um nicht zuzunehmen, verstehe ich ihre Abwehr des Gedankens, dass dick auch okay sein könnte.

Wert-schätzung & Lebensfreude

BERÜHRENDE MOMENTE

»Karte«, schnarrte die Frau am Empfang. Ich war von meinem Orthopäden mit starken Knieschmerzen zur MRT-Untersuchung überwiesen worden. Etwas ängstlich war ich zur Radiologie-Praxis gehumpelt. Völlig entgeistert schaute ich die Medizinische Fachangestellte (Arzthelferin sagt man nicht mehr) an. »Karte, ich brauche Ihre Karte!«, schnarrte sie erneut. Ich begriff und nestelte nervös meine Versicherungskarte aus der Tasche. Mit ausdruckslosem Gesicht nahm sie die Karte entgegen, erledigte die Anmeldung, reichte sie mir, ohne mich anzuschauen, zurück und beorderte mich in den Warteraum.

Während ich dort Platz nahm, war ich immer noch entgeistert von diesem rüden Empfang. Ich hatte viel Zeit zum Nachdenken, bis ich aufgerufen wurde. Mir fiel eine Studie aus der Sportwissenschaft ein, über die ich gelesen hatte. Diese Studie hatte ergeben, dass Fußballmannschaften, in denen eine gute Stimmung herrschte, die besseren Ergebnisse erzielten. Maßgeblich für das gute Zusammenspiel war danach die Häufigkeit gegenseitiger Berührungen. Wenn du schon mal ein Fußballspiel gesehen hast (gilt genauso für Handball, Basketball oder Beachvolleyball), kennst du diese Berührungen: mit verschränkten Armen einen Kreis bilden, um sich aufs Spiel einzustimmen. Im Spiel gegenseitiges Abklatschen; einen aufmunternden Klapps geben; den Tortaumel in wildem Knäuel … Was passiert durch die Berührungen? Es entsteht Nähe. Nähe schafft Vertrauen. Vertrauen führt zum guten Zusammenspiel. Berühren ist also mannschaftsdienlich. Eine Mannschaft, in der sich die Spieler gegenseitig vertrauen, erzielt mehr Siege.

Wie kann man Menschen diese wissenschaftliche Erkenntnis körperlich spüren lassen? Ich liebe es, Teilnehmende von Vorträgen oder in Seminaren zu bitten, aufzustehen, sich hintereinanderzustellen, die Arme auf die Schultern des Vordermenschen zu legen und dieser Person die Schultern zu massieren. Und sie tun es, lachen, reden, freuen sich.

Das schönste Erlebnis dazu hatte ich bei einem Vortrag in der Lanxess Arena in Köln. »Das machen die nie«, hatte ein Kollege geunkt, dem ich von meinem Vorhaben erzählt hatte. Und sie taten es doch: 15000 Menschen standen auf und massierten sich gegenseitig die Schultern. Die Stimmung war unbeschreiblich. Die Menschen lachten und redeten miteinander. Als sie sich wieder hinsetzten, bekam ich den rauschendsten Applaus, den ich je erlebt habe.

Ich erkläre den Teilnehmenden natürlich immer, warum ich diese Übung mit ihnen gemacht habe: »Menschen wollen berührt werden. Ich weiß, wir können unserem Kollegen oder unserer Kundin bei der Begrüßung nicht einfach den Rücken massieren. Das käme bei den meisten wohl gar nicht gut an. Wir haben andere Möglichkeiten, sie zu berühren.« Und ich zähle auf: Wir berühren Menschen mit unserer Mimik, unseren Gesten, unserer Stimme und unserer Sprache.

Was hat das nun mit meiner Versicherungskarte zu tun? Die meisten Menschen wollen berührt werden. Schaust du einen aufwühlenden Film, werden deine Emotionen geweckt. Siehst du eine berührende Szene im Alltag, geht dein Herz auf. Schenkt dir ein Mensch Nähe, wächst das Vertrauen. Muntert ein Mensch dich auf, sinkt die Angst. Berührung spielt also nicht nur beim Fußball eine Rolle und ist auch nicht nur körperlich gemeint.

»Die kürzeste Verbindung zwischen zwei Menschen ist ein Lächeln!« dieses Zitat wird wahlweise Buddha, Goethe, Victor Borge oder chinesischen Gelehrten zugeschrieben. Egal, wer es in die Welt gebracht hat, ich bin überzeugt, es stimmt.

Das alles ging mir durch den Kopf, als ich da im Wartezimmer saß, mit puckerndem Knie und Angst vor dem Ergebnis der Untersuchung. Nach und nach wandelte sich meine Empörung in Mitgefühl. Wer weiß, was die Frau am Empfang an diesem Vormittag erlebt hatte, welchem Druck sie ausgeliefert war, ob sie gestresst oder enttäuscht war, ob ihr alles zu viel wurde oder ob sie sich aktuell geärgert hatte. Und ich beschloss, es ihr nachher nicht heimzuzahlen, sondern sie zum Lächeln zu bringen.

Nach der Untersuchung und dem Arztgespräch, das mich einigermaßen beruhigt hatte, ging ich zum Empfang, wartete, bis die Frau mich ansah, strahlte sie an und sagte: »Danke noch mal, dass Sie mir so schnell einen Termin gegeben haben. Jetzt geht's mir schon besser. Einen schönen Tag noch.« Etwas verwirrt lächelte sie zurück und sagte mit Wärme in der Stimme: »Danke, Ihnen auch.«

SO GEHT CHARME

Charme ist ein bisschen aus der Mode gekommen. Doch ich finde, charmant zu sein, ist gelebte Wertschätzung. Es kostet uns nichts, und es bringt so viel! Und wie geht Charme?

◇ Nimm dir ein paar Sekunden Zeit, dich auf dein Gegenüber einzustellen, indem du dreimal ein- und ausatmest.
◇ Wende dich dann dem Menschen zu, innerlich und äußerlich.
◇ Schenke ihm als Erstes ein Lächeln.
◇ Gib deiner Stimme einen freundlichen Klang. Man kann auch ernste Dinge freundlich sagen.
◇ Wenn du dich gestresst fühlst, mach dir klar: Dieser Mensch kann nichts für deine schlechte Laune. Es gibt also keinen Grund, sie an ihm auszulassen.
◇ Jeder Mensch verdient es, respektvoll behandelt zu werden.
◇ Mach dein Handeln nicht abhängig davon, wie gut andere Menschen sich auf dich einstellen können. Manchen ist es gerade nicht möglich.
◇ Geh in Vorleistung. Deine Charme-Offensive tut dir selbst gut – und manch gestresste Seele kannst du erwärmen.

ZITTERN IM ZILLERTAL!

Lässig lehnt er an der Beifahrertür, als ich aus dem Haus trete. Siegfried hat mich zu einem Osterausflug eingeladen. Jeans, Rollkragenpullover, braune Cordjacke – genauso habe ich mir immer einen Diplompsychologen vorgestellt. Er hält mir galant die Tür auf. Wir fahren ins Zillertal. Er hatte dort früher mal eine Ferienwohnung und möchte mir »sein« Tal zeigen. Es ist Ende März, ein kalter Wind bläst, aber immer wieder schiebt sich die Sonne freundlich durch die Wolken.

Wir kennen uns jetzt gerade mal drei Wochen. Wir waren Kaffee trinken, im Englischen Garten spazieren, und er hat mich sofort fasziniert – er ist geistreich, man kann über alles mit ihm reden, und er hat einen leicht sarkastischen Humor, der zu meinem passt. Wir fahren von München über Holzkirchen und den Achenpass weit hinein ins Zillertal. Hier liegt noch Schnee. In Mayrhofen kehren wir am Mittag in einem gemütlichen Gasthaus ein, essen, reden, lachen. Trinken Kaffee, reden, lachen. Als es anfängt, dunkel zu werden, machen wir uns auf den Heimweg.

Als Siegfried das Auto startet, meldet die Tankuhr: »Bitte tanken.« Mein Blutdruck steigt ein bisschen. (Du musst wissen, ich tanke, wenn noch halb voll ist.) Wir fahren an der ersten Tankstelle vorbei, an der zweiten, ich werde zusehends nervös. Von der Schönheit des Tals in der schneehellen Dämmerung bekomme ich nichts mehr mit. Vor der dritten Tankstelle presse ich heraus: »Sollten wir nicht bald mal tanken?«

Siegfried schaut auf den kleinen Anzeiger unter der Tankuhr, der noch 30 Kilometer anzeigt, und sagt beruhigend: »Nee, wir fahren bis zur billigsten Tankstelle auf unserem Weg, oben auf dem Achenpass. Da sparen wir acht Cent pro Liter. Das schaffen wir schon.« Zum Blutdruck kommt jetzt bei mir leichtes Herzrasen hinzu. Ich hasse solche Abenteuer. Aber ich schweige. Die Nacht bricht herein, das Thermometer zeigt minus acht Grad. Achenpass bedeutet Bergfahrt, also aufwärts, mehr Benzinverbrauch, rechnet mir mein alarmiertes Hirn aus. Ich starre nur noch auf die Anzeige: 20, 15, 10, 0, 0, 0. Ich habe schweißnasse Hände: Wenn wir hier am Berg liegenbleiben, in tiefer Finsternis, bei Eiseskälte, bringe ich ihn um!

Aber mit den letzten Tropfen Benzin biegt Siegfried in die Tankstelle ein. Er schaltet den Motor aus, strahlt mich an und sagt: »Geschafft!« Ich stehe kurz vorm Nervenzusammenbruch. »Ich hasse dich«, jappse ich. »Du hast sie wohl nicht mehr alle. Acht Cent? Acht Cent! Ich bin kurz vor einem Herzanfall und du sagst, geschafft?«

Er lacht zufrieden: »Ich fahre seit 50 Jahren Auto und bin noch nie ohne Benzin liegengeblieben.«

Ich tobe. »Das ist mir doch egal. Mit mir machst du so was nicht noch mal. Du hast sie wohl nicht mehr alle! Ich habe fast einen Herzinfarkt bekommen.«

Er schweigt, schaut finster vor sich hin.

»Oje, jetzt hab' ich's versemmelt«, denke ich. »Das war's. Dabei hat er mir richtig gut gefallen. O nein!«

Siegfried schaut mich an und sagt ganz ernst: »Können wir beide uns auf eine Sache einigen? Du sagst, ich soll tanken, und dann tanke ich.«

Ich nicke vorsichtig Zustimmung und halte den Atem an.

»Wenn du möchtest, dass ich etwas tue, sag einfach: ›Bitte tu es mir zuliebe.‹ Und dann werde ich es tun. Einverstanden?« So haben wir es gehalten. Und er hat mich nie enttäuscht.

Ich habe dieses Beispiel manchmal in Seminaren erzählt. Einmal fragte ein junger Teilnehmer: »Funktioniert das auch andersrum? Also von Mann zu Frau? Meine Freundin lässt in unserer Wohnung überall ihr Zeug rumfliegen. Ich schimpfe manchmal, aber das beeindruckt sie überhaupt nicht.«

Ich denke nach. »Ich weiß es nicht. Mögen Sie es ausprobieren und mir dann Bescheid sagen?« Ich gebe ihm meine Mailadresse.

Drei Wochen später kommt seine Antwort: »Liebe Frau Asgodom, ja, es hat geklappt. Ich habe Ihre Formulierung benutzt. Und als ich abends nach Hause kam, hatte sie alles aufgeräumt. Und war überhaupt nicht sauer.«

BITTEN STATT RECHT HABEN

Kennst du das, dass du meinst, im Recht zu sein? Alle Fakten sprechen für deine Auffassung. Das muss der oder die andere doch verstehen! Siegfried hat dazu nur gesagt: »Wer recht hat, gibt ein' aus!«

Die »Mir zuliebe«-Formulierung ist der Ausweg aus der Rechthaberei und kann die Bereitschaft des anderen öffnen, etwas zu tun oder nicht zu tun. Hier ein paar Beispiele:

◇ Kannst du mir zuliebe bitte das Fenster schließen?
◇ Kannst du mir zuliebe einen Kopfhörer aufsetzen, wenn du Metallica hörst?
◇ Können wir mir zuliebe zehn Minuten früher losfahren?
◇ Kannst du mir zuliebe auch Mohnbrötchen kaufen?
◇ Kannst du mir zuliebe aufhören …

Ich denke, erst wenn der andere es dann immer noch nicht tut, habt ihr Gesprächsbedarf. Aber seid dabei nett zueinander – mir zuliebe.

HOCHZEITSTORTE
AM STEUER

»Nun fahr doch!« Seit zehn Minuten zockle ich einem schwarzen Mittelklassewagen hinterher. Ich bin auf dem Weg zu einem Vortrag. Die Fahrt auf der Autobahn ging zügig. Aber jetzt bremst mich der Heini auf der Landstraße aus. Mei, hat der die Ruhe weg! Er fährt höchstens 70, vor Kurven bremst er auf 50 runter. Doch der Gegenverkehr lässt kein Überholen zu.

Früher hätte ich in solchen Situationen vor Wut ins Lenkrad gebissen, gehupt, getobt. Inzwischen weiß ich, dass ich andere Menschen nicht ändern kann. Sondern dass es viel sinnvoller ist, für mich eine Lösung zu finden. Deshalb denke ich mir in solchen Situationen kleine Geschichten aus, die mich ablenken und amüsieren. Es wird mal wieder Zeit für eine. »Warum fährt der so langsam?«, überlege ich mir. »Hm, wahrscheinlich fährt er zur Hochzeit seiner Tochter. Und auf dem Beifahrersitz hat er eine Hochzeitstorte. Die hat er gerade beim Bäcker abgeholt. Dreistöckig, Buttercreme, mit lauter kleinen Marzipanrosen dekoriert. Und ganz obendrauf thront das holde Paar in Zuckerguss. Und wenn er schneller fahren würde, würde ihm in der nächsten Kurve die Torte in den Fußraum rutschen. Was für ein Drama, seine Tochter heult, die Hochzeit platzt. Daran will ich nicht schuld sein. Fahr du also ruhig schön langsam, bring deine Torte nach Hause!«

Kaum habe ich die Geschichte zu Ende gedacht, bremst er plötzlich auf offener Strecke. »Was hat er denn jetzt?«, rufe ich. Er blinkt und biegt rechts ab. »Schöne Feier!«, schicke ich ihm grinsend hinterher.

Dem Schauspieler Robin Williams wird folgendes Zitat zugeschrieben: »Jeder, den du kennst, kämpft eine Schlacht, von der du nichts weißt. Sei nett. Immer.« Große Weisheit. Seien wir doch mal ehrlich: Wir wissen nichts von den Menschen, denen wir täglich begegnen und die uns mit irgendwas nerven. Vielleicht sind sie gerade verliebt? Oder sie wurden gerade entliebt? Vielleicht haben sie Sorgen um ihren Arbeitsplatz? Jemand hat sie vielleicht gerade gekränkt. Sie sind traurig, weil sie einen Liebsten verloren haben? Oder sie wissen nicht, wie sie das Geld für die nächste Miete zusammenkriegen sollen? Ja, und deshalb fahren sie gerade komisch Auto. Sie haben ein muffiges Gesicht in der Straßenbahn. Sie fahren uns ihren Einkaufswagen in die Hacken. Oder sie grüßen uns nicht im Büroflur.

Natürlich könnte ich mich genauso gut aufregen: unverschämt, rücksichtslos, geht gar nicht. Ja, könnte ich. Und anderen hilft das vielleicht, Stress abzubauen. Mir nicht. Mich interessieren Menschen zu sehr. Ich habe immer Lust herauszufinden, was sie antreibt, das zu tun, was sie tun. Denn wenn ich in meinem Leben etwas gelernt habe: Kein Mensch tut etwas ohne Grund.

Wie zum Beispiel einmal in einem Wellnesshotel. Ich gehe zum Frühstück, setze mich an einen Tisch an der Wand und schaue in den Speiseraum. Fröhliche Menschen, gute Stimmung. Dann bleibt mein Blick an einem Tisch hängen. Er ist zwar abgeräumt, aber jemand hat offensichtlich einen Becher Kakao darauf umgeschüttet. Die Tischdecke hat große dunkelbraune Flecken. Es sieht ziemlich widerlich aus. »Die könnten Sie jetzt aber auch mal auswechseln«, denke ich. »Kein schöner Anblick.«

Ich sehe, wie eine junge Frühstücksbedienung dreimal an dem Tisch vorbeigeht, ohne etwas zu tun. »Das gibt's doch nicht!«, jault mein innerer Monk. Als die Bedienung das nächste Mal vorbeigeht, winke ich sie zu mir heran. »Entschuldigung«, sage ich sehr freundlich, »mich interessiert immer, warum Menschen etwas machen oder nicht machen.« Ich deute auf die Tischdecke. »Sie sind jetzt ein paarmal da vorbeigegangen. Warum wechseln Sie nicht die dreckige Decke?« Die Bedienung antwortet ebenso freundlich: »Wir haben die Anordnung: Solange noch Gäste im Speiseraum sind, dürfen wir keine Tischdecken abräumen. Das würde die Gäste stören.« Aha. Deshalb also. Nun kann man die Anordnung doof finden. Die junge Frau hat aber einen Grund für ihr Nicht-Handeln.

»Der Anblick stört auch«, antworte ich. Sie nickt freundlich und geht. Eine Minute später kommt sie mit einer frischen Tischdecke zurück und breitet sie ganz schnell einfach über der verschmutzten aus. Sie sieht mich fragend an. Ich lächle zurück.

Ich habe mich nicht aufgeregt, ich habe sie nicht angeschnauzt. Sie hatte keinen Grund, sich zu ärgern. Und wir beide haben etwas gelernt. Ein gelungener Morgen.

Übrigens: Nach einem Vortrag kam einmal ein Mann zu mir und sagte: »Frau Asgodom, kein Witz. Wir haben die Hochzeitstorte aus dem Lieferwagen des Konditors gegessen. Dem ist genau das passiert, was Sie in Ihrer Geschichte beschrieben haben.« Siehste!

FRAGEN STATT SAGEN

◇ Ob du's willst oder nicht: Wenn du das nächste Mal hinter einem Langsamfahrer herzockelst, wird dir die Geschichte mit der Hochzeitstorte einfallen. Wetten? Denn dieses Bild hast du ab jetzt im Kopf. Vielleicht kannst du dann ein bisschen lachen. Oder dir eine eigene lustige Geschichte dazu ausdenken.

◇ Wenn du anfängst, dich über etwas aufzuregen, überleg dir kurz, warum jemand wohl so handelt, wie er oder sie handelt.

◇ Wenn es geht, frag nach. »Fragen statt sagen«, das ist meine Hauptregel im Coaching. Sie gilt genauso für den Alltag. Also statt zu sagen: »Du siehst ja elend aus!«, frag lieber: »Wie geht's dir?« Statt »Du stellst dich heute aber dumm an« lieber »Was ist los mit dir?« Statt »Das Seminar macht Ihnen ja wohl gar keinen Spaß!« lieber »Wo sind Sie mit Ihren Gedanken?« Sei nett. Immer.

MIT SONNIGEN GRÜSSEN

Wir sind in ein größeres Büro umgezogen und ich habe eine neue, junge Assistentin, ich nenne sie hier mal Steffi. Steffi ist flink, zuverlässig, fleißig. Ich kann ihr ein paar Stichworte zurufen und sie beantwortet Kunden-Mails für mich. Eines Tages fällt mir aber auf, dass sie sich als Abschiedsgruß verschiedene blumige Grüße ausdenkt: »Mit sonnigen Grüßen aus dem hochsommerlichen München« oder »Fröhliche Freitagsgrüße aus München« oder »Windige Grüße aus dem – heute mal ausnahmsweise – regnerischen München«.

Ich fasse es nicht. Ich mag solche Formulierungen nicht, vor allem in Geschäftspost. Sonst bin ich eher eine wertschätzende, zugängliche Chefin. Aber an diesem Tag liegen meine Nerven blank: Siegfried hat einen Karton mit Büchern, die ich aussortiert hatte und der heute abgeholt werden sollte, in der Nacht ausgeräumt und alle Bücher wieder ins Regal zurückgestellt. Heute früh erreichte mich im Büro als Erstes die Nachricht, dass ein Kunde seinen Auftrag storniert hat, obwohl wir ihm das Datum monatelang freigehalten und andere Anfragen abgelehnt hatten. Und dann gab's keinen Kaffee, weil die Maschine überholt wurde. Grrr!

Ich marschiere gereizt ins Sekretariat, baue mich vor Steffis Schreibtisch auf und schnauze sie an: »Was sind das für alberne Grüße, mit denen du die Mails abschließt? Ich mag so was nicht. Das ist absolut kleinmädchenhaft und unprofessionell. Bitte lass das in Zukunft. ›Freundliche Grüße‹ reicht.« Ich stapfe in mein Büro zurück und grummle vor mich hin.

Kurze Zeit später kommt meine Tochter Bilen, sie leitet das Büro, und sagt: »Mami, äh, Sabine, was hast du mit Steffi gemacht? Die sitzt in der Küche und heult.« Ich, ganz unschuldig: »Gar nichts, wieso?«

»Du hast sie wegen der Mails zusammengeschissen?«

»Ja, das ist doch aber auch zu albern, was sie da immer am

Schluss schreibt«, verteidige ich mich und habe schon ein schlechtes Gewissen.

Bilen schüttelt den Kopf: »Weißt du eigentlich, dass unsere Kunden das sehr zu schätzen wissen? Die antworten nämlich fröhlich mit ähnlichen Formulierungen: ›Stürmische Grüße aus dem umtosten Hamburg‹ oder ›Blumengrüße aus dem blühenden Baden-Baden‹.« Ich ziehe den Kopf ein. Bevor sie das Büro verlässt, sagt sie mit der Lehrerinnenstimme, die sie manchmal hat: »Das nennt man übrigens Kundenbindung.«

Oops. Das nennt man übrigens den Kopf waschen. Ich gehe kurz in mich, atme ein paarmal tief durch. Bilen hat ja recht. Ich entscheide mich zum Bußgang, finde Steffi in der Küche. »Es tut mir leid, dass ich dich vorhin so angeraunzt habe. Ich hatte mich den ganzen Morgen schon geärgert, und du hast es leider abgekriegt. Ich bin superzufrieden mit dir. Die Arbeit mit dir macht Spaß, und du entlastest mich sehr.«

Sie schaut mich stumm mit immer noch geröteten Augen an. Ich versuche zu erklären: »Ich mag nur solche Sprüche nicht. Können wir uns darauf einigen, dass du bei Mails, unter denen dein Name steht, gerne solche blumigen Grüße schreibst? Bilen hat mir erzählt, dass unsere Geschäftspartner die sehr mögen. Aber wenn du in meinem Namen schreibst, belass es bitte bei freundlichen Grüßen. Okay? Noch mal, es tut mir leid, mein Ton war völlig unangemessen.«

Übrigens: Ich schreibe seit einiger Zeit »Herzlich« als Grußformel unter meine Mails. Äh, ich find das schön.

AUTHENTISCH TRIFFT PROFESSIONELL

Vielleicht kannst du für dich einige Erkenntnisse aus der Steffi-Episode ziehen:

◇ Manchmal passen zwei Menschen nicht zusammen, wie im privaten so auch im Beruf. Je früher wir das erkennen, umso besser.

◇ Wir dürfen Fehler machen. Und dann heißt es, diese einzugestehen und um Entschuldigung zu bitten. Und das auf die richtige Art. Ist dir schon mal aufgefallen, dass es ein Unterschied ist, ob wir sagen: »Ich entschuldige mich« – und damit ist die Sache für uns erledigt –, oder ob wir sagen: »Ich bitte dich um Entschuldigung.« Dann entscheidet der andere, ob er uns verzeiht.

◇ Der Begriff »Authentizität« wird ja gerade ziemlich gehypt. Ich bin skeptisch, was seinen Nutzen betrifft. Schließlich kann ein Vollidiot auch authentisch sein. Mein Rüffel für Steffi war total authentisch, denn genauso hatte ich gerade gefühlt. Aber deswegen habe ich mich trotzdem falsch verhalten.

Authentizität – also die Echtheit und Unverfälschtheit meines Handelns auf Basis meiner persönlichen Werte – braucht vor allem im Job eine starke Begleiterin, und das ist die Professionalität. Ich kann einen Kunden nicht anblaffen, nur weil ich Ärger mit der Chefin habe. Ich kann nicht einfach zu Hause bleiben, wenn ich gerade keinen Bock auf Job habe. Ich kann einen Kollegen nicht schlecht behandeln, nur weil er mich an einen untreuen Lover erinnert. All das wäre vielleicht authentisch. Aber es ist nicht hilfreich. In der Professionalität stecken deshalb Eigenschaften wie das Wissen darum, wie Menschen ticken, Wertschätzung, Rücksicht, Klugheit, Gelassenheit, Diplomatie, strategisches Denken und eine gewisse Distanz zwischen mir als Privatperson und meiner Position.

KRICKELKRAKEL
UND GEHOPSE

Ein Redner-Kollege hat mir mal erzählt: »Ich habe neulich mein Publikum gefragt, wer von euch kann malen? Und stell dir vor, alle Finger gingen hoch.« Ich konnte es nicht glauben. »Es waren Kindergartenkinder«, sagte er grinsend. Ach so.

Versuch das einmal mit Erwachsenen! Ich bringe angehenden Coaches unter anderem bei, Aussagen ihrer Klienten zu visualisieren, also kleine Zeichnungen zu machen. 70 Prozent der Teilnehmenden sagen sofort: »Ich kann nicht malen!« 20 Prozent entschuldigen sich, bevor sie ihre Beispielskizzen zeigen: »Ich weiß, das sieht furchtbar aus.« Und gerade einmal zehn Prozent machen es einfach.

Ich habe mir deshalb angewöhnt zu sagen: »Kritzle doch mal grob auf, was du aus den Ausführungen deiner Klientin verstanden hast.« Du kennst das Wort Kritzelei – wie Krickelkrakel, Gekrakel, Fuzelei? Beim Wort Kritzeln ist der Widerstand geringer. Und ganz oft kommen kleine, feine Skizzen heraus.

»Du kannst nicht malen«, »Du kannst nicht singen«, »Du kannst nicht tanzen« … Solche Bemerkungen (meist haben wir sie in der Kindheit gehört) hängen wie dunkle Wolken über dem Selbstbewusstsein vieler Menschen. Die Folge: Sie tun's nicht, sie vermeiden es oder sie machen sich selbst schlecht, wenn sie's doch tun: »Ich habe kein Talent dafür.«

Dann sage ich gern etwas flapsig: »Scheiß auf Talent!« Es stimmt doch: Talent wird überbewertet – jedenfalls, wenn es unsere Hobbys betrifft. Mach doch in deiner Freizeit, was du willst! Mach, was dir Spaß macht! Vielleicht wirst du keine Eiskunstlauf-Weltmeisterin oder kein Meisterbäcker mehr, vielleicht reicht deine Schreibkunst nicht für den Pulitzer-Preis und deine Gesangskraft nicht für einen Grammy. Na und?!

Ich bin wahrlich keine Sportskanone, Fitnessstudios habe ich genügend gesponsert, ohne Leistungen zu verlangen (sprich: Ich habe brav gezahlt, bin aber nie hingegangen). Laufen strengt mich an. Aber beim Tanzen erwachen meine Lebensgeister. Sobald die richtige Musik spielt, bin ich auf der Tanzfläche. Und vergesse dann alles um mich herum. Ich hüpfe, dreh mich, mache wilde Armbewegungen, bin mit geschlossenen Augen nur noch Rhythmus und Bewegung. Ich habe mal ein schönes Wort für einen solchen Zustand gelernt: Selbstvergessenheit. Ich liebe dieses Wort. Es bedeutet, dass ich mich nicht mehr ständig selbst beobachte. Ich denke nicht mehr darüber nach, was andere eventuell, vielleicht über mich denken könnten. Yeppee, ich weiß, dass ich dick bin. Es ist mir in diesem Moment piepegal. Ich habe einfach nur Freude pur.

Einmal, als ich völlig verschwitzt zu meinem Platz an der Bar zurückging, hielt mich eine große, schlanke Frau am Arm fest und sagte: »Ich habe Sie beobachtet. Sie tanzen so anmutig. Das war toll!« Also, Anmut hatte mir bisher niemand attestiert. Ich habe die Frau ganz doll in den Arm genommen.

Eine Kette mit einem silbernen Anhänger, die ich mir letztes Jahr gekauft habe, dient mir als Erinnerung, als Mutmacher und Bestätigung. Auf dem Anhänger ist ein Zitat von Mark Twain eingraviert:

◇   »Sing as though no one can hear you.
◇   Live as though heaven is on earth.
◇   Dance as if no one is watching you.
◇   Love as if you have never been hurt before.«

EINFACH MAL SPASS HABEN

Niemand kann dich stoppen, Freude zu erleben, wenn du es nicht selbst tust. Und niemand anderes kann dir erlauben, Freude zu haben, als du selbst. Gib dem Kind in dir ab und zu die Gelegenheit, sich auszutoben. Erlaub dir Spaß, Extase, Versunkenheit oder Begeisterung. Darum:

◇ Wenn du Spaß daran hast, male mit Öl, Acryl, Wasserfarben oder meinetwegen Ketchup. Vergiss die Zeit, verlier dich im Tun.

◇ Wenn du Lust hast, sing so laut und falsch, wie du willst. Du musst ja nicht gleich auf eine Bühne damit.

◇ Lauf durch Springbrunnen, balanciere auf Mauern.

◇ Sei albern, hab Vergnügen mit lustigen Menschen.

◇ Forme leidenschaftlich Salzteigfiguren oder Makramee-Blumenampeln. Es gibt gar keine Geschmackspolizei!

◇ Sammle Fotos von Kinos oder Klohäuschen weltweit. Sei stolz auf deine Sammlung.

◇ Tanz dir die Seele aus dem Leib, im Club oder vor dem Radio. Wenn es jemand nicht schön findet, soll er weggucken.

◇ Schreib Gedichte – schmalzige, verstörende, brave, schräge. Freu dich an deiner Ausdruckskraft. Verlieb dich in deine Sätze.

Wen schert's? Unterwirf dich wenigstens in deiner Freizeit nicht dem Optimierungswahn, der uns das Leben zur Hölle macht. Genieße deine spielerische Lebendigkeit!

AUF GUTE NACHBARSCHAFT

Es klingelt an der Tür. Ich schaue automatisch auf die Uhr und denke: »Wer kommt so spät noch?« Die Paketboten sind schon durch. Besuch erwarte ich nicht. Ich schaue durch den Spion und sehe meinen Nachbarn von unten. Als ich die Tür öffne, sprudelt er schon los: »Finden Sie das nicht auch unerträglich! Dieser Lärm aus der Wohnung über Ihnen?« Ich schaue ihn verständnislos an. »Dieses Kind rennt doch den ganzen Tag hin und her. Und er hämmert ständig auf den Boden. So ein Krach geht doch gar nicht!«

»Äh, Sie meinen die Familie über mir? Das hören Sie unten, wenn der Junge rumläuft?« Er nickt heftig: »Ja, und so geht das nicht, das ist rücksichtslos. Ich habe oft Nachtdienst und muss tagsüber schlafen! Aber wie denn bei dem Terror? Wir müssen uns beschweren. Kommen Sie mit hoch?« Ah, ich verstehe und weiß, auf welcher Seite ich bin.

Natürlich höre ich das Tapsen des Kindes, ja, man kann auch sagen Poltern. Ja, ich höre, wenn er mit seinem kleinen Auto durch die Zimmer fegt. Ja, ich höre seine Ausbrüche, wenn er sauer ist. Und manchmal schaue ich leicht verzweifelt, wenn er genau über meinem Arbeitszimmer ununterbrochen hüpft. Aber ich habe in mehreren Videokonferenzen meine Partner gefragt, ob sie etwas hören, und die haben stets verneint. Danke, gute Hintergrundgeräuschunterdrückung.

Der Nachbar wartet auf meine Antwort und ich sage: »Das tut mir leid, dass Sie nicht schlafen können. Aber ich habe mich dazu entschlossen, mich nicht über das Kind zu ärgern. Ich freue mich, wenn ich den Buben springen, laufen oder singen höre. Ich freue mich, dass Leben im Haus ist. Wenn meine Enkelkinder zu Besuch sind, sitzen die auch nicht die ganze Zeit still auf dem Sofa.«

»Ja, das höre ich auch«, sagt der Nachbar verstimmt und dreht sich um. Ich schaue kopfschüttelnd hinterher. Ich schätze ihn auf höchstens Mitte 30, er und seine Freundin wohnen seit etwa einem Jahr hier. Ich hätte ihm auch sagen können: »Wenn ihr guten Sex habt, freue ich mich auch. Aber es ist deutlich weniger geworden, stimmt alles bei Ihnen und Ihrer Freundin?« Mache ich natürlich nicht. Weil's mich nichts angeht.

Und es stimmt wirklich, ich habe mich bewusst entschieden, eine gute Nachbarin zu sein. Als die fast neunzigjährige Frau über mir, die ich nie gehört habe, ins Heim gezogen ist, wurde die Wohnung wochenlang von Grund auf saniert. Das war wirklich Lärm. Da habe ich tatsächlich immer wieder mal beim Bauleiter angerufen und gebeten, ob die Handwerker eine halbe Stunde Pause oder früher Schluss machen könnten, da ich vom Homeoffice aus arbeite und einen Vortrag halten müsse. Das hat immer anstandslos geklappt.

Als dann eine junge Familie eingezogen ist, habe ich mich gefreut. Ja, um ehrlich zu sein, anfangs war ich auch etwas verstört, wenn ich den ganzen Tag das Tap, Tap, Tap gehört habe. Aber mir war klar: Ich werde weder den Eltern noch dem Kind Stress machen. Ein Dreijähriger muss laufen, hüpfen, sich bewegen. Und manchmal bekommt er einen Trotzanfall. In einem Haus aus den Fünfzigerjahren ist die Dämmung halt nicht so gut. Da brauchen die Mitbewohner schon eine Portion Toleranz. Und außerdem geht er bis 14 Uhr in den Kindergarten.

Aber vor allem habe ich mich erinnert: Vor knapp 40 Jahren gehörte ich zu der Familie mit den lärmenden Kindern – genau hier in dieser Wohnung, in der ich wieder wohne, seit mein Mann ins Heim gekommen ist. Damals hatten wir eine herrische Nachbarin unter uns, die uns traktierte. Wenn die Kinder herumliefen, donnerte sie mit einem Besenstiel gegen die Decke. Fast jede Woche kam sie persönlich hoch, um sich zu beschweren: »Bringen Sie Ihren Kindern mal Benehmen bei …«

Und ich erinnere mich, welchen Druck sie uns damit gemacht hat. Sag doch mal ständig zu deinen Kindern: »Pst, leise, schreit nicht so rum, hüpft nicht, lauft nicht, geht langsam. Sonst kommt Frau Suttner wieder hoch.« Dieser Stress hat dem Familienfrieden nicht gutgetan. Es wurde erst besser, als wir unsere Ferienwohnung im Allgäu fanden und jeden Freitagmittag abdüsen konnten. Das war Freiheit pur! Die Kinder waren den ganzen Tag draußen, konnten laufen, hüpfen, mit dem Kettcar durch die Gegend donnern. Und abends waren sie müde und fielen ins Bett.

Frau Suttner wurde dann doch noch eine gute Nachbarin. Als ihr Spitz Trixi einmal in unsere Wohnung lief, sie neugierig hinterherkam, die Kinder begeistert mit dem Hund spielten und ich sie zum Kaffee einlud, kamen wir ins Gespräch. Wir spielten dann manchmal zusammen Karten, wir brachten bei Geburtstagen ein Stück Kuchen runter, und sie schenkte den Kindern Süßigkeiten.

Übrigens: Die Nachbarn über uns haben gerade ein zweites Kind bekommen, ich war oben zum Gratulieren. Eine süße Familie. Wir haben Telefonnummern ausgetauscht und vereinbart, dass ich vorher Bescheid gebe, wenn ich einen Vortrag übers Internet halte.

Ach ja, die Nachbarn unter uns ziehen wieder aus. Sie haben sich getrennt. Ich hätte ihnen das voraussagen können.

KARMAPUNKTE STATT ARSCHKARTEN SAMMELN

Es ist doch die Entscheidung zwischen Arschkarte und Karmapunkten: Ich kann mich als Opfer sehen, Arschkarte gezogen, heißt das salopp. Oder ich entscheide mich, etwas auszuhalten, zu tolerieren, und sammle Karmapunkte, wie eine Freundin mal lachend sagte. Mir gefällt die Idee mit den Karmapunkten (auch wenn ich dem Karmagedanken ansonsten nichts abgewinnen kann).

Karmapunkte sammeln heißt: Ich bin jetzt mal großzügig, ich schaue über etwas hinweg, ich kann etwas aushalten. Denn wer weiß, wann ich mal das Verständnis von anderen brauche.

Meine Oma Hanni pflegte zu sagen: Wenn du mit einem Finger auf andere zeigst, zeigen drei Finger auf dich zurück. Fand ich als Kind doof, heute weiß ich, was sie gemeint hat.

WEIN, WEIBER
UND GESANG

Herbst 2022. Ich bin auf der Zugfahrt von Köln nach Ingelheim am
Rhein. In Köln Süd sind fünf lustige Kölnerinnen eingestiegen und
haben sich zwei Reihen von mir entfernt niedergelassen, etwa mein
Alter, vielleicht ein bisschen älter. Ich entnehme ihrem Gespräch,
dass sie nach Bingen unterwegs sind, zu einem Weinwochenende.

Hier meine Notizen über diese einzigartige Fahrt, die Namen
der Damen habe ich aus Diskretion frei erfunden:

Wir halten in Brühl. Hilde packt als Erste ihren Reiseproviant
aus: Röggelsche, Käsebrote, Trauben dazu. »Dat passt doch zum
Käse!« Anneliese packt Eibrötchen aus. Dazu: Piccolöchen, Eier-
likör – natürlich selbst gemacht. Zum Auftakt trinken sie erst mal
Gertis Kaffeelikör – statt Kaffee.

»Und wer will jetzt ein Piccolöchen?«, fragt Anneliese, da fahren
wir gerade am Bonner Hauptbahnhof ein.

Alle Hände gehen hoch.

Edda stößt mit Anneliese an und flachst: »Wat singt Hildegard
Knef? Isch will allet oder nix.«

»Ach, guckt. Unser schöner deutscher Rhein«, ruft Hedwig
plötzlich am Rolandseck. Alle summen: »Warum ist es am Rhein so
schön?« Dann wird es still, alle kauen, schlucken und schauen be-
seelt aus dem Fenster.

»Isch merk schon wat vom Sekt. Isch trinke ja sonst nie wat.«
Das war Hedwig, wir passieren Remagen.

Wir halten kurz in Namedy. Hilde zieht ihren Fotoapparat aus
dem Rucksack. Sie fotografieren sich gegenseitig, Hilde mit Gerti,
Hedwig mit Anneliese. Anneliese mit Edda. Gerti mit Hedwig …
Das dauert. Jetzt schauen sie sich alle Fotos an. Und sie stimmen
Edda zu, die ruft: »Wir sind wirklich schön geworden!« – »Ja,
stimmt«, »Schön!«, »Musste mir die Abzüge schicken!«

Gerti zu Hilde: »Schöne Augen haste.« Hilde lacht geschmeichelt.

Anneliese zu Hedwig: »72 biste. Dat glaubt man nicht, du hast gar keine Falten.« – »Dat habe ich von meiner Mutter.«

Wir passieren Weißenthurm. Hilde kramt wieder in ihrem tiefgründigen Rucksack und ruft: »So, und wer möchte jetzt einen Ouzo?« Verhaltene Reaktion. Hilde schenkt sich einen ein.

Edda sagt: »Danke nö, isch trinke nur Ouzo Gold. Den bringt mir der Freund meiner Nachbarin immer aus'm Großmarkt mit.«

In Mülheim-Kärlich steigen vier – ebenfalls sehr lustige – Mitvierzigerinnen ein.

Edda sieht sie als Erste. »Auch eine Frauen-Tour?«, fragt sie über die Schulter.

Lachend bejahen die anderen.

»Auch nach Bingen?«

»Nee, nach Boppard, Weinfest.«

»Inge«, sagt eine aus der Vierergruppe, »hol doch mal den Schnaps raus.«

Inge zieht stolz eine Flasche Johannisbeerlikör aus der Tasche. Die Kölnerinnen lassen sich den Likör in ihre Piccoloflaschen kippen. Sekt mit Johannisbeerlikör aufgehübscht, auweia.

Es wird noch lauter und lustiger. Verschwesterung.

Alle neun stoßen miteinander an. Anneliese bringt einen Trinkspruch: »Auf alles, was wir lieben.« Pause. »Und auf unsere Männer.« Tosendes Gelächter. »Jau, genau, stimmt, hihi …«

»Ich hab' auch 'n Likörchen dabei, Pfläumchen«, kräht Hedwig und zieht vier kleine Flachmänner aus dem Jutebeutel. »Wer mag?«

Die Damen schütteln unisono den Kopf.

»Später vielleicht«, tröstet Gerti sie.

»Bingen, dat is tote Hose. Isch will Remmidemi«, trötet eine der Jüngeren, als wir gerade in Rhens wieder losfahren.

Gerti verteidigt ihre Feierbiester-Gang: »Wir können ja rüber nach Rüdesheim.« Zustimmendes Gejohle.

»So 'ne Partie steht und fällt ja mit der juten Laune«, konstatiert Edda. Zustimmendes Gejohle.

Wir erreichen Boppard, die Likör-Gang steigt aus.

»Ganz, ganz viel Spaß!«

»Euch auch. Tschüss.«

Es wird etwas ruhiger, die Damen erholen sich von dieser tollen Begegnung.

»Waren ja auch nett«, sagt Hedwig.

»Aber noch sehr jung. Lass die erst mal unser Alter haben!«, antwortet Gerti. Alle kichern.

Der Ouzo kommt wieder ins Spiel. Edda nimmt jetzt doch ein Schlückchen.

»Schmeckt jut. Isch muss nur ufpasse wegen meiner Blutdrucktablette.« Noch zehn Minuten bis Bingen Stadtmitte.

Hilde, Gerti, Anneliese, Edda und Hedwig räumen sorgsam auf, stecken die Essensreste, die leeren Flaschen und Abfälle in ihre Rucksäcke und Taschen. Aufrechten Gangs marschieren sie zum Ausgang. Als Letzte höre ich Gerti: »Bingen, wir kommen!«

Die Zugtür schließt sich.

Der Rest der Fahrt ist ziemlich ruhig

EINE ENTSCHEIDENDE FRAGE

Wie möchtest du alt werden? Als schrullige Einzelgängerin oder weise Ratgeberin? Als verbitterte Rentnerin, die spielende Kinder vor dem Haus verjagt? Oder als liebevolle Nachbarin, die den Mitbewohnern zu Ostern frisch gebackene Hefezöpfchen an die Türklinken hängt? Willst du allein vor dem Fernsehapparat sitzen und die Welt verfluchen oder mit Freundinnen verrückte Dinge machen?

Wenn du gerade denkst: »Das ist doch noch so lange hin!« – Glückwunsch, dann hast du ja noch genug Zeit, die Weichen zu stellen. Wie wir heute mit uns und anderen Menschen umgehen, entscheidet im Alter über Einsamkeit und Verbitterung oder Gemeinschaft und Freude.

Heute zahlst du auf dein Zukunftskonto ein, um vielleicht später sagen zu können: »Bingen, wir kommen!« Oder wie immer du dein Leben verbringen willst.

JE OLLER, JE DOLLER

Wie konnte ich das verpassen?! Wie war ich denn drauf?! Mit offenem Mund starrte ich auf den Bildschirm: »Tribute to Led Zeppelin« hieß das Video auf YouTube, auf das ich beim Herumstöbern gestoßen war. Die Gruppe Heart performte »Stairway to Heaven« zu Ehren der anwesenden, in die Jahre gekommenen Musiker von Led Zeppelin im Kennedy Center in New York.

Das Lied erwischte mich kalt – und ließ mich nicht mehr los. Ein Dutzend Mal hintereinander drückte ich immer wieder auf die Repeat-Taste. Grandios! Ich tauchte ein in die Musik und verlor mich darin. Dann ließ ich mich willig von einem Algorithmus durch alle Led-Zeppelin-Hits leiten, vergaß Zeit und Ort. Und so wurde ich über Nacht mit 69 Jahren zum Hardrock-Fan.

Warum so spät? In den Sechzigerjahren war ich noch zu klein bzw. schaffte es Hardrock nicht bis in mein Lehrerkind-Zuhause in meinem kleinen Dorf in Süd-Niedersachsen. Da hörte man Caterina Valente, Bully Buhlan, Gerhard Wendland, Peter Kraus und später auch Hildegard Knef. Wenn im Fernsehen schwarze Musiker auftraten, musste ich mir die blöden Kommentare meines Vaters anhören. Dabei schwärmte ich heimlich für Stevie Wonder, Harry Belafonte und den Schauspieler Sidney Poitier.

In den wilden Siebzigern lebte ich in München hippiemäßig mit einem Eritreer zusammen, wir hörten nur schwarze Musik – Bob Marley, Aretha Franklin, Stevie Wonder, Ray Charles, Diana Ross, Jackson Five und Santana. James Brown war noch der wildeste. Ich stand voll auf Blues, Reggea und Soul. Hardrock ging einfach an meinem Ohr vorbei. Wenn ich ihn überhaupt wahrnahm, war er mir zu laut, zu schrill, zu schräg, zu weiß. »Peace!«

Und dann das! Meine Top-Song-Liste auf Spotify heißt heute logischerweise »Jimmy«. Sie enthält inzwischen auch Stücke von Status Quo, KISS, Heart, AC/DC und den Rolling Stones.

Neulich saß ich mit einer 72-jährigen Freundin im Café. Wir hatten uns länger nicht mehr gesehen und uns viel zu erzählen. Irgendwann zog ich mein Handy raus, teilte mit ihr meine Ohrstöpsel-Kopfhörer und spielte Beispiele aus meiner Jimmy-Liste ab. Wir wippten mit den Füßen, mit dem Kopf, waren ganz in die Musik vertieft, bis wir die verwunderten Blicke vom Nebentisch bemerkten. Äh, mhm, ja. Zwei Omas stehen auf Hardrock, na und?

»Wer a sagt, der muss nicht b sagen, er kann auch erkennen, a war falsch«, so das Zitat aus einem Stück von Bertolt Brecht. Ich finde, wir müssen nicht einmal sagen, a war falsch. Wir können sagen: a war damals richtig, b war wunderbar zwischendurch und heute bin ich bei k, l oder m. Je älter ich werde, umso mehr rücke ich von meinen starren Überzeugungen ab, werde weicher und durchlässiger für neue Impulse, neue Sichtweisen, neue Erlebnisse. Und lerne dadurch Wunderbares, Bereicherndes und manches Verrückte kennen. Ich empfinde das als ein Geschenk.

ALTES NEU AUSPROBIEREN

Überleg du doch mal, in welchen Gewohnheiten du feststeckst. Welche Abneigungen könntest du auf den Prüfstand stellen? Das gilt nicht nur für Musik, sondern zum Beispiel auch …

◇   … für Geschmäcker – aus »Mag ich nicht« kann »Mochte ich
    früher nie« werden.
◇   … für Menschen – aus »Finde den doof« kann »Den fand ich
    komischerweise früher immer doof« werden.
◇   … für Orte – aus »Niemals würde ich dort Urlaub machen!«
    könnte »Wollte ich nie hin, ist aber eigentlich doch ganz
    schön hier« werden.

Wenn Starrheit weicht, können neue Erfahrungen und Erlebnisse deinem Leben Fülle geben. Probier einfach mal was Altes neu aus. Es ist nie zu spät, Ablehnung in Sympathie zu verwandeln.

STERNZEICHEN: KLUGSCHEISSER

»Melanie hat mich verlassen.« Die Stimme meines besten Freundes am Telefon ist kaum zu verstehen. »Na endlich«, ist mein erster Impuls. »Pfui«, denke ich, »halt die Klappe.« »Waaaaaas?«, tue ich entsetzt.

»Hast du Zeit, dass wir uns heute Abend treffen?«

»Aber natürlich, mein Lieber. Wann, wo?«

Wir verabreden uns im neuen Café Roma. Das alte Café (in dem ich Siegfried das erste Mal getroffen habe) musste 2009 einem italienischen Luxus-Modelabel weichen. Zehn Jahre später hat es ein Haus weiter wieder eröffnet.

Als ich komme, sitzt Stefan draußen an einem der Marmortischchen. Er sieht grauenvoll aus, zehn Jahre gealtert. Ich nehme ihn erst mal fest in den Arm. »Erzähl, ich will alles ganz genau wissen.« Der Kellner kommt dazwischen, wir bestellen Kaffee.

Als der Kellner weit genug entfernt ist, platzt es aus ihm heraus: »Sie hat mich im Nymphenburger Park abserviert. Wir waren spazieren, saßen im Café im Palmenhaus, und plötzlich hat sie mir gesagt, dass das mit uns nicht mehr klappt und dass sie die Beziehung beendet. Und dann ist sie aufgestanden und hat mich einfach sitzen gelassen. Nach 15 Jahren!«

»Kein Wunder, ich habe die ganze Zeit so was vermutet. Ich bin ja nie mit ihr warm geworden. Wie die sich immer aufgeführt hat. Und wie sie dich behandelt hat. Ich wusste von Anfang an, dass die nicht die Richtige ist. Ich habe mich immer gewundert, was du an ihr findest. Und wie sie immer rumgezickt hat, da kann sie nicht mitgehen, da kann sie nicht mitfahren. Nein, das ist ihr zu früh. Nein, das ist ihr zu spät. Du hast so etwas Besseres verdient!!!« Das würde ich meinem Freund Stefan sagen – wenn ich ein herzloses Monster wäre. Bin ich aber natürlich nicht. Ich frage stattdessen ganz sanft: »Wie geht's dir? Bist du traurig, wütend? Erzähl mal.«

Stefan erzählt, eine Stunde, zwei Stunden. Und das Einzige, was ich sage, ist: »Das tut mir leid«, »Das verstehe ich gut«, »Das ist traurig«, »Das hätte ich nicht gedacht«, »Du hast so recht« und »Wollen wir uns was zu Essen bestellen?«

Du findest das wahrscheinlich völlig selbstverständlich. So reagiert man als gute Freundin. Ha! Weißt du, was das für eine Anstrengung ist, wenn man wie ich vom Sternzeichen her Klugscheißer und vom Aszendenten her Besserwisser ist? Fast übermenschliche Fähigkeiten braucht man dafür! Die Seele eines Engels. Die Empathie einer SOS-Kinderdorf-Mutter.

Ich habe jedenfalls durchgehalten. Nach vier Wochen wandelte sich die Traurigkeit bei Stefan in Wut. Nach acht Wochen die Wut in ein Gefühl von Freiheit. Und die Freiheit lebt er inzwischen aus. Verreist, wohin er will, so lange er will. Er trifft die Menschen, die er treffen will. Nur für mich hat er jetzt selten Zeit. Na ja, wenn er mich braucht, wird er sich schon melden. Dafür sind beste Freundinnen doch da.

KLAPPE HALTEN

Erinnere dich: In welcher Situation hättest du besser die Klappe gehalten? Erinnere dich, was es für Folgen hatte, dass du es nicht getan hast. In welchem Moment wirst du das nächste Mal merken: jetzt Mund halten? Was hättest du davon?

Und wie schafft man es nun, die Klappe zu halten?

◇ Denk an den anderen, weniger an dich.
◇ Zähl bis 15, bis du antwortest, wiege währenddessen bedächtig deinen Kopf.
◇ Mach keine Ich-Aussagen, sondern stell lieber W-Fragen (wie, wo, wer, was, warum?). Und lass den anderen erzählen.
◇ Nur wenn der andere ausdrücklich deine ehrliche Meinung verlangt, tu ihm den Gefallen und teil sie ihm (freundlich) mit.

GESCHICHTEN OHNE ENDE

»Opa, Opa, erzähl uns eine Geschichte!« Wann immer wir Enkelkinder im Haus meiner Großeltern, also den Eltern meiner Mutter, waren, konnten wir Opa Rudi überreden. Meistens setzte Opa sich dann auf einen Stuhl und wir Kinder, zwischen drei und neun Jahre alt, rückten ganz nahe an ihn heran, und Opa fing an zu erzählen. Er hatte wirklich ein Geschichtenerzähler-Talent: Er senkte die Stimme, raunte die Sätze nur, sodass wir mucksmäuschenstill waren und unsere Ohren spitzten. Und in jedem Wort von ihm steckte eine Verheißung: »Warte nur ab, was da kommt …« Wenn ich mich nicht täusche, hat er immer dieselben Geschichten erzählt. Aber wir ließen uns auch immer wieder davon einfangen. Seine Art, sie zu erzählen, war das Besondere.

Opa begann so: »Ein Schäfer hatte eine große Schafherde, eine sehr große Herde. Die Schafe grasten auf einer grünen Wiese. Als die Wiese leer gegrast war, wollte der Schäfer seine Schafe auf eine andere Wiese bringen, auf der frisches grünes Gras auf sie wartete. Doch zwischen den beiden Wiesen war ein tiefer Fluss. Nur ein schmaler Steg führte von der einen Seite auf die andere. Also nahm der Schäfer zwei Schafe unter die Arme und trug sie auf die andere Seite. Dann nahm er wieder zwei Schafe und trug sie auf die andere Seite. Zwei weitere Schafe folgten.« Seine Stimme wurde immer geheimnisvoller. Und plötzlich sagte er laut: »Und wenn alle Schafe über den Fluss getragen worden sind, erzähle ich euch, wie es weiter geht. So, jetzt muss ich aber mal was tun.«

Immer wenn wir ihn dann sahen, fragten wir: »Opa, Opa, sind die Schafe schon alle auf der neuen Wiese?« Und er sagte jedes Mal: »Nein, noch nicht. Wartet es ab.« Wenn ich mich recht erinnere, gab es nie eine Fortsetzung. Aber wir ließen uns die Geschichte immer wieder erzählen, weil dieses gemeinsame Erlebnis so schön war.

Von einer anderen Geschichte erinnere ich nur den letzten Teil: »Wir saßen in dem einsamen Haus am Wald. Es war stockfinster und bitterkalt. Wir fürchteten uns. Und plötzlich hörten wir draußen lautes Pferdegetrappele …« Opa kam aus Schlesien, und wie er »Pferdegetrappele« sagte, werde ich niemals vergessen. Er flüsterte diesen Satz fast. Uns Kindern gefror das Blut in den Adern. Atemlos warteten wir auf die Auflösung. Opa stand auf und sagte: »Den Rest der Geschichte erzähle ich euch beim nächsten Mal.« Trotzdem baten wir ihn immer wieder um diese Geschichte. »Opa, erzähl uns doch noch mal von dem Pferdegetrappele.« Es war so herrlich gruselig.

Mit einer Geschichte konnte er uns lange faszinieren, bis wir alt genug waren, um ihm auf die Schliche zu kommen. An Opas linkem Daumen fehlte das obere Glied. Wir Kinder bestürmten ihn immer wieder: »Opa, erzähl doch noch mal, wie du deinen Daumen verloren hast!« Und er fing an:

»Wisst ihr, ich habe doch früher im Zirkus gearbeitet. Da war ich Seiltänzer und balancierte in schwindelnder Höhe auf dem Seil.«

Uns überlief eine Gänsehaut.

»Und irgendwann begann das Seil zu vibrieren und zu schwingen. Ich versuchte verzweifelt, das Gleichgewicht zu halten.«

Pause.

»Das Seil schwang immer stärker hin und …«

Pause.

»Und dann rutschte ich ab und stürzte …«

Atemlose Stille.

»Zum Glück konnte ich mich mit einer Hand an dem dünnen Drahtseil festhalten.« Mit schreckensgroßen Augen sahen wir ihn an. Opa stand auf und sagte lapidar: »Tja, dabei habe ich mir den halben Daumen abgeschnitten. Jetzt wisst ihr's.«

Mein Großvater war Tischler. Und der beste Geschichtenerzähler der Welt.

MINIRHETORIKKURS

Wenn du eine Geschichte spannend erzählen möchtest, denk an meinen Opa. Mach Pausen! Dasselbe gilt auch für Referate, Präsentationen, Vorträge. Pausen sind das Salz in jeder Geschichte.

VON WEGEN ALTE SCHACHTEL!

»Sabine, komm bitte mal nach vorn.« Meine Tante und meine Mutter haben sich das Mikrofon vom DJ geben lassen. »Oje«, denke ich. »Nicht schon wieder!« Vorhin erst hat meine Mutter vor 120 Gästen ein hochpeinliches Geburtstagsgedicht aufgesagt, ich bin vor Scham fast im Boden versunken. Ich feiere meinen 50. Geburtstag mit einer großen Party in einem Palmenhaus in einer alten Gärtnerei vor den Toren Münchens. Ich habe Freunde und befreundete Geschäftspartner aus ganz Deutschland eingeladen, dazu meine Ursprungsfamilie, Mutter, Brüder, Tanten, Onkel, Cousins und Cousinen. Auch mein Noch-Mann ist dabei, er gehört ja zur Familie, auch wenn wir seit drei Monaten getrennt leben.

Und nun eine neue Attacke auf den schlechten Geschmack? Meine Tante und Mutti nehmen mich in die Mitte und hängen mir eine Pappschachtel an einem bunten Band um. »Hiermit nehmen wir dich in den Verein der alten Schachteln auf«, kreischen sie ins Mikro, dass es pfeift. Sie können sich vor Lustigkeit kaum einkriegen. Das könnte man niedersächsischen Dorfhumor nennen, wenn man alle Einwohner niedersächsischer Dörfer beleidigen wollte. Will ich nicht. Es handelt sich einfach um den verstörenden Humor meiner Ursprungsfamilie. Ich mache eine schräge Miene zum doofen Spiel, die anderen Gäste klatschen peinlich berührt. Der DJ kündigt eiligst das nächste Musikstück an.

Ich habe einen bitteren Geschmack im Mund und muss den erst mal mit einem Glas Sekt runterspülen. Bernd-Ulrich, ein Freund von Jugend an, stellt sich neben mich. »Ich hätte ihr ins Gesicht schlagen können«, sagt er halblaut, freundlich lächelnd und nimmt mich in den Arm. Er kennt meine Familiengeschichte, seit ich 14 bin und wir Hand in Hand nach der Schule im Blumenwall in Rinteln spazieren gegangen sind. Leider ist er kurz darauf weggezogen. Doch wir sind immer in Kontakt geblieben. Er zieht mich auf die Tanzfläche und wir schütteln den Ärger bei »Lady Bump« von Penny McLean ab.

Meinen Kindern ist die peinliche Szene ebenfalls in die Glieder gefahren, und sie haben sich schnell auch eine Überraschung einfallen lassen. »Von wegen alte Schachtel«, zischt meine Tochter im Vorbeigehen. »Mami, mach dich bereit für ein Spiel.«

Wenig später rufen sie mich an einen Stehtisch mitten im Raum. Sie machen ein Quizz mit mir, lustige Fragen, lustige Antworten. Für jede richtige gibt es einen Fingerhut Schnaps. Ich liebe meinen Nachwuchs! Letzte Aufgabe:

»Du hast das Spiel gewonnen, wenn du innerhalb der nächsten drei Minuten zehn Männer küsst.« Holla, die trauen sich was. Und sie wissen, dass ihre flotte Oma, meine Mutti, ihre spanische Bräune dafür geben würde, wenn sie diese Herausforderung bekäme.

Ich schnappe mir das Mikro und rufe, ohne nachzudenken: »Es würde viel zu lange dauern, wenn ich herumlaufen und jeden einzelnen von euch fragen würde. Männer, seid mutig, kommt her und lasst euch küssen.« Sekunden später steht eine Schlange von Männern vor mir. Bernd-Ulrich ist der erste. Ich küsse Freunde, Kollegen, die Männer von Geschäftspartnerinnen (wie hieß er noch mal?). Bilen zählt mit. Bei zehn ist die Aufgabe ja eigentlich geschafft. Aber wo sie doch alle ihr Gesicht hinhalten, küsse ich alle durch. Auch sie hatten es gespürt: Rache für die alte Schachtel!

Die Stimmung ist bombig, wir tanzen die ganze Nacht. Morgens um vier lasse ich mich mit einem Taxi nach Hause fahren – in mein neues Zuhause, in dem ich alleine wohne, seit ich mich vor vier Monaten von meinem Mann getrennt habe. Meine Freundin Elke, die bei mir übernachtet, hilft mir, Präsentkörbe, Geschenke, Blumen und Luftballons ins Taxi und später in den Aufzug zu quetschen. Wir lachen, bis wir im Bett liegen.

Ja, das ist mal ein Auftakt in mein neues Lebensjahrzehnt.

SCHUTZSCHILD GEGEN BÖSE BEMERKUNGEN

»Man muss Glück schaffen, um damit gegen die Welt des Unglücks zu protestieren«, hat der Schriftsteller Albert Camus geschrieben.

◇ Wenn jemand dich kränkt, oder beleidigt oder sich über dich lustig macht – denk dran, dass die Aussagen anderer vor allem Selbstaussagen, also Aussagen über sie selbst sind. So schaffst du Abstand. Du kannst, wenn dich jemand angreift, sehr cool mit der Frage reagieren: »Wie meinst du das?« Daraufhin muss der andere erst mal erklären, was hinter seiner Bemerkung steckt. Und du hast Zeit, dich zu wappnen.

◇ Der Ausdruck »Ich lasse mich kränken« zeigt es: Du entscheidest, ob jemand anderer dich kränken kann. Du musst dir den Schuh nicht anziehen. Ein Gedanke hilft beim Schutzschild gegen böse Bemerkungen: Es ist nur seine/ihre Meinung. Mehr nicht. Punkt.

◇ Wenn du mitbekommst, dass jemand anderes beleidigt wird oder man sich über diese Person lustig macht, dann solidarisiere dich mit ihr. Wieder kannst du kontern mit »Wie meinen Sie das?« oder »Deine Meinung«. Überleg, welche Freude du der angegriffenen Person machen kannst, um ihre Abwehrkraft zu stärken.

Glück & Unglück

HEULKRAMPF NACH DER HELDENREISE

»Der Held kehrt stolz nach Hause zurück, mit Erlebnissen, Erfahrungen und Erkenntnissen. Und er bekommt die Belohnung. Vielen Dank für Ihre Aufmerksamkeit.« Das Publikum applaudiert. Ich koche. Der Redner bittet fröhlich um Fragen. Kann er haben. Einen Tag lang habe ich mir jetzt Vorträge von Männern angehört, in de-

nen als handelnde Personen nur Männer erwähnt wurden. Frauen kamen nicht vor. Ich explodiere gleich.

Der Redner, den ich seit Jahren kenne und bisher auch mochte, lächelt mich an, als ich die Hand hebe: »Sabine, ja gern!«

Mir zittern die Hände, mir zittert die Stimme, als ich loslege: »Ich fasse es nicht. Du traust dich, eine Stunde lang über Helden zu reden, erwähnst ein Dutzend prominenter Beispiele – es ist keine einzige Frau darunter. Frauen kommen in deiner Welt nur als Hindernisse vor, die es zu überwinden gilt. Ich kann es einfach nicht fassen.«

Inzwischen laufen mir vor Wut die Tränen übers Gesicht. Aufschluchzend wiederhole ich es: »Wir schreiben das Jahr 2019, und ihr Männer traut euch immer noch, einen Vortrag zu halten, ohne einen Satz, einen, auf die andere Hälfte der Menschheit zu verschwenden.«

Meine Stimme wird unangenehm schrill. Im Saal herrscht Totenstille. »Wir kommen in eurer Gedankenwelt gar nicht vor, und du gibst höchstens Tipps, wie Männer auf ihrer verdammten Heldenreise widerstrebende Frauen zur Seite schieben können. Ich fasse es nicht. Wir schreiben das Jahr 2019!« Jetzt überschlägt sich meine Stimme. Die anderen Teilnehmer schauen betreten zur Seite.

Dem Kollegen kullern jetzt ebenfalls ein paar Tränen übers Gesicht. Das hatte er nicht erwartet. Er ist völlig geplättet. Der Moderator beendet eilig die Situation und bittet zur Kaffeepause.

Nein, das ist kein Albtraum, der mich nächtens plagt. Das ist mir wirklich passiert. Und ich bin nicht stolz darauf. Ach, Quatsch, ich bin stolz darauf! Inzwischen.

Ich torkle als Erste aus dem Vortragssaal ins Foyer. Und steuere auf den Kaffeeautomaten zu. Ich muss mich kurz festhalten, da ich am ganzen Körper zittere. Mit einer Tasse Kaffee stelle ich mich an einen Stehtisch. Die anderen Teilnehmer kommen aus dem Saal, vermeiden Blickkontakt mit mir. Ich schaue drei Frauen hilfesuchend an, mit denen ich am Morgen noch gescherzt hatte. Sie ignorieren mich. Mit dieser hysterischen Zicke wollen sie wohl nicht in Verbindung gebracht werden. Ich verzieh mich auf mein Zimmer.

Ich bin fassungslos. Was ist da mit mir geschehen? Wie ist es diesem tobenden Weibsbild gelungen, Macht von mir zu ergreifen? Wie peinlich. Heulkrampf in aller Öffentlichkeit. Und den Kollegen angehen. Total unprofessionell! Nur langsam beruhige ich mich.

Dann kommt mir folgender Gedanke: Warum sind mir die anderen Frauen nicht zur Hilfe gekommen? Sie müssen das doch auch gemerkt haben. Keine hat einen Ton gesagt. Im Gegenteil, sie haben mich böse abgestraft.

Ich traue mich irgendwann, zum Abendessen zu gehen. Drei, vier Männer, die ich auf dem Weg zum Büfett treffe, nicken mir ermunternd zu: »Sie hatten völlig recht. Mir war das gar nicht aufgefallen.« Ich kann erstmals wieder lächeln. Das musikalische Abendprogramm schenke ich mir.

Am nächsten Morgen gehe ich frühstücken und tue so, als wäre nichts geschehen. Ich bekomme am Tisch ein höfliches »Guten Morgen«. Plötzlich kniet ein sehr großer Mann neben mir, ich weiß, er ist Professor in Hannover, und halt mir seine Hand hin. Darin liegt eine kleine silberne Münze. »Hier, die ist für Sie. Ich trage diese Münze seit Jahrzehnten in meinem Geldbeutel bei mir. Meine Großmutter hat sie mir geschenkt. Ich wusste nie, wofür ich sie aufhebe. Jetzt weiß ich es.«

Er drückt mir die hübsche Münze in die Hand: Königreich Hannover, 1858. »Meine Großmutter war eine kämpferische Frau. Und jetzt kann ich diese Silbermünze weitergeben. Sie sind auch eine kämpferische Frau. Und ich bewundere sehr, was Sie sich gestern getraut haben.«

Mir kommen schon wieder die Tränen. Ich bedanke mich verlegen. Ich bin sprachlos. Kann es gar nicht fassen. Starre die Münze an: 1 Groschen 1858. Aus Niedersachsen, meiner Heimat. Dieses Erlebnis hat sich wie eine Filmszene in meine Erinnerung eingebrannt. Und wann immer ich sie ablaufen lasse, kommen mir die Tränen. Was für eine Geste. Was für ein Geschenk.

Eine Woche später bin ich am Bodensee. Meine Freundin Liesi erwartet mich am Zug. Im Auto höre ich kurz meine Mailbox ab. Und erkenne die Stimme des Veranstalters von voriger Woche: »Hallo, Sabine, wir haben uns vor deiner Abreise leider nicht mehr gesehen. Ich wollte mich noch für deinen Beitrag bedanken. Manchmal lernt man aus dem Kommentar zu einem Vortrag mehr als durch den Vortrag selbst. Wir haben im kleinen Kreis noch viel über deinen Vorwurf diskutiert. Die Meinung war einhellig: Du hattest vollkommen recht. Aber es war uns allen gar nicht aufgefallen. Ich sitze gerade über meinen Vorträgen und ergänze sie mit weiblichen Beispielen. Also, noch mal danke.«

Ich habe mir inzwischen für die Münze ein Medaillon gekauft. Und wann immer ich besonders viel Kraft für einen Auftrag brauche, trage ich den Silbergroschen um den Hals.

SUCH DIR EINEN MUTMACHSATZ

Vielleicht kann ich dir mit meiner Geschichte Mut machen, etwas zu riskieren. Auch wenn du vorher noch nicht weißt, wie es ausgehen wird.
Dazu kannst du dir einen für dich passenden Spruch auswählen, den du auf einen Zettel schreibst. Den steckst du entweder auch in ein Amulett und trägst ihn bei dir. Oder du heftest ihn einfach an deinen Spiegel, in den du jeden Morgen schaust. Dieser Spruch soll dir stets die Erlaubnis geben, spontan zu reagieren, wenn dich etwas stört. Hier ein paar Beispiele für solche Amulett-Sprüche:

◇ Ich muss tun, was ich tun muss.
◇ Ich darf mich manchmal zum Affen machen.
◇ Ich darf meine Meinung sagen.
◇ Ich darf mich unbeliebt machen.
◇ Ich darf auch mal im Unrecht sein.
◇ Ich darf unvernünftig sein.
◇ Ich darf anecken.
◇ Ich darf unperfekt sein.
◇ Ich darf ich sein.

FEHLTRITT ZUM GLÜCK

Ich habe mit 26 Jahren innerhalb weniger Monate drei große Fehler gemacht, die mein Leben umgepflügt haben: Erstens, ich habe auf einer Pressereise, nach einem fröhlichen Abend und einigem Alkoholgenuss, mit einem verheirateten Kollegen geschlafen. Das hatte Folgen. Zweitens, ich habe aus Empörung darüber, dass mein Chefredakteur immer wieder meine Kommentare sinnentstellend umschrieb, meine Stelle als Rathaus-Reporterin gekündigt, ohne eine neue Stelle in Aussicht zu haben (da wusste ich noch nicht, dass ich schwanger war). Drittens, ich habe meinen damaligen Freund dazu gebracht, mich noch vor der Geburt zu heiraten, obwohl ich nicht wusste, von wem das Kind war, von ihm oder von meinem Fehltritt. Lange dachte ich, der Fehler war, ihn zu heiraten ohne ihn aufzuklären. Inzwischen weiß ich, der Fehler war, diesen Mann zu heiraten.

Insgesamt lief alles auf eine Katastrophe hinaus.

Ich hoffte so sehr, dass das Kind wirklich von meinem Mann wäre. Doch schon kurz nach der Geburt war mir klar, dass er tatsächlich nicht der Vater sein konnte. Er war schwarz, das Baby blieb rosig. Doch Liebe macht bekanntlich blind. Er war von der ersten Minute an in das kleine Mädchen verliebt, trug es herum, fuhr es glücklich im Kinderwagen durch die Gegend, präsentierte es stolz allen Freunden.

Ich war verzweifelt, traktierte mich mit Selbstvorwürfen, ich fürchtete die Konsequenzen. Jedenfalls hatte ich Todesangst, als ich meinem Mann endlich beichtete, dass das Kind nicht von ihm ist. Er war tief erschüttert. Doch die Liebe zu dem kleinen Wesen war offensichtlich stärker. Er akzeptierte unsere Tochter als seine eigene. Er war politisch sehr aktiv, war meist in ganz Europa unterwegs und hatte keinen Job. Aus Überzeugung wollte er ursprünglich keine Kinder in »diese Welt« setzen. Jetzt entschied er sich für ein Leben mit Familie. Seine Bedingung dafür, dass wir zusammenblieben: Er wollte auch noch ein gemeinsames Kind. Ich dachte, das sei nur gerecht. Knapp zwei Jahre später kam unser wunderbarer Sohn zur Welt.

Beruflich gab es ein kleines Wunder: Nach einem Jahr Arbeitslosigkeit bekam ich eine gut bezahlte ABM-Stelle und durfte für eine Stiftung ein Buch über den Arbeiterwiderstand in der Zeit des Nationalsozialismus schreiben. Ich bezeichne diese Zeit als mein »Mut-Jahr«, weil ich in den Interviews mit bemerkenswerten Menschen aus dem Widerstand gelernt habe, was wirklich Mut ist.

Über Kontakte, die ich bei meinen Recherchen und Interviews schuf, bekam ich nach Auslaufen des Projekts eine Stelle als Sekretärin im Münchner Rathaus. Ich konnte also meine Familie ernähren, obwohl alle Bewerbungen bei Zeitungen und Zeitschriften als Journalistin erfolglos geblieben waren.

Neben meiner Arbeit schrieb ich kleine Geschichten über meine Erlebnisse mit den Kindern. Einen Artikel über die Eifersucht meiner Tochter auf den kleinen Bruder schickte ich eines Tages spontan an eine Eltern-Zeitschrift, die ich selbst regelmäßig las. Der Artikel wurde abgedruckt und wenig später bekam ich das Angebot, dort als Redakteurin anzufangen. Damit war ich endlich wieder im Journalismus.

20 Jahre lang arbeitete ich bei wunderbaren Zeitschriften, als Redakteurin, als Textchefin und schließlich sogar als Herausgeberin. In dieser Zeit schrieb ich meine ersten Bücher, hielt die ersten Vorträge und Workshops und begann zu coachen. 1999 machte ich mich schließlich als Trainerin, Rednerin und Coach selbstständig.

Warum schreibe ich das hier? Weil ich erst viele Jahre nach meinen vermeintlich größten Fehlern begriffen habe, dass ich dadurch das größte Geschenk meines Lebens erhalten hatte – meine wunderbaren Kinder. Hätte ich meine Tochter nicht bekommen, gäbe es auch meinen Sohn nicht. Ohne die emotionale Kündigung bei der Boulevardzeitung hätte ich nie die Chance bekommen, meinen Weg hin zum Bücherschreiben zu machen. Hätte ich nicht damals schon konsequent nach meinen Werten wie Gerechtigkeit und Selbstbestimmung gehandelt, hätte ich vielleicht nie andere als Coach dabei begleiten können, ihre Werte zu leben.

Es waren also die Umwege, die mich zu meinem erfüllten Leben gebracht haben: Heute arbeite ich mit beiden Kindern als Gesellschafter/innen unseres Weiterbildungs-Unternehmens zusammen. Und auch privat sind wir eine herzliche Familie. Ich genieße die Zeit mit den Kindern und meinen fünf Enkeln. Wir mögen uns und gehen sehr offen miteinander um.

»Verstehen kann man das Leben rückwärts; leben muss man es aber vorwärts.« Diesen Gedanken hat der dänische Philosoph und Schriftsteller Søren Kierkegaard im 19. Jahrhundert aufgeschrieben. Ich mag diesen Gedanken: Wir treffen oft Entscheidungen, ohne lange darüber nachzudenken. Manche sind hilfreich, manche erweisen sich als falsch. Übrigens: Selbst die überhastete Hochzeit, die in eine schwierige Ehe und Scheidung mündete, sehe ich inzwischen als Challenge: Viel Streit, viele Enttäuschungen und ein finanzielles Desaster haben mich gezwungen, mich auf meine eigenen Beine zu stellen, neue berufliche Wege zu gehen und Projekte zu wagen, die mich früher geängstigt hätten.

Im Nachhinein habe ich erkannt, dass auch die vermeintlich falschen Entscheidungen mich zu dem Menschen gemacht haben, der ich heute bin. Ich bin an den Herausforderungen, besonders den schwierigen, gewachsen. Ich habe Fähigkeiten in mir entdeckt und entwickelt. Heute kann ich mir verzeihen, dass ich oft die falsche Abzweigung auf meinem Lebensweg genommen habe. Und mehr als das: Ich bin dankbar dafür, dass die Umwege mich klüger und stärker gemacht haben.

KLEINE KRISENBIOGRAFIE ZUR STÄRKUNG

Setz dich doch einmal in großer Ruhe hin und überlege, welche vermeintlichen Fehlentscheidungen du im Leben getroffen hast:

◇ Welche haben sich im Nachhinein als eher richtig herausgestellt?
◇ Was hat das für deine Persönlichkeitsentwicklung bedeutet?

◇ Welche hast du dir schon verziehen?

◇ Welche nagen noch an dir?

◇ Was kannst du tun, um dir zu verzeihen? (Erkennen, wie es dazu kommen konnte? Dich erinnern, in welcher Lebenssituation du warst?)

Ich habe mal einer Klientin gesagt: »Sie können sich immer noch nicht verzeihen, dass sie vor über 30 Jahren ihre Eltern enttäuscht haben? Finden Sie nicht, dass es jetzt mal genug mit der Buße ist? Es gibt für alles eine Höchststrafe. Und die haben Sie längst verbüßt.«

DAS GLÜCK SAMMELN, NICHT SUCHEN

Als Teenager dachte ich wirklich, mit spätestens Mitte 20 werde ich das Glück erreicht haben – und dann werde ich für immer glücklich sein. Als ich 25 war, dachte ich, vielleicht bin ich ja mit 40 richtig glücklich und dann bleibt es für immer. Mit 40 war mir endlich klar: Nö, so funktioniert das Leben nicht. Die Glückskurve ist ein Auf und Ab. Diese Kurve sieht aus wie die Atemkurve auf dem Monitor im Krankenhaus: Zick, Zack, Zick, Zack – rauf, runter, rauf, runter.

Ein befreundeter Arzt hat mir mal humorvoll erklärt: Wenn die Linie gerade ist und nicht mehr auf- oder absteigt, ist das nicht das Erreichen des himmlischen Glücks, sondern Atemstillstand und Exitus.

Seitdem ist diese Atemkurve für mich das Symbol dafür, wie das Leben tatsächlich läuft. Dies wird auch von Psychologen bestätigt, die das Glück im Leben erforscht haben. Sie reden nicht von einem »glücklichen Leben«, sondern von einem »geglückten Leben«. In einem solchen Leben laufen Menschen nicht mit ewigem Grinsen herum und jubeln: »Glücklich, glücklich!« Sondern sie erleben immer wieder mal Momente des Glücks und richten sich in schweren Zeiten an Gefühlen wie Vertrauen, Hoffnung oder Zuversicht auf.

Trotzdem stehen wir oft im Fluss des Lebens und warten viel zu lange auf diesen einen großen Klumpen Glück. Doch während wir warten – auf den Lottogewinn, den Traumpartner, die ewige Erfüllung im Job –, schwimmen Tausende von kleinen Glücksnuggets an uns vorbei. Aber sie sind so klein, dass wir uns nicht einmal nach ihnen bücken. Und weil wir kein inneres, feinmaschiges Glückssieb haben, flutschen sie uns so leicht durch die Finger, statt dass wir sie nach und nach zu einem ansehnlichen Glücksschatz zusammenfügen.

Das sogenannte große Glück fällt uns selten vor die Füße. Und das hat vielleicht einen Sinn: Man weiß von Lottogewinnern, dass sich ihr zuerst vervielfachtes Glücksgefühl schon nach wenigen Monaten wieder auf ein niedrigeres, nämlich das alte Glückslevel zurückentwickelt.

Zum Glück fällt uns das Glück immer wieder mal in Form kleiner, funkelnder Nuggets zu: Unverhofft treffen wir einen Menschen wieder, den wir mögen. Ein Gespräch mit einem Fremden an irgendeinem Ort entpuppt sich unversehens als Glücksfall, an den wir uns lange erinnern. Oder das Glück erscheint in Form einer Chance, die sich zufällig ergibt und uns in eine vorteilhafte Situation bringt. All das sind kleine Glücksmomente, die wir auffangen können. Je geistesgegenwärtiger wir durchs Leben gehen, umso eher haben wir die Chance, diese Momente zu erkennen. Je bewusster uns wird, wie viel Glück es bedeutet, solche Momente erleben zu dürfen, umso stärker werden wir von diesen Glücksnuggets positiv berührt. Dazu müssen wir nur einmal akzeptiert haben, dass dieses kleine, funkelnde Sekundenglück das wahre Glück ist.

Viele solcher Glücksmomente erleben wir ganz allein: Du gehst spazieren, kommst plötzlich über einen Hügel und ein Blick tut sich auf, der dein Herz zum Jauchzen bringt. Vielleicht kämpfst du dich durch eine schwierige Aufgabe hindurch – und wenn du plötzlich die Lösung siehst, spürst du dieses kleine Herzhüpfen. In diesen Momenten der Klarheit und des reinen Glücks greif zu, sammle die Nuggets, heb sie auf. Wahnhaft wäre es aber zu glauben, dass diese Momente ewig anhalten oder sich Tag für Tag brav aneinanderreihen wie die Glieder einer unendlich langen goldenen Kette.

Aus eigener Erfahrung kann ich sagen, gerade wenn du das Glück festhalten willst, wenn du denkst, genau so muss es sein und es darf nicht anders werden, dann kommt manchmal unerwartet eine Welle in deinem Lebensfluss, die dich ins Wanken bringt, ja, die dir die Füße wegreißen kann. Eine solche Welle hat mir die Füße weggerissen, als mein Mann vor drei Jahren mit schwerer Alzheimerkrankheit in ein Heim musste. Dieses Gefühl, die Bodenhaftung zu verlieren, unterzugehen, hat mich mehr als ein Jahr begleitet. Erst mit professioneller Hilfe konnte ich irgendwann wieder den Boden unter den Füßen zurückgewinnen, neuen Halt spüren, mich wieder aufrichten.

Ich weiß: Wenn man gerade haltlos von der Riesenwelle herumgewirbelt wird und einem der Atem stockt, fällt es schwer, daran zu glauben, dass das Glück wieder ins Leben zurückkehrt. Du hast die Krise überstanden, wenn du erstmals die kleinen Glücksmomente wieder spürst.

Nach meiner Erfahrung kommen sie wieder, diese Momente des kleinen Glücks, die Möglichkeit, den Blick wieder auf das Schöne zu richten, Fröhlichkeit zuzulassen und sich dem Lebensfluss erneut anzuvertrauen. Und mit dem festen Stand, den du wieder hast, traust du dich dann auch wieder, dich nach den Nuggets zu bücken – im Kontakt mit Menschen aus deiner Familie, die dir zugetan sind, im Kontakt mit Menschen, die sich als deine Freunde bewährt haben, mit Zufallsbekanntschaften, die durch ihre Unvoreingenommenheit dein Lachen wecken.

Mit jedem neu gewonnenen Glücksnugget bekommst du ein Stück Kraft zurück, einen Hoffnungsschimmer und die Motivation, Glücksmomente zu genießen, sie aufzufangen und sie zu sammeln.

EINEN GLÜCKSSCHATZ ANLEGEN

Wenn dir mein Glücksnugget-Modell gefällt, kann es dir helfen, mehr Zuversicht und Vertrauen in das Auf und Ab des Lebens zu entwickeln:

◇ Sammle an einem Fluss oder einem See einige Hände voll kleiner Kieselsteine. Nicht zu große, sondern solche, von denen vielleicht so zehn in eine Faust passen.

◇ Zu Hause kannst du sie sauber schrubben und trocknen lassen. Dann kannst du sie vergolden – entweder mit Goldspray oder mit Pinsel und Acrylfarbe, sodass sie einladend golden funkeln.

◇ Lass sie einige Tage gut trocknen, damit sie nicht zusammenkleben. Danach kannst du diese kleinen Gold- alias Glücksnuggets in eine Schale legen. Daneben stellst du ein schönes
Glas.

◇ Überleg jeden Abend, wie viele dieser winzigen Glücksmomente du tagsüber gespürt hast. Für jeden Moment
nimmst du ein Glücksnugget aus der Schale und legst es in
das Glas. (Ich liebe solche haptischen Übungen, weil du dir
damit das Ergebnis plastisch vor Augen führst und dein
Bewusstsein für die Glücksnuggets geschärft wird.)

◇ Beobachte, wie viele Nuggets du in einer Woche oder in
einem Monat sammelst. Ist das Glas bald gefüllt, erinnere
dich an die schönen Momente, und die Gewissheit wird
steigen, dass es immer Glücksmomente in deinem Leben
geben wird.

◇ Ist das Glas dagegen schlecht gefüllt und hast du das Gefühl,
diese paar Nuggets reichen nicht? Du willst mehr? Dann überleg dir, was du selber tun kannst, um die Anzahl der Glücksnuggets zu vergrößern: Mit wem könntest du telefonieren, der
dir guttut? Wen hast du schon lange nicht mehr getroffen?
Was hat dir denn früher dieses Funkeln verschafft? Vielleicht
kannst du wieder mit etwas anfangen, das dir guttut – Sport,
malen, spazieren gehen …? Bück oder streck dich nach dem
Glück.

◇ Und versäume nicht, auch staubkornähnliche Mininuggets zu
sammeln. Du weißt, auch sie tragen schließlich zu deinem
großen Glücksschatz des Lebens bei.

FARBEN FÜR DIE SEELE

»Sie müssen dringend etwas für sich tun«, hat die Beraterin gemahnt, mit der ich gerade über meinen demenzkranken Mann und die Zukunft gesprochen hatte. Keiner konnte mir genau sagen, wie sich die Krankheit weiterentwickeln würde. Wie lange konnte man ihn noch stundenweise allein lassen, wie lange noch zu Hause pflegen? Und wie um Himmels Willen sollte ich ihn dazu bringen, in ein Heim zu gehen, wenn ich es zu Hause nicht mehr schaffen würde?

»Sie müssen jetzt auch an sich denken. Was würden Sie denn gerne tun?« Dieser Satz hängt mir nach, als ich mich auf dem Weg nach Hause ein paar Minuten am Friedensengel in der Märzsonne wärme. Ich darf nicht auch noch krank werden. Ja, ich merke, wie erschöpft ich bin. Also, ich soll etwas für mich tun. Was wollte ich denn immer mal gerne machen? Und plötzlich weiß ich es: malen. Ja, ich würde gern malen, mit Farben spielen, mich ausprobieren, mich in die künstlerische Arbeit versenken. Das letzte Bild, an das ich mich erinnern kann, habe ich zusammen mit meinen Kindern mit Tusche gemalt. Lange her – aber ich sehe es noch genau vor mir, ein bunter Blumenstrauß vor hellblauem Hintergrund.

Zu Hause angekommen, fange ich sofort an zu planen: Im Gästezimmer, wo selten jemand schläft, könnte ich mir eine Mal-Ecke einrichten. Ich brauche eine Staffelei, Farben, Pinsel und Leinwände. Ich wünsche mir große Leinwände, für den großen Pinselschwung. Ich entscheide mich für Acrylfarben. Innerhalb von einem Tag habe ich im Internet alles bestellt, was ich zum Start brauche. Und eine Woche später ist meine Malecke komplett. Siegfried verfolgt jeden Schritt mit Erstaunen. Wenn ich ihn frage, wie ihm ein Bild gefällt, sagt er: »Du bist die Künstlerin.«

Ich begann mit großflächigen Motiven, spielte mit den Farben, erkundete ihr Zusammenspiel und entdeckte sehr schnell den

Reiz, sie am Schluss mit einem großen Wasserpinsel zu verwischen. Die herrlichen Farben tun meiner Seele gut. Wenn ich mit dem Pinsel über die Leinwand fahre, lege ich all meine Emotionen hinein: Liebe, Wut, Frust, Verzweiflung. Wenn ich male, vergesse ich die Welt. Nachdem ich mir Videos von Gerhard Richter angesehen hatte, besorgte ich mir breite Maurerkellen, sogenannte Rakel, mit denen man die Farben auf der Leinwand ineinanderziehen kann. Ich liebe diese Technik. Sie vereint Absicht, Zufall und Kraft.

Aus Wunsch, Resonanz auf meine Malerei zu bekommen, poste ich immer wieder Fotos von meinen Bildern auf Facebook und bekomme nur positive Kommentare. Nach einem Vierteljahr meldet sich eine Galeristin aus Berlin, der ich von einer meiner Facebook-Bekannten empfohlen worden bin. Sie bittet mich, ihr mein »Portfolio« zu schicken. Ich reagiere amüsiert: »Äh, also, Portfolio an sich habe ich keins. Auch keine Ausbildung. Ich weiß nicht, ob mein Ururururgroßvater als Referenz taugt. Er war Hofmaler bei einem Herzog. Oder meine unzähligen schlaflosen Nächte mit Bob Ross vorm Fernseher?« Smiley. Sie bittet mich, ihr Fotos von meinen Bildern zu schicken. Und macht mir dann tatsächlich ein Angebot: Gegen eine dreistellige monatliche Gebühr wird sie mich als Malerin betreuen und meine Bilder ausstellen. Ich kann es kaum fassen, aber es tut mir so gut.

Um es kurz zu machen: Nach einem Vierteljahr hängen die ersten Bilder in ihrer Galerie an der Friedrichstraße, keine schlechte Adresse. Wiederum einige Monate später habe ich meine erste Solo-Ausstellung bei ihr. Zu der Vernissage, zu der ich alle meine Bekannten aus Berlin und Umgebung eingeladen habe, sind nur wenige andere Gäste gekommen. Ich verkaufe ein Bild. Die Käufer lieben es und schwärmen: »Es passt von den Farben her so gut zu unserem Sofa.« Schluck.

Es folgt ein verrücktes Jahr, ich male wie eine Besessene. Die Galeristin meldet mich für die Teilnahme an Ausstellungen in Zürich, Salzburg, Hamburg, Hongkong und München an, die Kuratoren hätten meine Bilder ausgewählt, natürlich sei eine Unkostenbeteiligung nötig.

Voller Stolz besuche ich im Frühjahr 2019 den Galeriestand bei der ARTMUC auf der Praterinsel in München. Ich habe Siegfried und drei Freundinnen dabei. Ziemlich bedröppelt stehen wir vor unserem »Stand«. Es ist eine Wand in einem Nebengebäude, an der Bilder aller Galeriekünstler in schlechtem Licht Kante an Kante neben- und übereinandergehängt sind. Ich teile der Galeristin meine Enttäuschung mit, sie schiebt es auf ihre unfähige Assistentin.

Doch der Traum von der großen Künstlerin verblasst. Irgendwann sitze ich mit Malerinnen, die von derselben Galeristin vertreten werden, vor einer Ausstellung in Berlin zusammen. Wir erzählen uns gegenseitig unsere Erfahrungen und erkennen gemeinsam ihr Geschäftsmodell: Dafür, dass sie unsere Bilder ausstellt, müssen wir alle eine Menge Geld bezahlen. Verkäufe sind dagegen sehr selten. Sie hat sehr geschickt jeder von den Wahnsinnserfolgen der anderen erzählt. Inzwischen weiß ich: »Vanity Galleries« nennt man solche Galerien, die sich nur mit den Abgaben der Künstler und Künstlerinnen finanzieren, aber in der Kunstwelt überhaupt kein Renommee haben.

Anfangs fühle ich mich sehr gedemütigt, als ich erkenne, dass ich nicht nur sie, sondern auch meine Eitelkeit finanziert habe. Es tut weh, mir das einzugestehen. Ich kündige sofort bei der Galerie, lasse meine Bilder abholen. Ich male noch ein bisschen weiter, eröffne einen kleinen Shop im Internet und verkaufe ab und zu ein Bild – vorwiegend an Fans.

Doch die Fülle der bemalten Leinwände, die sich in meinem Keller stapeln, erdrückt mich. Warum soll ich weitermalen, wenn das nächste Bild eh wieder im Keller endet? Kurzentschlossen rufe ich eine frühere Seminarteilnehmerin an, von der ich weiß, dass sie in einer Kurklinik arbeitet, und frage, ob sie dort leere Wände hätten, die bunte Bilder vertragen könnten. Ich schenke der Klinik 50 Bilder, die Mitarbeiter freuen sich. Die Last auf meinen Schultern schrumpft und das Thema Malen rückt wieder in den Hintergrund.

Heute male ich ab und zu mal mit meinen Enkelkindern, das macht uns Spaß. Und ich freue mich, wenn ich meinen Malschrank öffne und die wunderbaren bunten Farbtuben anschaue. Aber ich empfinde keine Sogwirkung mehr. Ich bin sehr dankbar, dass Malen meine Therapie in einer sehr schweren Lebenssituation gewesen ist. Und dass die Aufregung und Freude über meinen vermeintlichen Erfolg ein Lichtblick in den letzten zwei schweren Jahren waren, die Siegfried noch zu Hause war. Und ich kann heute guten Gewissens sagen: Letztendlich habe ich es für mich getan.

LICHTBLICKE SCHAFFEN

Hast du auch manchmal das Gefühl, dass du zu viel für andere und zu wenig für dich selbst tust? Dann überleg dir: Was kannst du für dich tun?

◇ Was wolltest du schon immer mal oder wieder mal machen?
◇ Was macht dir Spaß?
◇ Was bringt dir Energie?
◇ Worin kannst du dich versenken und die Zeit vergessen?

Wenn du schließlich etwas gefunden hast, womit du dich aus dem Alltag oder gar aus einer Stresssituation herausnehmen kannst, dann packe es direkt an: Buche einen Tanzkurs, Bestell Ton zum Töpfern, mach allein oder mit einem lieben Menschen eine Bergwanderung … Selbstfürsorge nennt man dieses Bemühen, sich um sich selbst zu kümmern, damit es einem gut geht. Nur dann können wir auch für andere Menschen da sein, ohne auszubrennen.

RATZFATZ AUS DER KRISE

»Es wird mir alles zu viel. Ich kann nicht zum Geburtstag meiner Freundin fahren. Ich verliere drei ganze Tage. Wie soll ich meine Arbeit schaffen. Und ich kann Siegfried nicht so lange allein lassen. Wer weiß, ob Frau Yilmas das allein hinkriegt. Und wenn er ständig nach mir fragt? Wenn er wieder unruhig wird und wegläuft? Das geht gar nicht.« Ich rufe panisch meine Fahrkarte in der DB-App auf. Stornieren, sofort stornieren. Zack, weg. Au Mann, das Hotel muss ich auch absagen. Wo ist die Bestätigung? Scheiße, wo kann man da stornieren? Manno. So, weg.« Ich merke, wie sich meine Gedanken überschlagen, mein Körper vor lauter Anspannung verkrampft.

Wenn ich an diese Zeit zurückdenke, spüre ich immer noch den Stress in meinen Knochen. Ich war verantwortlich für ein Büro mit sieben Mitarbeitenden. Meine Aufträge brachten den Umsatz, den wir brauchten, um den Laden am Laufen zu halten. Ich konnte nicht zu Hause bleiben. Aber auf meine Reisen konnte ich Siegfried auch nicht mehr mitnehmen, da seine Demenz mittlerweile zu weit fortgeschritten war. Ich hatte eine Demenzassistentin, die sich kümmerte, wenn ich unterwegs war. Aber Siegfried war uns in letzter Zeit öfter entwischt. Er war mit dem Fahrrad quer durch die Stadt gefahren und hatte die Orientierung verloren. Die Polizei hatte ihn mehrfach aufgegriffen, weil er hilflos an einer Kreuzung gestanden hatte und Passanten auf ihn aufmerksam geworden waren. Wenn ich unterwegs war, war ich in ständiger Sorge, wieder eine solche Horrormeldung zu bekommen.

Wie an einem Nachmittag in Hamburg. Ich sollte um 19 Uhr einen Vortrag in der Uni halten. Als ich nach der Ankunft am Flughafen um 16.30 Uhr mein Handy wieder anschaltete, piepte es pausenlos. Diese Nachrichten hatte ich auf dem Anrufbeantworter: »Frau Asgodom, Siegfried ist verschwunden. Ich warte seit einer Stunde auf ihn.« – »Polizeidirektion. Wir haben eine Vermisstenanzeige bekommen, wissen Sie, wo Ihr Mann sich aufhalten könnte?« – »Ich habe die Polizei informiert. Siegfried ist immer noch nicht zurück.« – »Sabine, hier ist dein Schwager. Ich habe einen Anruf bekommen, dass Siegfried gesucht wird. Bei uns ist er nicht. Kümmerst du dich?« – »Eine Streife hat Ihren Mann am Olympiapark aufgegriffen. Holen Sie ihn bitte hier ab.« – »Frau Asgodom. Ihr Sohn hat Siegfried bei der Polizei abgeholt. Er ist wohlbehalten zu Hause.«

Eine halbe Stunde saß ich auf der Bank vor dem Gepäckband am Flughafen Hamburg und konnte nicht mehr aufstehen. Schließlich rappelte ich mich auf und fuhr zu meinem Hotel. Um 19 Uhr stand ich auf der Bühne des Auditoriums und begann meinen Vortrag.

Schon beim Schreiben dieser Zeilen spüre ich wieder die Anspannung der vergangenen Erfahrung. Dabei lebt Siegfried schon seit drei Jahren in einer geschlossenen Demenzabteilung in einem sehr guten Pflegeheim hier in München. Aber in Stresssituationen habe ich noch lange überreagiert, wenn etwas Unvorhergesehenes geschah. Ich habe dann Reisen kurzerhand abgesagt, Verabredungen in letzter Minute gecancelt, Konzertkarten verfallen lassen.

Inzwischen habe ich ein Mittel, um solche Anfälle von Kopflosigkeit sehr schnell in den Griff zu kriegen. Ich habe meine »Ratzfatz-Karten«. Der Anstoß kam von einer Therapeutin, sie nannte Kurzschlusshandlungen in Momenten der Überforderung »Ratzfatz-Entscheidungen«. Ratzfatz wie »schnell, schnell« oder »los, mach sofort was«.

Mich beruhigte dieser Begriff sofort. Und aus meiner Erfahrung als Coach entwickelte ich für mich selbst die Ratzfatz-Karten. Also Karten, die mir helfen konnten, mich nicht in unangebrachte Aktivitäten zu stürzen. Meine Karten, die ich wie in einem Kartenspiel mischen kann, tragen verschiedene Handlungsanweisungen und sagen mir, was ich tun soll, *bevor* ich überstürzt und kopflos agiere oder reagiere. Hier ein paar Ratzfatz-Beispiele: Erst Elke anrufen!

Einatmen und Ausatmen! Aufstehen, streck dich! Ruf die Kinder an! Trink ein Glas Wasser! Zähle langsam bis 50! Mach dir einen Tee! Lass dir von Heidi helfen! Schau dir das schöne Bild deiner Enkel an! Schreib kurz auf, worum es geht! Hör einmal »Stairway to Heaven«! Was würde Siegfried dir raten? Geh einmal um den Block!

Übrigens: Seit ich diese Karten habe, brauche ich sie schon nicht mehr. Denn erstens erkenne ich sofort, wenn ein Ratzfatz-Moment droht. Also wenn ich kurz vor einer Überreaktion stehe. Und zweitens werden die Momente immer seltener. Das Sorgengedächtnis in meinem Körper verblasst langsam, ich bin wieder überlegter und gelassener geworden. Das ist sicher auch das, was Siegfried mir heute raten würde, wenn er könnte.

KARTEN GEGEN KOPFLOSIGKEIT

Kennst du solche Momente, die dich total aus der Ruhe bringen, in denen du irrational reagierst? Dann stell dir deinen eigenen Ratzfatz-Kartensatz zusammen mit Ideen, wie du den Handlungsimpuls unterbrechen und so schnell wieder klare Gedanken fassen kannst. Lass dich gern von meinen Beispielen inspirieren. Zieh in Ratzfatz-Momenten eine Karte aus dem Stapel. Wenn du unterwegs bist, kannst du das auch einfach in deiner Vorstellung tun, du kennst ja deine Karten.

DAME DES HERZENS

»Herr Brockert, schauen Sie, wer da ist, Ihre Frau!« Die Pflegerin bringt mich in den Garten, wo Siegfried mit einer Mitbewohnerin Hand in Hand sitzt. Er schaut auf und scheint verwirrt. »Hallo, mein Schatz«, begrüße ich ihn und gebe ihm einen Kuss. Jetzt ist er völlig durcheinander. Er schaut zwischen mir und der anderen Frau hin und her. Dann gewinnt für einen Moment die Fassade, die er sich über Jahre aufgebaut hat, die Oberhand. »Ach, schön, dich zu sehen! Wie geht's denn so? Was macht die Arbeit?« Ich erzähle ein bisschen von meiner letzten Reise, grüße ihn von den Kolleginnen. Er nickt freundlich. »Und, was macht die Liebe?«, fragt er mich. Äh, ich weiß kurz nicht, was ich sagen soll. Dann lächle ich: »Bei der bin ich gerade. Siegfried, du bist meine große Liebe.« Er schaut durch mich durch und versteht nichts. Plötzlich rafft er sich auf, wendet sich seiner Nachbarin zu, die ganz still dasitzt, lächelt sie an und sagt dann zu mir: »Darf ich dir die Dame meines Herzens vorstellen?«

Mich trifft ein Messer mitten ins Herz. Wie hypnotisiert gebe ich der Frau die Hand. Evelyn heißt sie, wie ich später erfahre. Ich weiß nicht mehr, was ich mit ihnen rede, nach einer halben Stunde verabschiede ich mich. Die stellvertretende Stationsleiterin fängt mich vor dem Ausgang ab. »Die Evelyn tut ihm gut. Die beiden laufen den ganzen Tag Hand in Hand durch die Gänge und den Garten. Und öfter schlafen sie auch in einem Bett. Aber das hat nichts mit Ihnen zu tun. Das passiert öfter bei Dementen, sie vergessen, dass sie verheiratet sind.«

Ich weiß. In fast allen Büchern über Demenz wird das immer wieder beschrieben. Aber das ist doch was anderes! Ich fahre mit dem Taxi nach Hause. Dann sitze ich stundenlang regungslos auf dem Balkon. Ich kann keinen klaren Gedanken fassen. Nachts wälze ich mich schlaflos im Bett. »Dame meines Herzens.« Das hat Siegfried früher immer zu mir gesagt. Meine Welt geht unter.

Am nächsten Morgen gehe ich ins Büro, das heißt, ich versuche, ins Büro zu gehen. Es sind normalerweise fünf Minuten von mir zu Hause. Heute Morgen brauche ich ewig. Wie in Zeitlupe setze ich einen Fuß vor den anderen. Dann muss ich wieder stehen bleiben, weil ich keine Kraft mehr habe. »Ich kann nicht mehr«, wimmere ich vor mich hin und stütze mich an einem Laternenpfahl ab. Mit letzter Kraft schleppe ich mich die Treppe zum Büro hinauf.

Mein Sohn und meine Tochter springen auf, als ich die Tür zu ihrem Büro aufmache. »Mami, was ist passiert? Ist was mit Siegfried?« »Schlimmer«, flüstere ich. »Mein Herz ist gebrochen.«

Das ist schon verrückt, mein Verstand hat wie immer Erklärungen parat. »Er weiß doch nicht mehr, wer du bist, er macht das doch nicht extra. Und denk doch daran, wie schön es ist, dass er jemanden hat, mit dem er gern zusammen ist. Da fühlt er sich nicht so allein.« Aber das Herz wiederholte immer nur das eine: »Ich war die Dame seines Herzens. Was bin ich jetzt?«

Ein Jahr habe ich gebraucht, um aus dieser tiefen Traurigkeit wieder herauszukommen. »Broken-Heart-Syndrom« nannte meine Therapeutin meinen Zustand. Während der ersten drei, vier Sitzungen habe ich nur geweint. Dann konnte ich nach und nach über uns, über ihn, über mich sprechen. Irgendwann habe ich eine Entscheidung getroffen: Ich habe mich entschlossen, ihn nicht mehr zu besuchen.

Siegfried wartete nicht auf mich, er vermisste mich nicht, er kannte mich nicht mehr. Er lebte mit Evelyn zusammen wie ein Ehepaar, in allen Beziehungen. Das Heim hatte schon angefragt, ob sie sein Bett in ihr Zimmer schieben dürften, weil er fast jede Nacht auf dem Boden neben ihr geschlafen hatte. Bei den wenigen Besuchen, die ich mir noch zumutete, hatte ich das Gefühl, dass ich ihn jedes Mal verwirrte und unglücklich machte.

Langsam kehrte mein Lebenswille zurück. Ich begann Stunden bei einem Fitnesstrainer zu nehmen, der mir half, meine Kraft zurückzugewinnen. Nach einem Vierteljahr konnte ich wieder länger als eine halbe Stunde ohne Knie- oder Rückenschmerzen spazieren gehen. Meine Kinder holten mich zu fröhlichen Familientagen ab. Ich freundete mich mit einer Nachbarin aus dem Haus an, wir spielten einmal in der Woche Scrabble. Die meisten Aufträge waren während der Coronazeit verschoben, sodass ich wirklich Zeit zur Regenerierung hatte.

Heute kann ich sagen, es geht mir gut. Ich habe mich ans Alleinsein gewöhnt, an Siegfried denke ich mit großer Dankbarkeit. Ganz oft fällt mir einer seiner vielen klugen Sprüche ein und ich zitiere ihn gern bei meinen Vorträgen. Ich hatte sogar schon zwei Dates mit netten Herren. Aber da ist er doch noch zu tief in meinem Herzen. Sie hatten keine Chance.

REDEN MIT PROFIS

Wenn das Herz physisch verletzt ist, gehen wir zum Kardiologen, der uns helfen kann. Wenn das Herz psychisch verletzt ist, sollten wir ebenfalls professionelle Hilfe suchen. Denn »Reden hilft«, habe ich von Siegfried gelernt. Und es stimmt.

SICHERHEIT IN DOSEN

»Kinder, kommt mal, Auto ausräumen!« Neugierig rennen meine Brüder und ich nach draußen. Unsere Eltern haben einen Großeinkauf gemacht: Zucker, Mehl, Margarine, Nudeln, Reis, mehrere Taschen mit Corned-Beef-Dosen und ein Viertelzentnersack Haferflocken. »Unsere Jungens essen wie die Scheunendrescher«, sagen meine Eltern immer. Wir schleppen alles in den Keller neben die Regale mit dem eingemachten Obst, den Gläsern mit sauren Gurken, Kürbis, Bohnen und Massen an Marmelade.

Hatte das mit den Nachrichten von gestern zu tun? Seit ich in die Schule gehe, darf ich abends die Tagesschau gucken. Meine Eltern legen Wert darauf, dass wir Kinder das Weltgeschehen wahrnehmen. Und da waren diese Bilder von Schiffen und Raketen. »Sowjetische Schiffe auf dem Weg nach Kuba«, erinnere ich mich. Und wie besorgt meine Eltern sich angeschaut haben.

Da ich ein 1953er-Jahrgang bin, habe ich als Kind mehrfach erlebt, dass meine Eltern vom dritten Weltkrieg redeten: Nicht nur bei der Kubakrise 1962, wo die Welt laut Aussagen von Historikern wirklich kurz vor einem Atomkrieg stand, sondern auch als 1961 die Mauer gebaut wurde oder als die Russen 1968 in die Tschechoslowakei einmarschierten. Und ich erinnere mich, wie meine Mutter am Abend des 22. November 1963 mit Tränen in den Augen ins Badezimmer kam, wo ich gerade Zähne putzte, und schluchzte: »Kennedy ist in Dallas ermordet worden. Wie wird es nur weitergehen?«

Diese Geschichten erzähle ich meinen Kindern, als sie im Sommer 2020 über die angehäuften Vorräte erstaunt sind, die ich zu Beginn der Coronakrise eingekauft habe: Zucker, Mehl, Öl, Nudeln, Reis, Knäckebrot, Nüsse, Hafermilch, Obstkonserven, Tomatendosen, Marmelade. »Das reicht für uns alle für einige Zeit«, sage ich großmütig und: »Man weiß doch nicht, wie es weitergeht.« »Pass auf, dass du nicht zum Prepper wirst«, witzeln sie. »Na, hört mal, von diesen Untergangsfreaks, die in Bunkern und Höhlen Notbetten und Vorräte anlegen, bin ich ja wohl weit entfernt.« Und ich sage ihnen nicht, dass ich mir im Internet einen Campingkocher, Campinggas und einige Fünf-Liter-Flaschen Wasser bestellt habe. »Vorsicht ist die Mutter der Porzellankiste«, hieß es früher in meiner Familie.

Als ich zwei Monate nach Beginn des Ukrainekriegs 2022 meine Vorräte wegen der Angst vor Energieknappheit mit Knäckebrot, Batterien und Kerzen auffülle, necken sie mich nicht mehr. Aus Anlass der Energiekrise kam übers Radio ein Aufruf des Katastrophenschutzbeauftragten an die Bevölkerung, dass es klug wäre, sich einen Vorrat an Lebensmitteln und unter anderem an Batterien anzulegen – einfach nur so zur Sicherheit. Ich bin versorgt. Ich kenne es nicht anders.

Ich habe trotzdem darüber nachgedacht, warum ich so »panisch«, wie vielleicht einige sagen würden, meine Vorratsregale gefüllt habe. Und mir wurde klar: Es hat mich einfach beruhigt. Es hat mir einen Teil der Angst genommen und ein kleines Gefühl der Sicherheit gegeben. Ich weiß, das ist zu einem großen Teil irrational. Aber wenn es mir doch hilft, vor Angst nicht durchzudrehen! Knäckebrot und Marmelade helfen mir, meine Arbeit machen zu können, meinen Enkeln gegenüber Optimismus auszustrahlen und anderen Menschen beizustehen. Und die Hoffnung zu behalten, dass vielleicht alles gar nicht nötig war.

STRATEGIEN GEGEN ZUKUNFTSANGST

Jeder geht anders mit Angst oder Unsicherheit um. Und jeder findet andere Lösungen. Angst zu haben, ist völlig normal, es ist sinnvoll, Strategien gegen sie zu entwickeln, um sie ertragen zu können. Stell dir erst mal folgende Fragen:

◇ Wie reagiere ich auf eine vermeintliche oder echte Bedrohung?
◇ Was genau macht mir Angst?

◇ Was kann mich beruhigen?
◇ Wie kann ich mir selbst helfen?
◇ Wer kann mir beistehen?

Nach meiner Erfahrung wird die Angst schon allein dadurch kleiner, dass ich sie mir anschaue, sie benennen kann und mit jemandem darüber rede. Dann wird mir vielleicht auch klar, wie berechtigt oder irrational sie ist. Und dann kann ich die passende Vorsorge treffen.

Einen sehr beruhigenden Satz hat übrigens die Großmutter einer Freundin immer gesagt: »Kein Leid vor der Zeit.« Diese Großmutter hatte zwei Kriege, Vertreibung und Flüchtlingselend selbst erlebt. Für mich bedeutete dieser weise Spruch immer: Mach dich nicht schon verrückt, bevor überhaupt etwas Schlimmes für dich eingetroffen ist. Lass dich nicht von der Angst vor einer vermeintlichen Bedrohung überwältigen.

REDEN WIR DARÜBER

»Schmatz« macht der Schlitz, als er meine Bankkarte schluckt. Ich starre den Bankautomaten an. »Scheiße!« Ich trete hinaus auf den Marienplatz. Dort herrscht fröhliches Treiben, viele Touristen sind in der Stadt, Menschen mit vollen Einkaufstüten streben zur U-Bahn. »Scheiße.« Jetzt ist es so weit, denke ich, jetzt bricht alles zusammen.

Seit Monaten habe ich meinen Dispo voll ausgereizt, unser Geld reicht hinten und vorne nicht. Ich habe zwar wieder einen Job, nachdem ich ein Jahr arbeitslos war, aber die Miete ist schon wieder gestiegen, die Kinderfrau für meine Tochter kostet Geld. Und mein Mann hat immer noch keine Arbeit. Ich werde wütend – wütend auf ihn, der mich mit der Verantwortung für die Finanzen alleinlässt, der ständig etwas verspricht und nie hält. Ich bin wütend auf mich, weil ich mir das alles gefallen lasse. Und vor allem bin ich wütend auf die Bank.

Drei Tage später kommt dieser Brief: »… kündigen wir Ihnen mit sofortiger Wirkung das Konto und bitten um umgehenden Ausgleich des Dispokredits.« Ich bekomme einen hysterischen Lachkrampf, der in einen Heulkrampf übergeht. Ich fühle mich so furchtbar allein. Dann kommt der Gedanke: »Aber das dürfen die doch nicht, die können doch nicht einfach …« Ich verfasse ein Antwortschreiben: »Sie verdienen doch Unmengen an Zinsen durch mich …« Die Bank antwortet: »Auf solche Kunden wie Sie möchten wir verzichten.« Bäm.

Am nächsten Tag arbeitet mein Hirn wieder. Was mache ich bloß? Wer kann mir helfen? Wen kenne ich, der mir helfen kann? Dann rufe ich Andreas an. Ich kenne Monika und Andreas von der Kinderhilfsorganisation Terre des Hommes, in der Münchner Ortsgruppe engagiere ich mich seit einiger Zeit für Kinder in Not, und dort haben wir uns angefreundet. Soweit ich weiß, arbeitet er bei einer bayerischen Bank. Wir verabreden uns bei ihm im Büro. Und dort lege ich alle Fakten auf den Tisch, schildere unsere desolate Finanzsituation, unterbrochen von Tränenströmen, und bitte ihn um Hilfe.

Und das Wunder geschieht: Andreas ist bereit, mir ein Konto einzurichten und uns einen Kredit zu geben, damit wir die Schulden bei der anderen Bank abzahlen können. »Hast du jemanden, der für dich bürgen kann?« Ich schüttle den Kopf. Er überlegt lange und dann geschieht das Wunderbarste: Er wird für meinen Kredit bürgen. Er nimmt das Risiko auf sich, obwohl wir uns gerade mal ein paar Monate kennen und er von meiner schwierigen Situation mit meinem Mann weiß. Und er gibt mir den Rat: »Wenn du Probleme hast, steck den Kopf nicht in den Sand. Melde dich sofort bei mir, dann können wir gemeinsam über Lösungen reden.«

Ich habe Andreas nicht enttäuscht. Ich habe meine Raten pünktlich gezahlt, den Dispo eingehalten. Wenig später habe ich eine neue Stelle bekommen, etwas mehr verdient. Als er drei Jahre später Filialleiter bei einer anderen Bank wurde, bin ich mit ihm dorthin umgezogen. Als ich mich selbstständig gemacht habe, habe ich dort mein erstes Geschäftskonto eröffnet. Andreas hat in der Bank weiter Karriere gemacht, heute ist er wahrscheinlich längst pensioniert. Danke, Andreas.

REDENSARTEN FÜR DIE HOFFNUNG

Sie klingen so banal, diese Sprüche, die wir alle kennen, aber in tiefer Not haben sie mir immer wieder geholfen:

◇ Aufgeben ist keine Alternative.
◇ Bleib in Bewegung.
◇ Tu was, probier was, riskier was.
◇ Wenn du denkst, es geht nicht mehr, kommt von irgendwo ein kleines Lichtlein her.
◇ Steck den Kopf nicht in den Sand.
◇ Auch die längste Nacht endet mit der aufgehenden Sonne.
◇ Bitte, so wird dir gegeben.

Überlege dir, welcher dieser Sätze dir am meisten Zuversicht gibt. Schreib ihn auf und häng ihn an eine Stelle, an der du ihn regelmäßig siehst. So kann dein Bewusstsein ihn aufnehmen – und er fällt dir sofort ein, wenn du ihn brauchst.

SCHICKERIA UND SCHIKANE

»Ja, sind Sie wahnsinnig?« Mein Chefredakteur tobt. Ich bin völlig ratlos. Was habe ich getan? »Entschuldigung, ich weiß nicht …?« »So geht das nicht!« Schlotternd sitze ich vor seinem gewaltigen Schreibtisch. Ich bin mir keiner Schuld bewusst. Seit zwei Monaten arbeite ich jetzt bei der tz, einer politisch konservativen Boulevardzeitung in München. Aber so wütend habe ich ihn noch nie erlebt.

Eigentlich wollte ich nach der Journalistenschule nach Berlin. Es war mein Traum, als Redakteurin beim Spandauer Volksblatt zu arbeiten. Die Zeitung galt Anfang der 1970er-Jahre als kritisch, linksliberal, engagiert und mutig. So sah ich mich mit 19 Jahren auch. Ja, und dann verliebte ich mich und konnte mir nicht vorstellen, von München wegzugehen. Während der Ausbildung hatte ich ein Praktikum bei der tz gemacht. Und als der Lokalchef mir nach meinem Abschluss eine Stelle anbot, nahm ich sie an.

Meine alten Schulfreunde waren entsetzt – was war aus der ambitionierten, jungen Frau geworden, die als Journalistin die Welt verändern wollte? Ich kannte mich selbst auch nicht mehr. Ich war in einem emotionalen Labyrinth gefangen. Wie eine Ertrinkende hatte ich mich an Teferi, einen politischen Flüchtling aus Eritrea, geklammert. Ich war total abhängig davon, ob er sich bei mir meldete (unregelmäßig), ob wir uns trafen (hing von ihm ab), wie er gelaunt war (oft abwesend), ob er mich liebte (ungewiss), ob er sich mit anderen Frauen traf (offensichtlich). Und mein einziges Streben war, ihn ganz für mich zu haben. Er war mein Strohhalm in einer fremden Stadt ohne Freunde, in einer verstörenden Gesellschaft der Erfolgreichen und Schönen, in der ich mich absolut fremd fühlte.

Daneben verblasste der journalistische Ehrgeiz, ich hatte schlicht keine Kraft übrig, mich zu profilieren oder engagieren. Außerdem musste ich Geld verdienen. Schnell. Während der Ausbildung hatte ich von meinen Eltern und, nachdem mein Vater gestorben war, von meiner Mutter 250 Mark im Monat geschickt bekommen. Schon damals in München nicht genug zum Leben. Allein 90 Mark musste ich für die Miete eines schäbigen möblierten Zimmers in der heruntergekommenen Villa einer alten Dame zahlen. Das Klo musste ich mit einer Mitbewohnerin teilen, und es gab nur ein Waschbecken mit kaltem Wasser. Zum Duschen fuhr ich ins Nordbad.

Da war das Anfangsgehalt als junge Reporterin natürlich verführerisch: 1480 Mark! Und diesen Job wollte ich nicht verlieren. Deshalb wartete ich angstvoll auf die Erklärung meines Chefredakteurs, warum er so wütend auf mich war.

»Wir haben einen Beschwerdebrief der Bayerischen Schumacher-Innung bekommen!«

Ich schaute ihn verständnislos an.

»Sie haben in einer Meldung über deren Innungsversammlung von Schustern geschrieben.«

»Jaaa?«

Er polterte los: »Ja, Kruzifix! Das heißt Schuhmacher! Schuster ist eine Beleidigung.«

»Aber bei uns in Niedersachsen heißen die Schuster.«

»Und in Bayern heißen die Schuhmacher, verstanden? Ich habe der Innung versprochen, dass Sie morgen zur Versammlung gehen und sich dort ganz offiziell entschuldigen.«

Ja, und das habe ich dann auch gemacht. Es war einer der demütigendsten Auftritte in meinem Leben. Brav habe ich dann anschließend gelernt, dass ein Junge Bub heißt, dass man »jetzt« statt »nun« schreiben musste und dass ein Auto in Bayern nie gegen eine Bordsteinkante stößt, sondern wenn, dann an einen Randstein.

Trotzdem habe ich durchgehalten, privat und beruflich. Privat: Ich wohnte inzwischen mit Teferi zusammen. Mehrmals war ich kurz davor, mich wieder von ihm zu trennen, aber habe den Entschluss immer wieder zurückgezogen. Beruflich: Der Lokalchef der tz nahm mich unter seine Fittiche und traute mir nach und nach größere Reportagen zu. Als eine Kollegin in den Elternurlaub ging, übernahm ich für ein Jahr die Stelle der Gerichtsreporterin. Und die letzten drei Jahre bei der tz war ich Rathausreporterin. Da war ich wieder auf meinem Weg. Ich war inzwischen engagierte Gewerkschafterin und Betriebsrätin und hatte an Selbstvertrauen gewonnen.

Ich schrieb Reportagen über Miethaie und Umweltverschmutzer. Ich führte ambitionierte Interviews mit Politikern und den wenigen Politikerinnen, die im Münchner Rathaus eine Rolle spielten. Ich schrieb kritische Kommentare – die dann 1979 zu meiner Kündigung führten. Eben jener Chefredakteur hatte eigenmächtig, ohne mich zu informieren, immer wieder Kommentare, über denen mein Name und mein Foto prangten, bis zur völligen Verkehrung umgeschrieben.

Ich habe einen Durchschlag meines Kündigungsbriefs aufgehoben (den ich übrigens mit meiner kleinen Reisemaschine geschrieben hatte). Er hat jeden Umzug überstanden, er gehört quasi zum »Kronschatz«. Und wann immer ich ein bisschen verzagt gewesen bin, habe ich ihn mir durchgelesen. Am besten gefällt mir mein Schlusssatz: »Das Arbeiten hier macht keinen Spaß mehr. Und ich glaube, um eine lockere, kreative Arbeit zu leisten, muss man Spaß haben.« So ist es.

ES MUSS NICHT BLEIBEN, WIE ES IST

Drei wichtige Schlüsse habe ich aus dieser Lebensphase gezogen. Da sicher viele Menschen vergleichbare Situationen kennen, teile ich diese Erkenntnisse hier gerne mit dir:

◇   Wenn wir etwas lange nicht verändert haben, obwohl es uns schlecht damit ging, dann hatte es immer einen Grund. Es ist spannend, diesen herauszufinden. Was wurde mir in meiner Kindheit eingetrichtert? Was war in der Ursprungsfamilie völlig »normal«? Wann hieß es: »Das tut man nicht.«? Mit dieser Erkenntnis können wir unseren eigenen Verhaltenskodex aufstellen.

◇ Es kann sein, dass wir etwas noch nicht können. Doch das ist kein Zustand fürs ganze Leben. Wir sind erwachsene Menschen und können alte Verhaltensmuster durchbrechen. Wenn du es bisher nicht geschafft hast, Sport zu machen, kannst du dich entscheiden, ab sofort aktiv zu werden. Wenn du Konflikte gescheut hast, kannst du ab sofort entscheiden, dich einzumischen oder dich zu wehren. In unendlich vielen Coachings habe ich erlebt, dass allein diese Entscheidung eine Veränderung bringen kann.

◇ Statt zu sagen: »Ich bin halt so!«, ist es sehr viel klüger, eine andere Formulierung zu wählen. Wenn wir zum Beispiel sagen: »**Bisher** war ich so«, schaffen wir die Öffnung für ein neues, gesünderes Verhalten. »Bisher habe ich gedacht, ich schaffe das ja sowieso nicht. Ab jetzt ist mein Ziel, es zu schaffen.« »Bisher habe ich meinen Ehrgeiz immer gezügelt. Ab jetzt werde ich mich bemühen, Teamleiterin zu werden.«

GRIECHISCHE TRAGÖDIE

Ich sitze weinend auf einem Mäuerchen vor dem Eingang zur Anlage von Epidauros. Ich verzichte auf die Besichtigungstour dieses alten griechischen Theaters. Mein Knie schmerzt, meine rechte Wade ist steinhart. Ich kann keinen Schritt mehr gehen. Ich werde hier auf meine Reisegruppe warten. Der Kioskbesitzer am Eingang schaut immer wieder zu mir rüber. Ist mir auch egal.

Plötzlich verlässt er seinen Kiosk, an dem er frische Säfte und Snacks verkauft, kommt zu mir geschlendert, schaut mich mitleidig an und fragt: »Where do you come from?«

Ich wische mir die Tränen ab und antworte: »Germany.« Er: »Hannover?« Äh, irgendwie ja, ich nicke.

»Lady from Hannover, do you want a coffee?«

»Äh, yes«, sage ich zögerlich.

Er läuft zum Restaurant, circa 50 Meter entfernt, und kommt nach fünf Minuten mit einem Cappuccino zurück. »For the lady of Hannover.«

Ich greife zu meiner Tasche, um zu zahlen. Er schüttelt den Kopf. »Present.«

Jetzt heule ich richtig.

Es ist nicht nur das Knie, nicht nur die Wade, die mich quälen. Es ist tiefe Einsamkeit, auf meiner ersten Reise ohne meinen Mann. Verstärkt wird sie durch all die älteren Ehepaare, mit denen ich unterwegs bin. Vier jüngere Alleinreisende haben schnell zusammengefunden und sitzen bei den Mahlzeiten etwas abgesondert an einem Vierertisch. Für sie gehöre ich zu den Alten.

Und die Gespräche der Ehepaare machen mich fertig: »Letztes Jahr waren wir …« und »Nächstes Jahr wollen wir …«, »Da haben wir erlebt …« Das »Wir« macht mich fertig. Ich kann es nicht mehr hören. Meistens gehe ich gleich nach dem Essen auf mein Zimmer, sitze in der lauen Abendluft auf dem Balkon und weine vor ziehender Einsamkeit in meinem Herzen. Ich hatte so ein wunderbares Wir. Verloren.

Jetzt sitze ich auf meinem Mäuerchen, trinke meinen Cappuccino und bin irgendwie getröstet. Die Luft ist an diesem Septembermorgen noch mild, Vögel zwitschern, zwei schwarzweiße Katzen klettern wie Leoparden durch einen Baum.

Ich habe mich schon zu Beginn meiner Griechenlandrundreise völlig übernommen. Trotz starker Knieschmerzen, die ich einem Sturz aus einem Bürostuhl verdanke, und obwohl jeder Schritt eine Tortur war, habe ich mich am ersten Tag drei Stunden lang über die Akropolis geschleppt. Die steilen Treppen ohne Handlauf konnte ich allein weder hoch- noch runtersteigen. Zwei ältere Herren aus der Gruppe haben sich als Gentlemen erwiesen und mir abwechselnd Hand oder Arm gereicht.

Ein etwa 80-Jähriger hat es besonders gut gemeint und mich beim Einsteigen in den Bus von hinten immer das steile Treppchen hinaufgeschoben, beide Hänge kräftig auf meinem Po. Es hat wirklich geholfen, bis offensichtlich seine Ehefrau interveniert hat. Jetzt schaut er mich jedes Mal entschuldigend an, wenn ich mich allein die Stufen hinaufhieve.

Im Archäologischen Museum in Athen habe ich mich von Hocker zu Hocker geschleppt – bloß sitzen –, während die Reisegruppe von Statue zu Statue gezogen ist. Durch den Kopfhörer habe ich wenigstens die Erklärungen der Reiseleiterin mitbekommen. Ja, interessant.

In Delphi bin ich gleich im Hotel geblieben und habe am Pool liegend den Reiseführer gelesen. »Erkenne dich selbst« steht am Tempeleingang. Ich habe schon wieder geweint. Wegen dieser Inschrift habe ich eigentlich diese Reise gebucht. Die alten Griechen und vor allem ihre Götter und Göttinnen haben mich immer schon interessiert. Außerdem gibt es einen Familienmythos, dass nämlich ein Urururururgroßvater Hofmaler gewesen sei und sich auf einer Studienreise nach Griechenland in eine Griechin verliebt und sie als seine Frau nach Schlesien gebracht habe »Von der hast du deine griechische Nase«, hat meine Mutter immer gesagt.

Während meine Reisegruppe also den »Nabel der Welt« besichtigt, wie Delphi in der Antike genannt wurde, lasse ich mich massieren, vielleicht hilft's ja. Theodorus, der Masseur, erzählt, dass am Morgen ein leichtes Erdbeben in der Ägäis war. »Das sind wir Griechen gewöhnt, darüber machen wir uns keine Gedanken.«

»Das ist also Einstellungssache«, denke ich. Warum Gedanken machen, wenn du etwas eh nicht beeinflussen kannst? Du kannst auch Schicksalsschläge nicht verhindern. »Wir sind in der Hand der Götter«, haben die Griechen sich getröstet. »Wir sind in der Hand Gottes«, die Christen. Ich bin ein bisschen neidisch auf Menschen, die sich mit diesem Glauben trösten können.

»Autsch«, rufe ich. Theodorus bearbeitet die schmerzende Wade. Und lässt gleich wieder davon ab. »Die lasse ich lieber in Ruhe«, sagt er. »Und schonen Sie sich. Wenn Sie wollen, können Sie heute und morgen Nachmittag noch mal kommen, dann können wir ein Gerät auflegen, das mit elektrischen Impulsen den Muskel lockert.« Ich habe keine Ahnung, was er meint, aber ich begebe mich in Theodorus Hand, schließlich ist er Physiotherapeut.

Das Gerät macht den Muskel munter, nach zwei Anwendungen lässt der schlimmste Schmerz nach. Das war doch eine gute Alternative zu Sparta, dem nächsten Ausflug, oder? Insgesamt bleiben wir drei Tage in dem schönen Hotel, ich genieße den Pool, den Blick über die von Olivenbäumen bewachsene Landschaft. Ich habe Zeit zu lesen und stoße auf ein Zitat des Dichters Epikur: »Der Mensch braucht Ataraxie, um ein glückliches Leben zu führen.« Ataraxie, finde ich, klingt wie der Schmerz in meinem Wadenmuskel. Es bedeutet aber »Seelenruhe«.

Ich bin so dankbar für dieses Wort. Seelenruhe, ja das ist es, was ich auf dieser Griechenlandreise anstrebe. Die drei Tage Zwangspause haben mich ihr ein Stück nähergebracht. Ich bin mir und meinen Gefühlen wieder vertrauter geworden. Ich habe gemerkt, wie verletzlich ich bin. Und wie traurig. Ich werde aus meiner Schwäche wieder in meine Stärke kommen. Ich habe den Schutz von Siegfried nicht mehr, deshalb werde ich mich selbst schützen. Und ich werde für meine Seelenruhe sorgen. Theodorus sei Dank.

SEELENRUHE (WIEDER-)FINDEN

Wenn dir ein tiefer Schmerz, ein Schicksalsschlag oder auch ein Dauerproblem die Seelenruhe raubt, dann überlege:

◇ Was an der Situation muss ich akzeptieren, weil ich es nicht ändern kann? Schon die Akzeptanz des Unvermeidlichen kann dich etwas beruhigen, und du hörst auf, umsonst gegen Windmühlen anzurennen oder dich immer tiefer in die Trauer hineinzugrübeln.

◇ Was könnte ich tun, um meine Seelenruhe (wieder-)zufinden? Vielleicht würde ein unbezahlter Urlaub helfen? Ein Wochenende mit Freundinnen? Ein Spaziergang im Wald? Lass dich darauf ein, auch wenn es Überwindung kostet.

◇ Wie wird sich mein Leben ändern, wenn ich wieder ausgeglichener geworden bin? Also, wofür lohnt es sich, dass ich aktiv werde?

Beim Thema Seelenruhe fällt mir noch eine Metapher ein: Das Leben ist wie ein Tennisspiel. Wie der Ball beziehungsweise der Schicksalsschlag kommt, das kann ich nicht beeinflussen. Aber wie ich meinen Return spiele, also wie ich reagiere, das liegt ganz bei mir.

Wandel & Veränderung

GEH DOCH ANGELN!

Früher habe ich gedacht: »Männer sind doofe Frauen.« Wenn ich diesen Satz bei meinen Vorträgen gebracht habe, brüllte die eine Hälfte des Publikums vor Lachen, die andere sah mich mit großen Augen an. Na, aber echt. Frauen verstehen sofort, was ich meine, wenn ich ihnen etwas erzähle. Frauen können sich auf alle Situationen einstellen: Arbeit, Haushalt, Partner, Familie. Und dann noch Zeit für »Bauch-Beine-Po«. Männer tun sich so schwer, alle Bereiche ihres Lebens zu vereinbaren.

Seit ich mehr und mehr Männer als Zuhörer, Seminarteilnehmer und im Coaching kennenlerne, umso öfter verkneife ich mir die Bemerkung. Sie sind gar nicht doof, habe ich festgestellt, sie sind nur anders. Und sie haben es auch nicht leicht. Ich würde mich nicht versteigen, Mitleid mit ihnen zu entwickeln. Aber Mitgefühl schon. Hier ein Beispiel:

Nennen wir ihn Thomas. Thomas ist Mitte 40 und Teilnehmer in einem Firmenseminar, in dem Manager lernen sollen, selbst für ihre Entspannung zu sorgen und einem Burn-out vorzubeugen in ihrem meistens sehr anstrengenden Job. Es waren übrigens wirklich Teilnehmer – alles Männer. Thomas guckt die ganze Zeit skeptisch auf seinen Tisch, während ich rede und die ersten Übungen vorstelle. Irgendwann bricht es aus ihm heraus: »Also, ich habe keine Zeit für so einen Quatsch.«

»Was meinen Sie mit Quatsch?«, frage ich.

»Ja, dieses ganze Entspannungsgedöns, und mir was Gutes tun … Ja, klar, würde ich auch gern, aber ich habe für sowas einfach keine Zeit.«

»Wow, ist der wütend«, denke ich. Und frage freundlich: »Was würden Sie denn gern mal wieder tun?«

Thomas runzelt die Stirn, guckt mich erst richtig finster an, überlegt, schüttelt den Kopf und sagt dann: »Ich würde gern mal wieder angeln gehen. Aber ich komme ja abends nicht vor acht, halb neun nach Hause.« Ich sehe einen Hauch Sehnsucht in seiner Mimik.

»Aha, verstanden. Nachtangeln ist also nicht Ihres. Was ist mit den Wochenenden?«

Seine Antwort kommt wie aus der Pistole geschossen: »Am Wochenende geht gar nicht. Die Wochenenden plant immer meine Frau.«

Ich empfinde ein warmes, herzliches Mitgefühl für Thomas. Er arbeitet hart, die wenige Zeit, die er für die Familie hat, steht er ihr zur Verfügung. Wer auf der Strecke bleibt, ist er selbst.

Ich habe eine Idee, wie ich ihm helfen und gleichzeitig den anderen Teilnehmern einen Impuls geben kann. Ich gebe ihm ein leeres Blatt und einen Stift. »Lassen Sie uns mal einen Businessplan für dieses Projekt machen. Schreiben Sie bitte als Überschrift Ihr konkretes Ziel auf.«

Thomas lässt sich tatsächlich darauf ein. Er schreibt in Großbuchstaben: ANGELN GEHEN.

Ich frage: »Wie oft?«

Er schreibt: einmal alle drei Monate. Und ich sehe ein bisschen Hoffnung in seinem Gesicht.

»Jetzt schreiben Sie bitte die Maßnahmen auf, die Sie zum Ziel führen.«

Er schreibt:

- Neue Angelausrüstung kaufen. (Er lächelt das erste Mal an diesem Morgen.)
- Angelschein verlängern.
- Mit meiner Frau reden. (Sein Gesicht verdüstert sich wieder.)

Ich sage: »Das ist eine gute Idee. Schreiben Sie bitte einen Termin dazu: Wann werden Sie mit ihr reden?«

Er ist ein bisschen verwirrt, überlegt und sagt: »Äh, jetzt gleich am Sonntag.«

»Schreiben Sie den Termin dazu. Mögen Sie mir am Montag eine Mail schicken, wie Ihr Gespräch verlaufen ist? Ich gebe Ihnen gern meine E-Mail-Adresse.«

Er nickt verwundert.

»Das stärkt vielleicht Ihre Umsetzungsenergie.«

Er nickt verstehend.

Dann unterschreibt er den Vertrag mit sich selbst.

Am Montag um 8.45 Uhr bekomme ich eine Mail von Thomas: »Liebe Frau Asgodom, vielen Dank. Ich habe mit meiner Frau geredet, und sie hat nur gesagt: ›Geh doch angeln!‹ Außerdem habe ich beschlossen, meine Arbeit so zu organisieren, dass ich öfter früher nach Hause gehen kann.«

Ich freue mich für ihn. Natürlich kann man sagen: Warum hat er das nicht einfach schon früher gemacht? Ich verstehe den Gedanken. Und weiß aus Tausenden von Gesprächen: Weil er nicht früher auf die Idee gekommen ist. Er hat sich in sein Schicksal gefügt, still gelitten und tatsächlich riskiert, in ein Burn-out zu rutschen.

Es ist nicht immer einfach! Das kennen wir doch alle, dass wir uns etwas wünschen. Ja, wir wollen etwas für uns tun. Aber wir denken auch zu sehr an die Bedürfnisse anderer um uns herum, an unseren Arbeitgeber, unsere Familie – was sagen die dazu, das kann ich doch nicht machen. Vielleicht hörst du auch öfter den Spruch: »Sei nicht so egoistisch.« Meine Erfahrung ist: Du musst manchmal jemand anderen enttäuschen, um nicht selbst ein enttäuschtes Leben zu führen. Deswegen brauchen wir manchmal so einen frechen Unterstützer, der uns anschubst und uns ermutigt, an uns selbst du denken. Umso besser, wenn wir ihn in uns haben.

DEN INNEREN UNTERSTÜTZER MOBILISIEREN

Ermutige deinen inneren frechen Unterstützer, dir auf die Sprünge zu helfen, wenn du dich mal wieder zu verlieren drohst in all den Pflichten, dem – oft vermeintlichen – »Musst du« oder »Darfst du nicht«. (Keine Angst, das heißt nicht, dass du zur Ego-Sau werden sollst, die nur noch an sich denkt und auf Kosten anderer lebt.) Er soll dir dabei helfen, dass du **auch** auf deine eigenen Bedürfnisse hörst und für dein Wohlsein sorgst.
Schließe einen Vertrag mit deinem Unterstützer:

◇   In welchen Situationen soll er sich melden?
◇   Wie bestimmt oder wohlwollend darf er mit dir reden?
◇   Zeichne oder bastle dir deinen Unterstützer. Vielleicht eignet sich eine Playmobilfigur deiner Kinder oder Enkel dafür? Oder überleg dir wenigstens ein Symbol, das dich daran erinnert: Ich kümmere mich um meine Bedürfnisse und sorge dafür, dass es auch mir gut geht.

MUTTI HÄLT HOF

»Schau mal, so musst du den Schläger halten.« Golf-Pro Hassan widmet sich hingebungsvoll meiner Tochter Bilen, also eigentlich ihrem Golfabschlag. Bilen ist 16 und eine aufblühende junge Frau. Zwischen ihrem Abschlag und dem meiner Mutter kämpfe ich auf der Driving Range – mit dem Ball, mit dem Schläger, mit meinem Leben.

Mutti hält mal wieder Hof, den Golfschläger elegant auf der Schulter. Die vier anderen Kursteilnehmer haben sich um sie geschart und sie erzählt hoheitsvoll von ihrem Traumleben in der Nähe von Marbella. »Ich gehe ja jeden Tag ins Meer, selbst Heiligabend war ich drin. Die einzige weit und breit am Strand. Die Spaziergänger sind stehen geblieben und haben applaudiert, als ich rauskam.« Ja, sie ist immer noch eine Erscheinung, sportlich, braungebrannt, blondiert, mit ihren 70 Jahren blitzen ihre eisblauen Augen wie eh und je. »Von meiner Dachterrasse kann ich ja direkt aufs Meer schauen. Und nachts diese Sterne …« Boah, mir wird schlecht.

Ich konzentriere mich wieder auf meinen Ball und schlage schwungvoll in den Rasen. »Lockerlassen, lockerlassen«, maule ich leise vor mich hin. Ich kann nicht lockerlassen! Auch der nächste Schlag verdient statt »locker« die Bezeichnung »Killerinstinkt«. Ich habe so viel Wut in mir. »Ich kann das nicht!«, beschimpfe ich mich selbst mit hängenden Schultern und werfe den Schläger auf den Boden. Interessiert aber niemanden. Hassan ist beschäftigt. Mutti ist in ihrer eigenen Welt.

Konkurrenz zu meiner Mutter hat mich mein halbes Leben begleitet. Ihr größtes Druckmittel: die Figur. Seit ich mich erinnern kann, hat Mutti Diäten gemacht. Als ich 13 war, hat sie mich in ihren Diätkreislauf aufgenommen. Die erste war eine Eierdiät, als Nächstes kam eine Sauerkrautdiät, dann kam die Wiener-Würstchen-Diät, die Ananasdiät, und so ging es immer weiter. Wenn ich heute Fotos aus der Zeit anschaue, sehe ich, dass ich nie ein dickes Kind war. In der Pubertät rundete sich mein Körper. Mehr nicht. Die Diäten waren aber der Beginn von Heißhungeranfällen und Übergewicht, mit dem ich jahrzehntelang gekämpft habe.

Jetzt stehe ich unglücklich unter der gleißenden Sonne von Marokko und fühle mich dick, hässlich und einsam. Mutti erzeugt immer dieses Gefühl in mir. Gott sei Dank sehen wir uns nur noch selten, seit sie in Andalusien lebt. Ich arbeite erfolgreich als Journalistin in München, habe mehrere Bücher geschrieben, halte Vorträge und arbeite nebenbei als Trainerin und Coach. In meiner Welt bin ich selbstbewusst, witzig und beliebt. Nur neben Mutti werde ich unsichtbar.

Ich gebe endgültig meine Golfkarriere auf und setze mich auf eine schattige Bank. Wasser! Sowieso eine blöde Idee, in Marokko bei 35 Grad Golf lernen zu wollen. Natürlich eine Idee meiner Mutter, die mich und die Kinder zu diesem Club-Urlaub eingeladen hat. Ich trinke wie ein verdurstendes Kamel. Neidisch schaue ich zu, wie unser junger Golflehrer mit Bilen scherzt. Und auf einmal spüre ich Eifersucht, die wie bittere Galle in meiner Kehle hochsteigt. Ich erinnere mich, wie ich früher als junge attraktive Frau war, die Männer betören konnte. Und jetzt? Kein Mann schaut mich auch nur an, ich bin Mitte 40, unglücklich verheiratet, unzufrieden mit mir und meinem Körper.

Plötzlich erscheint das Bild der bösen Stiefmutter aus dem Märchen in meinem Kopf, die den Spiegel hasst, der ihr verkündet: »Schneewittchen ist tausendmal schöner als Ihr!« Ich erschrecke bei diesem Bild. Nein, so will ich nicht werden, nein, so bin ich nicht. Und ich schwöre mir: Ich werde mit Bilen nicht den gleichen Fehler begehen wie meine Mutter mit mir.

In diesem Moment treffe ich den besten Entschluss meines Lebens: Ich verwandle mein Gefühl von Neid in Stolz. Ja, ich bin eine 44-jährige Frau, die selbst verantwortlich für ihr Leben ist. Meine Tochter ist eine junge liebenswerte Frau, der ich nur das Beste gönne. So ist es. Wirklich, manchmal kann es so einfach sein: Ich beschließe, niemals eifersüchtig auf sie zu sein, sondern mich über sie und mit ihr zu freuen. Ich zerschneide die Fesseln des Konkurrenzdenkens, diese ewige Mutter-Tochter-Sache, die mir selbst das Leben vermiest hat. In mir breitet sich Wärme aus, Zuversicht und wahre Freude.

Heute, mit 70, kann ich sagen, dass ich meinen Vorsatz von Agadir wirklich umgesetzt habe. Ich konnte meine Tochter loslassen, ihr die Tür zur Welt weit offen halten. Sie hat studiert, was sie wollte. Sie war in der Welt unterwegs, ohne von meiner Angst oder meinem Neid begleitet zu werden. Ich bewundere meine Tochter, liebe und achte ihre Persönlichkeit. Ich schätze sie, ihre Lebensentscheidungen, ihre Sichtweise, die teilweise ganz anders als meine ist. Aber ich muss sie dafür nicht emotional bestrafen. Ich bewundere sie als Mutter dreier Kinder, wie sie ihren eigenen Erziehungsstil entwickelt hat. Und ich kann dabei von ihr lernen. Ich mag meinen Schwiegersohn sehr gern, würde mich aber nie mit ihm gegen sie verbünden (was meine Mutter gern gemacht hat). Sicher können Bilen und ich auch deshalb seit fast 20 Jahren gut zusammenarbeiten, ohne Spielchen, ohne Hinterhalte, vertrauensvoll und partnerschaftlich.

Mit meiner Mutter konnte ich erst durch ein Gespräch viele Jahre nach diesem Urlaub in Agadir Frieden schließen. Da bin ich schon über 50. Sie ist bei mir in München zu Besuch. Ich brauche eine neue Jacke. In meinem Lieblingsgeschäft erzeugt Mutti gleich Aufsehen. Nach drei Minuten stehen beide Verkäuferinnen bewundernd vor ihr. Sie erzählt von Andalusien, vom Meer und dass sie unbedingt einen neuen Bikini brauche.

Ich stehe wie der Schatten meiner Selbst daneben und flehe: »Ich möchte eine Jacke kaufen.« Ich bleibe ungehört. Schließlich greife ich irgendeine Jacke von einem der Kleiderständer, damit ich endlich dort wegkomme. Während ich zahle, höre ich schon wieder: »Meer … Sogar im Winter … Heiligabend …«

Zu Hause beim Kaffeekochen bricht es aus mir heraus: »Mutti, warum machst du das immer?«

Sie schaut mich mit ihren blauen Augen unschuldig an. »Was denn?«

»Immer musst du dich in den Mittelpunkt drängen! Mich sieht dann niemand mehr.«

»Aber das mache ich doch nicht extra.«

Ich antworte wie ein trotziges Kind: »Aber du machst es!«

Sie rauscht wortlos aus der Küche, lässt sich eine Viertelstunde nicht mehr blicken. Ich sitze mit klopfendem Herzen am Küchentisch und habe Angst davor, wie sie reagieren wird. Schließlich kommt sie zurück und setzt sich neben mich. Mit weicher Stimme sagt sie: »Vielleicht liegt das an meinen Minderwertigkeitskomplexen?« Häh? Meine Mutter und Minderwertigkeitskomplexe? Das gibt's doch gar nicht. Sie fährt fort: »Ich habe mich nie sehr gemocht. Und jetzt bin ich alt und habe doch nur noch Spanien, mit dem ich angeben kann.«

Meine Mutter hat Minderwertigkeitskomplexe? Meine Mutter ist ein Mensch wie du und ich? Ich kann es nicht fassen. Sie hat gar nicht gegen mich gekämpft, sondern für sich? Glaub mir, dieser kurze Einblick, den sie mir in ihre Seele gestattet hat, hat mein Leben verändert. In mir hat sich eine Wunde geschlossen. Ich bin seither geheilt und gewappnet.

Mutti hat sich nicht verändert. Als ich ihr meinen zweiten Mann Siegfried vorgestellt habe, war ihre erste Bemerkung ihm gegenüber: »Woher weiß ich, dass Sie kein Heiratsschwindler sind?« Ich hörte ihre Botschaft dahinter: »Wer sich mit meiner Tochter einlässt, kann das ja nur tun, weil er hinter ihrem Geld her ist.« Oh, Mann. Und mir flüsterte sie später zu: »Meinst du nicht, dass er vom Alter her viel besser zu mir passen würde?« Ich konnte darüber lächeln. Und als sie mit 84 kurz vor ihrem Tod, sehr dünn geworden, stolz verkündete: »Aber wenigstens trage ich jetzt Größe 38«, konnte ich um sie weinen.

Die besagte Jacke habe ich vor Jahren beim Aufräumen aussortiert. Ich hatte sie wohl nie getragen, es hing noch das Preisschild dran.

VERSÖHNUNG MIT SICH SELBST

Eifersucht und Neid vergiften unsere Seele. Wir bewundern andere und wissen doch gar nicht, was im Hintergrund läuft. Wir sehen nur einen Ausschnitt, niemals das ganze Bild. Wir merken das meist erst, wenn das tolle Bild zusammenkracht:

◇ Das Traumpaar im Traumhaus mit den Traumkindern, das sich plötzlich eine furchtbare Scheidungsschlacht liefert
◇ Der Vortragsredner, der auf der Bühne stolz Fotos von Frau und Kindern zeigt und hinterher mit einem weiblichen Fan im Hotel verschwindet
◇ Die smarte Kollegin, die vermeintlich alles erreicht, die uns in einer schwachen Stunde von ihrer Einsamkeit erzählt
◇ Die Nachbarin, die immer stolz von ihrem wahnsinnig erfolgreichen Enkel erzählt hat und nach seiner Pleite mit ihrem Haus für ihn bürgt
◇ Der Entertainer, der erstmals im Interview von seinen Depressionen erzählt
◇ Die Sängerin, die zugekokst oder betrunken hilflos über die Bühne torkelt
◇ …

Wie hat meine Oma immer gesagt? »Unter jedem Dach ein Ach.« Inzwischen glaube ich, sie hat recht. Deshalb versöhn dich mit dem Gedanken, dass es immer jemanden geben wird, der oder die reicher, schöner, besser ist als du, es leichter hat als du und mehr Glück hat als du. Und es wird immer jemanden geben, der noch unglücklicher ist als du!

Bleib bei dir, vergleiche nicht. Kümmere dich um dich und sorge dafür, dass es dir gut geht.

SCHOCK UND SCHAM

»Sehr geehrte Damen und Herren, ich begrüße Sie herzlich auf dem Flug von München nach Paris-Charles-de-Gaulle-Airport. Hier spricht Ihr Kapitän. Mein Name ist Natalie Dubois. Wir haben die endgültige Reiseflughöhe von 9000 Fuß erreicht ...«

Zack! Ich merke, wie ich meine Armstützen umklammere. Natalie? Eine Frau? Eine Frau fliegt dieses Flugzeug? Im nächsten Augenblick schäme ich mich schon, lockere meinen Griff und tu so, als wäre nichts geschehen. Ich bin völlig verwirrt: Wie konnte mir das passieren? Ich bin fassungslos über mich selbst. Warum soll eine Frau kein Flugzeug fliegen können? Wo kam diese Angstreaktion her? Seit 20 Jahren bin ich aktiv in der Frauenbewegung und kämpfe dafür, dass Frauen bei der Feuerwehr oder der Polizei arbeiten dürfen. Und mir passiert so etwas?

Wir schreiben das Jahr 1984, und ich erlebe zum ersten Mal, dass eine Frau Kapitänin einer Passagiermaschine ist. In Deutschland gibt es noch keine einzige Pilotin. Ich sitze jedoch in einer Maschine der Air France, und diese Fluglinie ist Vorreiter in Europa, was Frauen im Cockpit anbelangt. Die Lufthansa nimmt erst zwei Jahre später weibliche Bewerber an ihrer Flugschule auf.

Gerade erinnere ich mich an Diskussionen aus meiner Zeit als Rathausreporterin bei der tz in München. Die Stadtwerke weigerten sich in den 1970er-Jahren, Mädchen in technischen Berufen auszubilden, weil diese angeblich einen zu kurzen Daumen für die Werkzeuge hätten. Ich habe selbst eine bizzare Diskussion über die »Daumen-Affäre« im Stadtrat miterlebt und einen beißenden Kommentar dazu geschrieben.

Maschinenbau-Unternehmen und Autobauer lehnten noch in den 1980er-Jahren Mädchen als Azubis im technischen Bereich ab. Vorgeschobene Begründung: weil es keine Damentoiletten in den Werkshallen gebe.

An diese Diskussion muss ich denken, während ich mich bei einem Glas Tomatensaft von meinen Schock erhole. Wie tief stecken die Vorurteile, selbst in Frauen wie mir. Und wie tief müssen die erst in Männern stecken! Noch Anfang der 1960er-Jahre haben sich Männer öffentlich geäußert, dass Frauen kein Auto fahren könnten/dürften. Als meine Eltern damals beide den Führerschein machten und das erste Auto kauften, durfte meine Mutter nur fahren, wenn mein Vater auf Familienfeiern oder Geburtstagseinladungen zu viel getrunken hatte (also fast jedes Mal). Im nüchternen Zustand konnte er es nicht ertragen, auf dem Beifahrersitz Platz zu nehmen.

Worüber ich heute lachen kann, zeigt, in welch wundervolles Zeitalter ich hineingeboren worden bin. Vieles ist heute selbstverständlich, niemand wundert sich mehr, dass Frauen jeden Beruf erobert haben. Und trotzdem sollten wir nie vergessen, dass wir immer noch

Pionierinnen sind, die sich vorwagen müssen, wenn sie Land erobern wollen. Die Voraussetzungen für Gleichberechtigung sind da. Es liegt an uns, sie zu nutzen und auszubauen. Wir Frauen haben dabei starke Verbündete: junge Männer, die sich jetzt daran machen, sich ihrerseits die zweite Hälfte des Himmels zu erobern – das Leben neben der Arbeit. Ich werde euch alle wohlwollend begleiten.

KENNE DEINE VORURTEILE

Es gibt so gut wie keinen Menschen, der keine Klischees und Vorurteile in sich trägt. Das ist vielleicht schon einmal beruhigend für dich.

Trotzdem ist es gut, deine Vorurteile zu erkennen. Dann hast du die Chance, sie zu überdenken. Woher kommen sie, wer hat sie dir vermittelt? Je klarer du ihre Herkunft nachvollziehen kannst, umso besser kannst du dich neu ausrichten. Und dein Handeln nicht von den Vorurteilen beeinflussen lassen. Das gilt für die Geschlechter genauso wie für unterschiedliche Kulturen, Sichtweisen und Handlungen. Meine Erfahrung: Je mehr du dich mit der anderen Kultur oder einer anderen Sichtweise beschäftigst, umso mehr Verständnis kannst du entwickeln.

Das Leben an sich ist divers. Und das macht den Zauber dieser Welt aus. Wenn du dich aktiv mit Anderssein beschäftigst, erweiterst du dein Weltbild und befreist dich von unangemessenen Vorurteilen.

KLOPFEN ODER KÖPFEN

Als ich Kind war, wurde beim Sonntagsfrühstück nur geklopft. Also, das Frühstücksei. (Gekloppt haben wir Kinder uns öfter.) Gekochte Eier zum Frühstück gab es nur an Sonntagen, und die Kunst war, die Schale möglichst geräuschlos mit dem Eierlöffel (!) anzuschlagen. Die Schalenstückchen wurden dann sorgsam abgefieselt und auf den Tellerrand gelegt oder, noch besser, im Eierbecher versenkt – aber niemals auf die Tischdecke gelegt! Oma und Opa klopften auch, sehr stilvoll. So machte man das, wurde uns Kindern eingebläut.

Als ich als Erwachsene das erste Mal jemanden sah, der sein Ei mit dem Frühstücksmesser brutal köpfte, war ich schockiert. Das gehört sich doch nicht! Das machen nur ungebildete Menschen – so hatte ich es in unserer Beamtenfamilie, die sich für etwas Besseres hielt, gelernt. Mir schauderte.

Nun geschah etwas Ungeheuerliches: Im stolzen Alter von 54 Jahren (ich hatte bis dato circa 2400 Frühstückseier elegant entblättert) verliebte ich mich in einen Köpfer. Also eigentlich verliebte ich mich in Siegfried, Akademiker, liebenswürdig, witzig, bevor ich feststellen musste, dass er ein brutaler Eierköpfer war.

Ich entdeckte den Frevel bei unserem ersten gemeinsamen romantischen Frühstück. Ich hatte den Tisch liebevoll gedeckt, und natürlich gab es frische Semmeln und wachsweiche Frühstückseier. Siegfried hielt den Eierbecher mit der linken Hand fest und sagte zum Ei:

»Hans Ei, du bist zum Tode verurteilt und wirst geköpft.«

Währenddessen nahm er sein Messer in die rechte Hand, zielte, schlug zu und – zack – das Ei war zerteilt. Zufrieden löffelte er die beiden Eierhälften aus.

Er merkte, wie ich ihn fassungslos anstarrte, und fragte stirnrunzelnd: »Ist was?«

Ich wollte unsere jung erblühte Liebe nicht gefährden und schüttelte nur stumm den Kopf. Monate später traute ich mich, mal nachzufragen: »Sag mal, warum köpfst du das Ei? Und dann mit diesem dämlichen Spruch?« Er überlegte kurz und antwortete: »So wurde das in meiner Familie immer gemacht.« Im Gegenzug fragte er mich: »Warum isst du die Eier mit Butter, sind die nicht fett genug?« Blöde Frage. Das macht man so.

Und wieder einmal hat sich bestätigt: Wir sind das Produkt unserer Erziehung. Unsere Kinderstube prägt uns mehr, als wir als Erwachsene manchmal wahrhaben und zugeben wollen. Und dann stellen wir irgendwann fest, dass andere Menschen anders sind als wir: Sie schreiben mit links, reden entnervend langsam, fahren viel zu schnell, hören nicht richtig zu oder fragen uns aus, sie legen Käsescheiben auf ihr Brötchen, schmieren Nuss-Nougat-Creme darauf und essen das auch noch. Andere schlürfen Austern. Igitt.

Tja, wenn ich etwas in meinem Leben gelernt habe, dann ist es auszuhalten, dass andere Menschen anders sind als ich. Ich bin auch anders, was wiederum manch andere Menschen stört. Glaub mir, das Leben wird leichter, wenn du die Unterschiedlichkeit anderer Menschen akzeptieren kannst. Natürlich könntest du dich auch den ganzen Tag über andere aufregen oder eine Strichliste der Idioten in deinem Umfeld führen. Glaub mir: Den Idioten ist das egal, aber du vermiest dir dein Leben damit. Oder wie Kurt Tucholsky geschrieben haben soll: »Das Ärgerlichste am Ärger ist, dass man sich selbst schadet, ohne anderen zu nützen.«

Und es gibt ja immer wieder die Chance, dass die anderen mit etwas aufhören, das dich stört, wenn du sie darum bittest: Chips essen im Auto, Schranktüren offen stehen lassen oder dumme Sprüche machen. Aussprechen bringt Veränderung, nicht das stille In-sich-Hineinmurren.

ANDERSSEIN ERTRAGEN LERNEN

Falls es schwierig für dich ist, die Andersartigkeit deiner Mitmenschen zu akzeptieren, habe ich die folgenden zwei Ratschläge für dich:

◇ Wenn auch du Bestenlisten der Idioten führst, versuch einmal eine Woche lang (Herausforderung: vier Wochen lang), die guten Begegnungen mit sympathischen – also »dir ähnlichen« – Menschen aufzulisten. Vielleicht kannst du dadurch die »Idioten« als unvermeidbares, aber akzeptables Mitschwingen in deiner Lebenswirklichkeit ertragen.

◇ Ändere deine Perspektive: Schau dir einen Menschen genau an, den du wegen seiner Andersartigkeit kaum ertragen kannst. Dann gib dir Mühe, eine Sache zu finden, die du von diesem Menschen lernen könntest. Zum Beispiel: Ein Kollege lässt nachmittags pünktlich den Griffel fallen und geht nach Hause, egal wie viel Arbeit noch zu tun ist. Er steht deshalb auf deiner Idiotenliste. Wenn du genau überlegst, welche Scheibe (sei sie auch noch so winzig) könntest du dir von seinem Verhalten abschneiden? Mehr auf dich achten? Nein sagen lernen? Wenigstens einmal in der Woche früher gehen? Ich habe diese Übungen mit Hunderten von Teilnehmern und Teilnehmerinnen gemacht, und noch nie ist nicht wenigstens eine Erkenntnis dabei herausgekommen. Nutze sie.

EINE PRISE ZUVERSICHT

Jetzt wird sie aber mal mit ihm reden! Sie hat es satt, dass der Kollege ihr immer wieder Arbeiten rüberschiebt, die eigentlich er machen müsste. Während er dann abends pünktlich nach Hause geht, sitzt sie noch länger, um die Aufgabe zu erledigen. Daniela marschiert entschlossen ins Nachbarbüro. Der Schreibtisch des Kollegen ist leer. »Der ist im Haus unterwegs«, sagt eine Kollegin lapidar. Ach, Mist. Ihr Kampfeswille ist verpufft.

Ich stehe mit Daniela in einer Seminarpause auf einen Kaffee zusammen. »Haben Sie mal zehn Minuten für mich?«, fragt sie mich. »Na, klar.« Ich liebe Kaffeepausen-Coachings. Und gerade hat sie mir von dem Kollegen erzählt: »So etwas passiert mir immer wieder, ich nehme mir mit großem Elan Sachen vor, die ich machen will. Aber schon wenig später erlahmt meine Kraft und Selbstzweifel tauchen auf. Ob ich das überhaupt schaffe? Ob sich das wirklich lohnt? Ob ich's nicht lieber gleich bleiben lassen soll?«

»Was bräuchten Sie denn, damit Sie's wirklich anpacken?«, frage ich sie.

Daniela schaut vor sich hin, schürzt den Mund, überlegt und sagt dann: »Ich glaube, ich bräuchte Zuversicht. Ja, das ist das Wort. Ich zweifele zu viel, glaube nicht an den Erfolg. Auch wenn ich vorher wirklich entschlossen war.«

Wir haben noch fünf Minuten. Keine Zeit für tiefschürfende Gespräche, ob das schon in ihrer Kindheit so war und welchen Glaubenssätzen sie anhängt. Zeit für den Praxis-Tipp:

»Versuchen Sie es mal mit dem Zuversichtsstreuer. Sie kaufen sich einen leeren Salzstreuer und füllen ihn mit Zuversicht auf. Entweder schreiben Sie Zuversicht auf viele kleine Zettel, knüllen sie zusammen und füllen die Papierkügelchen in den Streuer. Oder Sie stellen sich einfach vor, dass sich in dem Streuer jede Menge Zuversicht befindet. Und wann immer Ihre Zweifel kommen, streuen

Sie sich die Zuversicht aufs Hirn.« Ich mache eine Bewegung, als würde ich mir etwas auf den Kopf streuen. Daniela macht große Augen. Ich kenne diesen Gesichtsausdruck, weiß aber über den Zauber dieser zugegeben außergewöhnlichen Idee. »Hier ist meine Karte. Wenn Sie's ausprobiert haben, schreiben Sie mir bitte, ob es gewirkt hat.«

Daniela schrieb mir einige Wochen später: »Liebe Frau Asgodom. Ich habe mir tatsächlichen einen großen Salzstreuer aus Glas gekauft. Den habe ich gedanklich mit Zuversicht gefüllt, genau wie Sie gesagt haben. Als mich mein Kollege mal wieder geärgert hat, habe ich mir Zuversicht aufs Hirn gestreut – die Kollegin, mit der ich das Büro teile, hat etwas irritiert geguckt. Dann bin ich rübergegangen und habe ihn höflich gebeten, seine Sachen selbst zu erledigen. Ich sei nicht mehr bereit, für ihn Überstunden zu machen. Der hat geschaut! Es fühlte sich so gut an! Danke für die verrückte Idee. Meine Kollegin hat neulich gefragt, warum ich manchmal so komische Handbewegungen über meinem Kopf damit mache. Ich habe ihr das mit der Zuversicht erklärt. Inzwischen teilen wir uns den Streuer. Ihre Daniela.«

DER GUTE-DINGE-STREUER

Wenn du dich auf so schräge Ideen einlassen kannst, probiere doch einmal die Wirkung des Zuversichtsstreuers für dich selbst aus. Das geht übrigens auch ohne echten Streuer, sondern indem du ihn dir einfach mental vorstellst. Wahlweise kannst du auch Gelassenheit, Ideen, Geduld, Weisheit, Resilienz, Stolz, Ruhe … einfüllen. Eben gerade das, was du brauchst. Wir haben im Büro in stürmischen Zeiten gute Erfahrungen mit dem Gelassenheitsstreuer gemacht. Wenn du's ausprobiert hast und mir von deinen Erfahrungen berichten möchtest – meine Adresse findest du am Ende des Buchs.

AUSGESPIELT

Ich schrecke wie aus einer tiefen Trance auf und schaue auf die Uhr: 3.17 Uhr. Seufzend schließe ich das Spieleprogramm, in dem ich die letzten vier Stunden am Computer gedaddelt habe: Canasta, Rommé, Skat, Doppelkopf und Solitär. Ich habe mal wieder nicht einschlafen können und mich ins Spielen geflüchtet. Das war schon immer so, aber in letzter Zeit kommt es immer öfter vor, seit ich wieder allein lebe. Ich spiele mittags, zur »Entspannung«. Ich spiele abends, aus Langeweile. Und eben nachts, wenn der Kopf kreist. Ich spiele nicht um Geld, einfach so zum Spaß. (Zum Hintergrund: Ich komme aus einer Kartenspielfamilie, fing mit Mau-Mau und 66 an. Schon mit acht Jahren habe ich von meinem Opa Skat spielen gelernt. Mit meiner Mutter habe ich in den Ferien tagelang Canasta gespielt.)

Also, ich versuche jetzt, endlich zu schlafen. Zurück im Bett, wälze ich mich hin und her – keine Chance. In meinem Hirn fliegen Spielkarten wild durcheinander, das macht mir Angst. Ich mische, sortiere, sammle, ich werde fast wahnsinnig. Es ist, als hätten sich die Spiele in meinem Kopf selbstständig gemacht und spielten einfach allein weiter. Irgendwann schlafe ich dann wohl doch darüber ein.

Morgens sitze ich gähnend mit einer Tasse Kaffee am Küchentisch, und ich weiß, so geht es nicht weiter. Bevor ich mich aber zu einem klaren Gedanken aufraffen kann, haben bereits meine inneren Begleiter angefangen, über mich zu diskutieren.

Vielleicht kennst du diese Stimmen, die das, was du tust, kommentieren, dir Selbstzweifel schicken oder dir Mut machen. Die berühmte Familienpsychologin Virginia Satir beschrieb schon in den 1970er-Jahren dieses »innere Team«, das in jedem Menschen unsere Gedanken und unser Handeln begleitet und beeinflusst. Ihr Buch »Meine vielen Gesichter« steht seitdem in meinem Bücherschrank.

Mein Inneres Team, das ich nach den Vorgaben von Satir erkannt habe, konferiert also jetzt gerade in meinem müden Kopf:

»Die ist spielsüchtig!«, keift mein innerer Kritiker.

»Ach, halt doch die Klappe«, antwortet mein Beschützer. »Musst du immer so übertreiben?«

»Die sollte endlich mal Entspannungsübungen lernen«, mahnt die Besserwisserin.

»Aber sie ist doch so allein«, wirft mit zartem Stimmchen die Hilflosigkeit ein.

»Das gehört behandelt, keine Frage«, konstatiert die Vernunft.

»Das soll sie bloß niemandem erzählen. Das ist ja so was von peinlich«, jammert die Scham.

»Lasst sie doch in Ruhe«, fordert die Liebe.

»Sie wird schon einen Weg finden«, assistiert die Hoffnung.

»Also, wäre ihr Mann nicht krank geworden und hätte sich nicht ins Heim verabschiedet, bräuchte sie diesen Spielescheiß nicht!«, donnert der Ärger.

»Bei anderen klug daherreden, aber sich selbst nicht helfen können«, ätzt die Manipulation.

»Vielleicht sollte sie sich für ein Pokerturnier in Las Vegas anmelden. Da gewinnt sie bestimmt«, versucht der Humor die Stimmung zu heben.

»Also, ich finde, sie sollte mal mit jemandem reden, der ihr so helfen kann, wie sie andere unterstützt«, schlägt die Macht vor.

Diese Stimme spricht mich am meisten an und ich folge ihr.

Bei einem Online-Seminar vor zwei Jahren habe ich Axel Koch kennengelernt, er ist Diplompsychologe und forscht als Professor zum Thema Gewohnheiten und Veränderungen. Er hat mir erklärt, wie man aus schlechten Gewohnheiten wieder herausfinden kann. Ganz kurz zusammengefasst: Bevor man wieder einmal in eine Gewohnheit verfällt, gibt es mehrere Gelegenheiten, rechtzeitig abzubiegen. Die Kunst ist es, die »Hinweisschilder« lesen zu können. Mir wird im Gespräch klar, dass auch ich solche Schilder für mich aufstellen kann.

Ich schreibe auf, woran ich erkenne, dass ich auf dem Weg zum Daddeln bin: Auf dem ersten Schild sehe ich das Wort Langeweile.

Wenn ich dieses Gefühl spüre, brauche ich ein Alternativprogramm. Ich denke an meine Begeisterung für Musik und Bücher. Beides habe ich lange vernachlässigt. Auf dem zweiten Schild steht: Flucht in die Abgeschiedenheit, Einsamkeit. Ja, genau. Ich brauche ein aktives Kontaktprogramm. Wen kann ich anrufen, wer holt mich aus meinem Schneckenhaus?

Schon nach diesen zwei Erkenntnissen wusste ich, ich werde es schaffen: Ich habe das Spieleprogramm im PC gelöscht und es seither nie wieder aufgerufen! Das ist jetzt fast zwei Jahre her.

»Sei ehrlich«, flüstert die Liebe.

Knurr, ja, okay: Ein einziges Mal habe ich vor ein paar Monaten an einem langweiligen Tag eine Stunde mittags Solitär gespielt. Und abends im Bett, als ich nicht gleich einschlafen konnte, flüsterte die Versuchung: »Ein kleines Spiel nur, komm, sei kein Spielverderber. Nur eins zum Müdewerden.« Ich habe mich richtig erschrocken, aber ich habe die Schlange abwehren können. Denn ich wusste, wenn ich nur einmal nachgebe, haben die Karten mich wieder im Griff. Auf meinem dritten Schild ist nun eine durchgestrichene Schlange zu sehen.

AUSTAUSCH MIT DEM INNEREN TEAM

Wenn du eine schlechte Gewohnheit ablegen willst oder etwas gar nicht zur Gewohnheit werden lassen möchtest, kann dir das bewusste Erkennen deines inneren Teams helfen:

◇ Versuche, die Stimmen deines inneren Teams zu hören und unterscheiden zu lernen. Wer gehört zu deinem inneren Team? Wer hat die größte Klappe und wer meldet sich fast nie zu Wort?

◇ Und mehr als das: Hör auf sie. Wenn zum Beispiel der Ärger sich meldet, drück ihn nicht weg, sondern reagiere: Was macht mich ärgerlich, warum fühle ich mich schon wieder genervt und reagiere aggressiv?

◇ Wenn die Hilflosigkeit überhandnehmen will, denk an deine Macht. Du kannst etwas tun! Erinnere dich an Situationen, in denen du durchaus etwas geändert hast, weil es dir wichtig war.

◇ Hör auf deine Vernunft. Was schlägt sie vor? Warum kann sie sich noch nicht durchsetzen? Was braucht sie zur Verstärkung? Welches klare Ziel würde das ganze Team zusammenschweißen?

◇ Reagiere auf deine Angst. Sprich es aus: Ich habe Angst, dass ... Wenn wir uns unseren Ängsten stellen, können wir sie mithilfe anderer Teammitglieder beruhigen.

◇ Stell der Scham und der Hilflosigkeit deinen Mut und deine Intelligenz zur Seite. Suche eine kreative Lösung, die dich selbst begeistert.

◇ Und gib dem Humor die Liebe zum Gefährten, damit er nicht sarkastisch wird und dich eher schwächt als stärkt.

DIE CHANIA-STRATEGIE

Nachdem mein Mann vor einigen Jahren mit Demenz ins Heim gekommen war, brauchte ich einige Zeit, um mich körperlich und seelisch zu erholen. Ich hatte meine Kinder und Enkel, mit denen ich viel Zeit verbrachte. Ich hatte meine Arbeit, die mich erfüllte, war viel unterwegs und traf viele nette Menschen. Doch sobald ich allein war, überfiel mich oft das Gefühl der Einsamkeit.

Aber schließlich bin ich auch Coach, und ich wusste, ich kann mir selber helfen. Ich beschloss mutig, zehn Tage allein in Griechenland zu verbringen. Warum Griechenland? Es gibt in meiner Familie die Geschichte, dass ich eine griechische Urururgroßmutter hätte. Griechenland hat schon in der Schule eine große Sogwirkung auf mich gehabt, ich las griechische Philosophen wie Platon oder Epikur. Ich war sicher, dass ich mich dort zu Hause fühlen würde.

Im Internet suchte ich mir eine Insel und eine Stadt am Meer aus, denn ich wollte am Wasser, aber auch unter Menschen sein. Die alte Hafenstadt Chania im Norden Kretas erschien mir wunderschön und lebhaft genug, um mich nicht zu langweilen. Im Flugzeug schrieb ich die mir selbst gesetzte konkrete Coaching-Aufgabe in ein hübsches Notizbuch: Ich möchte mich mit meiner Einsamkeit versöhnen.

Ich hatte noch keine genaue Vorstellung davon, wie das passieren würde, aber ich gab mir diese Chance. Ich wohnte in einem gemütlichen Hotel an einem kleinen Strand. Dort wurde ich von den aufmerksamen Mitarbeiterinnen und Mitarbeitern, die zum Teil Deutsch sprachen, liebevoll umsorgt. Auch wenn ich allein zum Essen in eine Taverne in der Stadt ging, fühlte ich mich immer sehr willkommen.

Ich ging allein an den Strand zum Schwimmen. Ich ging in die Stadt und saß stundenlang in Cafés am alten venezianischen

Hafen und schaute aufs Meer oder den Menschen zu, die vorbei-strömten. Und ich spürte, wie ich mich langsam wieder als Teil der Welt fühlte und mich dieser Welt öffnete. Ich war zwar allein, aber nicht einsam. Das war der große Unterschied, den ich mir gewünscht hatte.

Ich überwand mich und buchte Touristen-Touren mit Bus oder Jeep, um an die schönsten Plätze der Insel zu fahren, an rosé schimmernde Strände, türkisfarbene Buchten, zu Schafhirten auf die hohen Berge, zu Ausgrabungen alter Tempel.

Ich fand heraus aus meinem Schneckenhaus und kam auf den zum Teil stundenlangen Busfahrten mit Iren, Kanadiern, Amerikanern und Italienern ins Gespräch. Ich konnte also die Zeiten des Alleinseins und die schönen Gespräche, die sich ergaben, miteinander verbinden. Und alles, was ich erlebte, notierte ich in meinem Notizbüchlein.

Gestärkt und fröhlich fuhr ich nach Hause. Und bevor ich wieder einsam in meinem Fernsehsessel versank, beschloss ich, meine Erlebnisse für mich zu nutzen. Warum sollte ich nicht die Erkenntnisse aus diesem schönen Urlaub auf mein Münchner Leben übertragen? Ich las meine Aufzeichnungen durch und machte ein Coaching-Tool daraus: »die Chania-Strategie«. Dieses Werkzeug zur Veränderung tippte ich in den Computer, druckte es aus und hängte es an mehrere Stellen in meiner Wohnung: Zum Beispiel an den Küchenschrank, sodass ich es immer sah, wenn ich kochte, an den Badezimmerschrank, sodass mein Blick beim Zähneputzen oder Händewaschen darauf fiel.

Und wirklich setzte ich meine neue Erfolgsstrategie um: Ich ging mit einem interessierten Touristenblick durch München und erfreute mich an schönen Stellen. Ich setzte mich in Straßencafés und genoss das Treiben um mich herum. Ich las Bücher auf schattigen Parkbänken, erwanderte Stadtteile, in denen ich lange nicht mehr war, ging zu Sportveranstaltungen im Olympiastadion und zu Konzerten in den Circus Krone. Ich verabredete mich mit Bekannten an neuen Orten.

Und so sieht meine Chania-Strategie konkret aus:

WAS HABE ICH IN CHANIA GEMACHT?	WAS KANN ICH IN MÜNCHEN TUN?
Schön frühstücken gegangen	In einem gemütlichen Café schön frühstücken
Bus-Touren gemacht	Bus-Touren in die Umgebung machen
Schwimmen gegangen an verschiedenen Stränden	In verschiedenen Badeanstalten und an Seen schwimmen gehen
An schönen Plätzen gesessen und geguckt	An schönen Plätzen sitzen und einfach schauen
Täglich mehr als 4000 Schritte gemacht	Öfter spazieren gehen
Mit fremden Menschen ins Gespräch gekommen	Neue Menschen kennenlernen
Gedanken aufgeschrieben	Gedanken aufschreiben
Führungen mitgemacht	Kurse und Veranstaltungen besuchen
An schönen Orten gelesen	An schönen Plätzen sitzen und lesen

AUS GLÜCKLICHEN ZEITEN SCHÖPFEN

Wenn du in deinem Leben etwas positiv verändern möchtest, erinnere dich an Zeiten, in denen du glücklich warst, in einem Urlaub vielleicht oder einer guten Phase deines Lebens. Dann schreib auf, was du in dieser Zeit genossen hast. Und finde heraus, ob und was du davon – wenigstens zum Teil – reaktivieren kannst. Hol dir bewusst und aktiv Freude in dein Leben!

GOLD FÜR LEBEN

»Wo ist eigentlich meine Uhr?«, frage ich nachdenklich, als wir uns fertig machen, um ins Büro zu gehen. Siegfried zuckt mit den Achseln. »Hast du keine?« »Doch, die, die du mir geliehen hast, hier, die trage ich seither. Aber meine goldene Uhr, die mit den Brillis?« Ich komme erst am Nachmittag dazu, wieder an die Uhr zu denken.

Vor etwa sechs Jahren habe ich sie mir gekauft. Obwohl, eigentlich hat sie mich eingefangen. Ich war beruflich sehr erfolgreich, war fast 200 Tage im Jahr für Vorträge oder Seminare unterwegs. Auf einem Kongress am Zürichsee lernte ich eine Mitreferentin kennen, eine Geschäftsfrau, die sich mit einer Uhrenlinie speziell für Frauen selbstständig gemacht hatte.

Abends fahren wir mit allen Teilnehmerinnen mit dem Bus zu einem festlichen Abendessen. Ich spreche die Referentin auf ihren tollen Vortrag an und sehe, dass sie eine ihrer Uhren trägt. »Darf ich mal sehen?«, frage ich höflich. Sie macht sie sofort ab und legt sie mir ums Handgelenk. »Wenn Sie wollen, können Sie sie heute Abend tragen.« Ich bin sofort schockverliebt.

Die Uhr ist aus Gold, auch das Band ist aus Gold geflochten. Das Ziffernblatt wird von kleinen Diamanten eingefasst. »52«, erklärt die Uhrmacherin, als könnte sie Gedanken lesen. Und am oberen Rand leuchtet ein kleiner roter Rubin. Den ganzen Abend schaue ich immer wieder auf diese bezaubernde Uhr. So etwas Schönes, Edles habe ich noch nie besessen.

Auf der Rückfahrt frage ich todesmutig: »Was kostet denn diese Uhr?« »Eigentlich an die 16 000 Schweizer Franken. Ich würde Sie Ihnen natürlich wesentlich günstiger geben.« Mir stockt der Atem. Wir verabreden uns am nächsten Morgen zum Frühstück. Die halbe Nacht wälze ich mich schlaflos im Bett. So viel Geld habe ich bisher höchstens für ein Auto ausgegeben. Auf der anderen Seite arbeite ich wie ein Berserker, da könnte ich mir doch auch mal was gönnen.

Kurz und gut: Ich kaufe die Uhr. Die Geschäftsfrau erzählt mir, dass sie die meisten Uhren »vom Leib weg« verkauft. Glaube ich sofort.

Sechs Jahre lang trage ich die Uhr fast täglich. Immer wenn mein Blick auf sie fällt, freue ich mich. Bis zu dem Tag, als sie verschwunden ist. Zu Hause durchsuche ich alle Schubladen, jedes Kästchen, schaue im Küchenschrank nach, in alle Jacken- und Handtaschen. Die Uhr bleibt verschwunden.

Verzweifelt versuche ich, mich zu erinnern, wann ich sie das letzte Mal gesehen habe. Und aus dem dunklen Hintergrund des Erinnerns steigt plötzlich ein Bild auf: Wir sitzen nachmittags am Couchtisch und essen Mandarinen. Plötzlich sehe ich, dass meine Uhr stehen geblieben ist. »Ach je«, sage ich, »die Batterie bei meiner Uhr ist leer.« Siegfried sagt: »Soll ich dir eine von meinen leihen?« Er steht auf und holt mir eine hübsche Herrenuhr. Er macht sie mir um, und ich freue mich total. Und dann lasse ich die goldene Uhr in die Schüssel mit Mandarinenschalen gleiten, die vor mir steht. Ja, da habe ich sie das letzte Mal gesehen. Das ist etwa drei Wochen her.

Ich habe die Uhr weggeworfen. Mit den Schalen. Anders kann ich es mir nicht erklären. Mein Tränenstrom lässt sich nicht stoppen. Schluchzend erzähle ich Siegfried von meiner Erinnerung. Ich bin am Boden zerstört. Ich kann doch diese wertvolle Uhr nicht einfach weggeworfen haben?! Aber es bleibt keine andere Erklärung. Ich heule den ganzen Abend. Siegfried geht irgendwann ins Bett.

Mit leeren Augen starre ich auf das Fernsehprogramm, keine Ahnung, was ich da sehe. Irgendwann, weit nach Mitternacht, kommt im Hessischen Fernsehen ein Film über eine Therapie für halbseitig gelähmte Menschen, die auf dem Pferderücken ihre Muskeln entkrampfen können. Plötzlich bin ich hellwach, schaue interessiert zu. Und ein Gedanke stiehlt sich in mein Bewusstsein: »Es ist nur eine Uhr. Es ist nur eine Uhr! Andere Menschen haben ein viel schlimmeres Schicksal als du mit deiner blöden Uhr.« Ich nicke vor mich hin. Und kann endlich schlafen gehen.

Zwar frage ich noch ohne Erfolg beim Fundbüro und bei der städtischen Müllverbrennung nach der Uhr. Aber ich beginne zu akzeptieren, dass sie einfach weg ist.

Einige Monate später bekomme ich von Siegfried zum Geburtstag 4000 Euro, aufgerollt in einer Blechtasse. »Damit du dir die Uhr noch mal kaufen kannst.« Oh, wie lieb! Ich weiß, dass er das nicht einfach so flüssig hat. Es fließen wieder Tränen, aber diesmal aus Rührung und Dankbarkeit.

Wenn du jetzt denkst: »Das ist das Happy End?« Das steht noch aus. Drei Tage später, an einem Samstagmorgen, ruft mich ganz aufgeregt mein Ex-Mann an. Bethlehem, eine meiner Nichten aus Eritrea, die ich Anfang der 1990er-Jahre schon als Kleinkind auf dem Arm herumgetragen habe, befindet sich auf einem Schlepperboot auf dem Mittelmeer. Die Schlepper haben bei ihm angerufen und gedroht: Entweder er schickt sofort 3500 Euro oder sie werfen die junge Frau ins Meer. Wir haben schon öfter von solchen Erpressungen bei den Angehörigen von Flüchtlingen gehört und gelesen und wissen, dass die Schlepper Ernst machen. Er fragt, ob ich ihm helfen könne, er habe das Geld nicht.

»Darum ist alles so gekommen«, denke ich und zögere keine Minute. Ich erkläre Siegfried kurz die Lage und frage ihn, ob er einverstanden ist, schließlich hat er sein Sparbuch für mich leergeräumt. Er nimmt mich in den Arm: »Es ist dein Geld, wenn du's machen willst, mach es.« Ich greife wieder zum Telefon und sage: »Komm vorbei. Ich habe zufällig genau die Summe in bar zu Hause.« Mein Ex überweist telegrafisch das Geld. Bethlehem erreicht am nächsten Tag in einem Schlauchboot den Strand von Lampedusa.

Inzwischen lebt sie in den USA, ist verheiratet und hat einen süßen kleinen Sohn. Gold für Leben.

EINEN VERLUST ÜBERWINDEN

Eine kleine Übung, die dich vielleicht trösten kann, wenn du etwas Wichtiges verloren oder aufgegeben hast, sei es eine Sache oder einen Menschen. Schreib dazu mehrere Male untereinander, was du verloren hast, und ergänze den Satz mit »aber trotzdem …«.

Notiere alles, was dir in den Sinn kommt. In meinem Fall würde ich schreiben:

◇ Ja, ich habe diese wunderschöne Uhr verloren, aber trotzdem lebe ich.

◇ Ja, ich habe diese wunderschöne Uhr verloren, aber ich habe sie sechs Jahre lang genießen können.

◇ Ja, ich habe diese wunderschöne Uhr verloren, aber ich war auch zufrieden, als ich sie noch nicht hatte.

◇ Ja, ich habe diese wunderschöne Uhr verloren, aber was ist das im Vergleich zu einem Leben?

Auf diese Weise relativierst du den Verlust und kannst ihn besser verschmerzen.

ICH SEHE WAS, WAS DU NICHT SIEHST

»Wenn du weiter so faul in der Schule bist, endest du noch als Steineklopfer!« Mein Bruder Wolfgang stand mit hängendem Kopf vor meinem Vater, die Mathearbeit mit der 5 in den Händen. Mein Vater war der Meister der Nackenschuss-Sprüche. Warum nenne ich sie so? Weil sie unseren Willen vernichten sollten. Oder wie Vati zu sagen pflegte: »Ein Schlag auf den Hinterkopf erhöht das Bewusstsein.« Mein Bruder Dieter bekam häufig den Spruch zu hören: »Krause Haare, krauser Verstand.« Klaus musste sich sagen lassen: »Dumm geboren, nichts dazugelernt.«

Und ich, die ja als lang ersehntes Mädchen und Nesthäkchen etwas geschont wurde, musste mir trotzdem beknackte Sprüche anhören wie: »Mädchen, die pfeifen, und Hühnern, die krähen, muss man beizeiten den Hals umdrehen.« Ich wurde in meine Schranken verwiesen, wenn ich im Streit um ein Radiergummi nur das Wort »meins« in den Mund nahm. Vater wurde sarkastisch: »Mach mal die Augen zu, dann siehst du, was dir gehört.« Und ich verstand, was mein Vater mir sagen wollte: gar nichts!

Nun kann man sich ja den Sprüchen fügen und ein Leben lang die Eltern fürs eigene Schicksal verantwortlich machen. Ich lernte Gott sei Dank in einer Weiterbildung, dass man die Sprüche umdrehen kann. Also der Kindheitsspruch »Du bist faul« wird zu »Ich bin fleißig«. Aus »Kinder bei Tisch sind still wie der Fisch« wird »Ich sage, was ich will«. Nach diesem Muster nahm ich mir meinen Superspruch vor: »Mach mal die Augen zu, dann weißt du, was dir gehört.« Nach langem Nachdenken fand ich die Lösung, sie war etwas länger, begleitet mich aber seither durch mein Leben: »Ja das stimmt, wenn ich die Augen schließe, sehe ich, was mir gehört: meine Meinung, mein Wille, meine Liebe, meine Entscheidungen. Ich sehe mein ganzes, wunderschönes Leben. Es gehört mir.«

GIFT GEGEN DUMME SPRÜCHE

»Botschaften aus der Kindheit« nenne ich im Coaching diese Transformation bösgemeinter Sprüche zu einem Slogan, der dich stärkt. Wenn du dich angesprochen fühlst, überleg doch einmal, welchen negativen Spruch du noch im Hinterkopf hast, etwa von den Eltern, den Großeltern, von Lehrern oder Betreuerinnen.

Und schau mal, ob du für diese »Mitgift«, wie ich sie nenne, ein »Gegengift« formulieren kannst. Wie kannst du den Spruch positiv umwandeln, sodass er dich nicht mehr schwächt, sondern in Zukunft stärken kann. Hier ein paar Klassiker:

◇ Ich sage, was ich will.
◇ Ich bin fleißig.
◇ Ich bin richtig.

Und noch ein Tipp für Eltern: Hört euch selbst zu, wenn ihr mit euren Kindern sprecht. Es kann durchaus passieren, dass uns aus Versehen so ein Doofspruch herausrutscht. Löst ihn auf, in dem ihr mit eurem Kind darüber redet, was ihr eigentlich gemeint habt. Lasst uns die Nackenschuss-Methode durchbrechen!

SCHICK IHN KAFFEE TRINKEN

»Ich leide unter dem Imposter-Syndrom«, beginnt Carola das Coaching, das wir über Zoom führen. Sie sitzt in ihrem Büro in Düsseldorf und ich in meinem Arbeitszimmer in München. Digitale Coachings sind in der Corona-Zeit völlig selbstverständlich geworden.

»Ah ja!«, sage ich und frage nach: »Wie äußert sich das bei Ihnen?« »Ja, es behindert mich total. Ich habe kein Selbstvertrauen und zweifle ständig an mir. Aus dem Gefühl will ich raus.«

»Meinen Sie das Hochstapler-Syndrom?«, frage ich vorsichtig. Sie nickt heftig. »Ja, das ist doch jetzt entdeckt worden. Und ich habe mich total wiedererkannt.«

Das Syndrom kenne ich. Vor mehr als 20 Jahren habe ich erstmals vom Hochstapler-Syndrom gelesen. Eine englische Psychologin hat es damals schon »entdeckt«. Sie beschrieb Frauen, die unter einem so starken Selbstzweifel litten, dass sie dachten: »Irgendwann werden die in meiner Arbeit merken, dass ich gar nicht kann, was ich hier mache.« Sie fühlen sich also wie eine Hochstaplerin. Die Psychologin hat damals Fälle von Frauen beschrieben, die sogar von sich aus ihren Job gekündigt hatten, »bevor die das merken«. Ähnliches gab es im Privatleben. Frauen haben ihren Partner verlassen, bevor er merkt, »dass ich gar nicht so toll bin, wie er denkt«.

Mir ist es bei Coaching-Kundinnen ab und zu mal in milderer Form aufgefallen. Aber wenn ich mir den Lebenslauf von Carola anschaue – Erfolg reiht sich an Erfolg –, zweifle ich an ihrer Diagnose.

»Woher kommt denn bei Ihnen diese Befürchtung?«, frage ich sie. Carola fängt an zu erzählen: »Na ja, klar, ich weiß ja, dass ich erfolgreich bin. Also, ich könnte Ihnen natürlich zig Beispiele nennen, wo ich tatsächlich was geleistet habe. Aber immer ist da dieser innere Kritiker, der mir einredet, das wäre gar nichts Besonderes gewesen. Er weist mich ständig auf kleine Fehler hin und pustet die zu Katastrophen auf.«

Jetzt verstehe ich. Ich bitte Carola sich ein Blatt Papier und einen Stift zu nehmen. »Wie sieht denn Ihr innerer Kritiker aus? Versuchen Sie doch mal, ihn zu zeichnen.« Nach kurzem Nachdenken nimmt sie einen Stift und malt und malt. Dann zeigt sie mir über den Bildschirm die Figur, die aussieht wie eine Mischung aus einem Geist und Frankenstein – eine dicke schwarze Figur, die fast das ganze Blatt einnimmt, mit einem bösen Gesicht. Der Mund ist geöffnet und zeigt spitze Zähne, die Augen bekommen durch die zusammengezogenen Augenbrauen etwas Bedrohliches.

»Ui, ich find, der sieht gruselig aus«, kommentiere ich.

»Ja, das ist er auch. Er macht mir Angst. Er macht mich klein. Er verdirbt jede Freude.«

»Was würden Sie denn am liebsten mit ihm machen?«

Carola überlegt. Dann nimmt sie ein weiteres Blatt und malt ihn nur noch ein Viertel so groß.

»Heißt das, er soll weniger Macht über sie haben?«

Sie nickt. »Ja, er soll mich in Ruhe lassen.«

»Was soll er denn stattdessen machen?«

»Der soll einfach verschwinden.«

Ich mache einen Vorschlag: »Wie wäre es, wenn Sie ihn Kaffee trinken schicken, wenn Sie ihn nicht brauchen können?«

Sie kichert: »Das ist eine wunderbare Idee.«

»Dann zeichnen Sie ihn doch mal an einem Kaffeetisch sitzend.«

Sie fängt sofort an zu malen: Auf den Tisch malt sie eine große Kaffeetasse. »Ach, und Kuchen kriegt er auch noch dazu, dann ist er beschäftigt.« Der Gedanke macht ihr sichtlich Freude. Sie zeigt mir die Zeichnung.

»Vielleicht noch eine Zeitung vors Gesicht, damit er nicht alles sieht, was Sie machen?«

Mit Feuereifer malt sie ihm eine große Zeitung vors Gesicht. »So, ich kann ihn jetzt auch nicht mehr sehen.«

»Gibt es denn überhaupt Gelegenheiten, in den Sie ihn brauchen könnten?«

Carola überlegt. »Na ja, wenn ich davor wäre, wirklich einen Fehler zu machen, kann er mich gerne warnen. Aber er muss warten, bis ich ihn hole!« Sie malt und zeigt mir dann die Veränderung: eine Wand mit einer Tür, hinter der er sitzt. Die Tür ist verschlossen.

»So Karl, trink du mal schön Kaffee und guck in deine dicke Zeitung«, murmelt sie ganz in Gedanken, als sie ihr Meisterwerk studiert.

Die Idee mit dem Kaffee trinkenden inneren Kritiker habe ich schon mehrfach ausprobiert. Und immer kam es zu einer Veränderung bei meinen Klientinnen: Fühlten sie sich vorher von dieser Figur bedroht, hatten sie hinterher ein Gefühl von Macht über ihn. Psychologen nennen das »Selbstwirksamkeit«, Menschen bekommen das Gefühl, dass sie ihr Leben bestimmen und fühlen sich nicht mehr ausgeliefert.

»Karl?«, frage ich zum Abschluss. »Warum heißt er Karl?« Carola überlegt. »Ich finde, der sieht aus wie ein Karl. Tschüss, Karl.«

AUSZEIT FÜR DEN INNEREN KRITIKER

Hast du vielleicht auch so einen Karl (oder eine Karla), also eine innere Stimme, die dich kritisiert, beschimpft, dir den Schneid abkauft? Dann überleg dir doch mal, wie du diesen Quälgeist ruhigstellen kannst. Wenn er dir einredet, du könntest nicht malen, probier es trotzdem. Oder beschreib in blumigen Worten, wie du ihn in die Wüste schickst – oder sonst wohin.

HERZRASEN

»Also, ich könnt' mich aufregen! Stelle dir vor, was die Elli mir erzählt hat! Ihre Schwägerin hat doch tatsächlich …! Ist doch nicht zu fassen … Wie kann man nur …!«

»Müller! Ja, jetzt Müller! Abspielen, los, abspielen! Jetzt spielt er ab! Zu spät, zu spät …!«

»Hast du gesehen, wie der Lanz in der Talkshow den Lauterbach wieder …? Unmöglich, sag ich dir! Unmöglich!«

»Hey, du Armleuchter! Bleib auf der rechten Spur, wenn du keine PS unter'm Hintern hast! Bleibst du! Jetzt blinkt der rotzfrech! … Scheiße, das war knapp!«

O Gott, mein Herz. Allein, wenn ich diese Situationen aufschreibe, spüre ich schon, wie es sich verkrampft und anfängt, holprig zu schlagen. »Ruhig, Brauner!« Einatmen, ausatmen, ganz lange, bis das Herz der Lunge den Impuls gibt, wieder lebensspendende Luft einzusaugen. Das Herz beruhigt sich langsam, schlägt wieder im Takt. Einatmen, ausatmen.

Nein, was konnte ich mich früher aufregen! Bei jedem wichtigen Fußballspiel bin ich alle Minuten aufgesprungen – wenn es zu spannend wurde, bin ich aus dem Zimmer gelaufen, weil ich es nicht mehr aushalten konnte! Bei politischen Diskussionen habe ich rotgesehen und wäre am liebsten in den Bildschirm gesprungen! »Alles Vollidioten!«

Irgendwann bekam ich Angst um mein Herz (und ich muss doch schon jeden Tag zwei Tabletten gegen meinen Bluthochdruck nehmen)! Da musste sich was ändern! Das kann nicht gesund sein. Aber wofür bin ich schließlich Coach und kenne eine Menge kluger Fragen, die ich anderen Menschen stelle? Warum sollte ich diese Klärungsfragen nicht zum Selbstcoaching nutzen?

Also habe ich mich in einer stillen Stunde mit mir an einen Tisch gesetzt, habe Papier und Stifte bereitgelegt und mir ganz in

Ruhe Fragen gestellt, und sie dann nach einigem Nachdenken auch gleich beantwortet (ich bin viele):

FRAGE	ANTWORT
Warum regst du dich so auf?	Puh, das ist doch auch alles so aufregend!
Was ist daran aufregend?	Ja, da fallen doch wichtige Entscheidungen!
Welche zum Beispiel?	Ja, wer gewinnt zum Beispiel!
Inwieweit ist das wichtig für dein Leben?	Tja, das ist doch schon schön, wenn jemand gewinnt, den ich mag!
Wird dieser Sieg dein Leben verändern?	Na ja, so direkt nicht.
Wird es nächste Woche noch eine Rolle in deinem Leben spielen?	Wahrscheinlich nicht.
Wird es irgendetwas in deinem Leben verändern?	Na, mit Sicherheit nicht.
Ergibt es dann Sinn, wenn du Herzrasen bekommst?	Nein.
Was kannst du stattdessen tun?	Ich kann mich freuen, wenn jemand gewinnt. Und Mitleid haben, wenn jemand verliert.
Wäre dein Herz froh über moderatere Gefühlsregungen?	Ja, ich denke schon.

Nach diesem Selbstcoaching habe ich beschlossen, die Zahl der Ausrufezeichen in meinem Leben zu reduzieren. Ein Punkt reicht doch meistens auch. Wahrnehmen, registrieren, darüber nachdenken. Punkt. Seither rege ich mich weniger auf. Auch wenn andere

Menschen sich aufregen oder mich aufregen könnten. Und die können mich aufregen! Stopp. Die können mich manchmal aufregen,
aber ich flippe nicht mehr aus. Also, ich fühle mich besser seither.
Ich nehme wahr. Ich fühle mit. Und wenn ich etwas tun kann, tu
ich's. Klingt langweilig? Vielleicht. Aber es ist ja mein Herz, und das
brauch ich noch.

ERREGUNGSPEGEL SENKEN

Wenn du dich von Ereignissen überwältigt fühlst. Wenn dich Nachrichten verwirren oder aufbringen, und du spürst, dass dir das nicht
guttut, beantworte dir folgende Fragen:

◇ Wird das Ereignis morgen noch eine Rolle in deinem Leben
   spielen?
◇ Wird es dein Leben beeinflussen?
◇ Kannst du etwas daran ändern?
◇ Kannst du die Ausrufezeichen in deiner Wahrnehmung und
   Reaktion reduzieren und öfter mal stattdessen einen einfachen
   Punkt setzen? Würde dir das guttun?

Wenn du die ersten drei Fragen mit Nein beantworten kannst, cool
down, atme tief durch, senke deinen inneren Erregungspegel, lenk
dich ab, denk an was Beruhigendes.

Ballast & Überfluss

NICHT OHNE MEINE TÜTE

Wir schreiben das Jahr 2014. »So, alles perfekt.« Ich schließe den Koffer für meine dreitägige Vortragsreise. Zwei Bühnenoutfits. Hose und Bluse zur Reserve – man weiß ja nie, wer einem Wein aufs Oberteil schüttet. Nachtzeug, Kosmetik, zwei Paar Schuhe. Ich überlasse möglichst nichts dem Zufall.

Ich bin wie immer viel zu früh am Münchner Flughafen. »Besser ist besser«, hieß es in meiner Familie. Ich gebe meinen Koffer auf, hab noch Zeit für einen Kaffee. Durch die Sicherheitskontrolle geht es fix. Ich warte am Gate, schau noch mal meine Reiseplanung durch. Ich habe genug Zeit, mich im Hotel umzuziehen, um 19 Uhr beginnt mein Vortrag. Thema: Zwölf Schlüssel zur Gelassenheit.

Wir starten pünktlich, kommen pünktlich an. Am Düsseldorfer Flughafen stehe ich relaxt am Gepäckband. Es läuft an, die Koffer fahren vorbei, ich habe viel Geduld. Schaue zwischendurch im Handy nach Mails. Plötzlich stoppt das Band. Ich schrecke auf. Was ist los? Ich sehe, ich bin die Einzige, die noch wartet.

Eine lange Geschichte kurz erzählt: Mein Koffer ist nicht mitgekommen. Warum, kann mir niemand sagen, innerdeutsch ist mir das noch nie passiert (und damals war ich ständig unterwegs). Die nette Frau am Nachforschungsschalter beruhigt mich: Den schicken sie gleich morgen früh mit der ersten Maschine nach.

Erste Maschine? Was nützt mir die erste Maschine? Ich gerate in Panik, schaue an mir herab, meine bequeme Reisekleidung besteht aus ausgebeulter Jeans, ollem Pullover und abgetragenen Sneakern. Ich brauche die Sachen heute Abend! 600 Teilnehmer werden erwartet, vor allem Führungskräfte.

Und nur noch drei Stunden bis zum Auftritt. Wer schon mal ein Foto von mir gesehen hat, weiß, dass ich nicht einfach in eine coole Boutique auf der Kö marschieren kann, mir die tollsten Klamotten aussuchen und denken: »Die Lufthansa zahlt's ja.« Ich brauche XXXL. Also im Taxi zum Hotel und Google fragen: »Wo finde ich in Düsseldorf ein Damenmodegeschäft für große Größen?« Ich bekomme sofort drei Treffer. Zwei haben den Infos nach schon geschlossen. Gleich nach dem Einchecken geht's im Stechschritt zum dritten Laden (Düsseldorf ist größer, als man denkt).

Im Galopp wie eine Shopping Queen finde ich wenigstens eine schwarze Hose und eine schwarz-weiß gemusterte Bluse. Jetzt noch Schuhe und Wäsche. Im Kaufhaus werde ich fündig. »Brauchen Sie eine Tüte?«, fragt die Verkäuferin gewohnheitsmäßig. »Auf jeden Fall«, antworte ich. Wie einen Schatz trage ich meine weiße, unbedruckte Papiertüte aus dem Kaufhaus. Jetzt ab ins Hotel zum Umziehen.

Ich stehe pünktlich auf der Bühne. Alles gut. Und morgen früh kommt ja der Koffer.

Als ich, meine Tüte schwenkend, ins Hotel komme, empfängt mich die Nachricht: Die Fluglinie hätte angerufen, das Gepäck komme doch erst morgen Vormittag. Wie Vormittag? Da sitze ich bereits im Zug nach Hamburg. Also wieder Telefonat mit LH: Bitte nicht nach Düsseldorf nachschicken, sondern gleich nach Hamburg ins dortige Hotel. Als ich vormittags dort ankomme – kein Koffer. Die nette Stimme in der Hotline erklärt mir: »Ach, der geht leider erst mit der Nachmittagsmaschine mit.«

Jetzt habe ich auch keine Lust mehr. Ich geh mit meiner Tüte und meine Tüte mit mir. Sie brauchen den verdammten Koffer nicht mehr nach Hamburg schicken, sondern sollen ihn morgen Abend mir nach Hause bringen.

200 Coaches warten in dem Hotel am Hafen auf mich. Ich soll ihnen eine Einführung in lösungsorientiertes Kurzcoaching geben. Kurzentschlossen baue ich die Tüte in mein Programm ein. Ich erzähle meine Geschichte und entwickle spontan eine Übung zur Gelassenheit. Die Teilnehmenden freut's. Hinterher lassen sich viele nicht mit mir (wie sonst oft), sondern mit meiner weißen Tüte fotografieren.

Auf Facebook ging meine weiße Papiertüte viral, nachdem ich Fotos von ihr – im Hotel, im Gepäcknetz im Zug und auf der Bühne – gepostet habe. Noch heute sprechen mich manche Fans auf die Tüte an.

Sie wurde damals für mich zum Symbol der Einfachheit – und der Demut. Sie hat mir geholfen, meinen Hang zur absoluten Sicherheit zu bremsen. Es ist doch erstaunlich, wie wenig wir eigentlich brauchen: Zahnbürste und Zahnpasta bekam ich an der Rezeption geschenkt. Meine kurzen Haare kann ich auch ohne Kamm bändigen. Lippenstift habe ich eh immer in der Handtasche, mehr Make-up benutze ich nicht.

Seit dem Tütenerlebnis habe ich meinen Wunsch nach absoluter Sicherheit abgebaut, auf alles vorbereitet zu sein, alle Eventualitäten vorher einzukalkulieren. Und ich spüre eine große Erleichterung. Ich habe seither gepäcktechnisch tüchtig abgerüstet. Ich komme jeweils mit der kleineren Koffergröße aus als früher, weil ich nicht immer dreimal so viel mitnehme, wie ich eigentlich brauche. Und neulich habe ich das erste Mal, seit ich mich erinnern kann, aus eigener Schuld einen Zug verpasst. Ich hatte mir das Gleis falsch gemerkt. Als ich endlich am richtigen war, sah ich nur noch Rücklichter. Und ich merke, wie ich mich in Richtung »Unwägbares annehmen« verbessert habe: Ich bin nicht panisch geworden, sondern habe relativ gelassen nach einer schnellen Lösung gesucht: Ich habe die nächstmögliche Verbindung herausgefunden, meinen Gesprächspartner angerufen, dass ich leider später komme, mich entschuldigt. Er hat mir verziehen. Wie sagen die Engländer? Shit happens. Oder: Nobody is perfect.

PS: Als ich am Abend aus Hamburg nach Hause komme, ist der Fahrstuhl defekt. Ich steige in den dritten Stock hoch und freue mich über meine leichte Tüte. Der Koffer wurde dann pünktlich hochgeschleppt.

WENIGER IST MEHR

Wenn du auch manchmal das Gefühl hast, dass du viel zu viele Dinge besitzt, und du gerne etwas Ballast abwerfen würdest, wenn du dich schlecht von etwas trennen kannst, dann können dir die zwei folgenden Übungen vielleicht einen Weg weisen:

◇   Wenn du nur die Dinge aufheben könntest, die in eine mittelgroße, weiße Papiertüte passen würden, was würdest du einpacken? (Das ist die Übung, die ich in Hamburg spontan entwickelt habe.) Damit wird dir klar, was dir wirklich wichtig ist.

◇   Geh doch einmal im Monat mit einer größeren Tüte durch deine Wohnung und schau …

… was du ewig nicht mehr benutzt hast,

… was du sowieso schon immer hässlich fandest,

… ob du wirklich acht Eierbecher brauchst oder sechs verschiedenfarbige Cognac-Gläser,

… was du eigentlich mit den Hunderten von Knöpfen in der Knopfkiste anfangen sollst,

… wann du die CDs das letzte Mal angehört hast?

Pack alles in die Tüte (vielleicht brauchst du sogar zwei oder drei), was dir spontan überflüssig erscheint.

Ich wünsche dir das wunderbare Gefühl, Ballast abwerfen zu können, während du dich von Dingen verabschiedest.

Und das Gute daran: Es gibt vielleicht Menschen, die sich über das freuen würden, was du aussortierst. Verkauf es im Internet oder verschenk es über ein Nachbarschaftsportal oder gib es in Geschäften wie Oxfam ab.

AMANDA, DAS DEUTSCHE KRAFTWEIB

Kennst du diese Gedanken: »Ich kann das, ich bin stark, ich bin ausdauernd, ich habe jede Menge Energie …« Ich selbst habe jahrelang entsprechend gelebt, fand das völlig normal und irgendwie auch gut so. Ich biss mich durch, auch wenn es hart war.

Doch es gab immer wieder Phasen, in denen ich insgeheim dachte: »Wie soll ich das alles schaffen?« – »Lohnt sich das wirklich?« – »Es wird mir alles zu viel!« Im Nachhinein wundere ich mich, wie ich die vielen Jahre, in denen ich weit über dem Energie-Limit lebte, überstehen konnte.

Meine Erklärungen für meine berserkerhafte Einsatzbereitschaft: »Ich muss ja, ich trage schließlich Verantwortung.« – »Ich will es allen beweisen.« – »Es macht mir Spaß.« – »Ich kann doch keinen Auftrag ablehnen, wer weiß, wie lange das so gut läuft.«

Es stimmte alles. Und war trotzdem zu viel.

Mein Mann Siegfried nahm mich in einer solchen Überlastungssituation einmal beiseite und sagte: »Ich weiß, du bist Amanda, das deutsche Kraftweib.« Mir blieb die Luft weg. Ich kannte den altmodischen Ausdruck, er bezeichnet einen weiblichen Muskelprotz im Zirkus. Empört reagierte ich: »Das ist ja wohl eine Unverschämtheit.« Er nahm mich in den Arm und erklärte mir, was er damit meinte: »Du hast extrem viel Kraft, du schaffst mehr als viele andere. Aber ich habe Angst um dich. Lerne, Nein zu sagen, und lass dir helfen!«

Ich habe in den letzten Jahren viele Fortschritte beim Thema »Ich muss nicht alles schaffen« gemacht. Es war ein langwieriger Prozess des Umdenkens, aber er hat mein Leben nachhaltig zum Guten verändert.

Was ich gelernt habe: Genug ist genug, ich muss nicht immer 120 Prozent geben, 100 sind ausreichend. Vertraue dem Leben, lass

Dinge geschehen. Ich darf lockerlassen, muss mich nicht für alles (!) verantwortlich fühlen. Ich muss auch nicht alles selber tun. Ich darf mir helfen lassen und aktiv um Hilfe bitten. Konkret hieß das, mühsam Verantwortung abzugeben. »Stopp!« zu sagen, wenn mir alles zu viel wurde. Es hieß abgeben, aufgeben, Grenzen erkennen, zufrieden sein, aber auch, gehalten werden, Geborgenheit spüren, mich verwöhnen lassen.

Ich habe viele Jahre eine Übung mit den Menschen in meinen Seminaren gemacht: Sie haben sich paarweise durch den Raum geführt, einer hatte eine Schlafbrille auf den Augen und ließ sich vom anderen lotsen. Weißt du, wer sich bei dieser Übung am schwersten getan hat? Ich! Was ich also auch lernen musste: Sich helfen lassen ohne Vertrauen geht nicht. Denn Hilfe annehmen heißt auch, sich auszuliefern – der Anständigkeit, dem guten Willen und dem besten Bemühen von anderen. Vertrauen aufzubauen dauert. Es war ein längerer Entwicklungsprozess, bis ich erkannte, wem ich vertrauen kann und wem eher nicht.

Ich treffe immer wieder auf Menschen, die ebenfalls arbeiten wie ein Pferd, ihre eigenen und die Probleme anderer schultern, Unmögliches möglich machen und sich nicht helfen lassen. Vielleicht gehörst auch du dazu. Hole dir Unterstützung. Du hast ein Recht darauf, dir helfen zu lassen. Lass es zu – und spüre, wie viel leichter sich das Leben anfühlen kann.

MEHR LEICHTIGKEIT INS LEBEN BRINGEN

Fang mit ganz kleinen Schritten an. Gib Tätigkeiten ab, die genauso gut jemand anderes machen kann. Erst eine, dann die nächste. Mit solchen Minimäuseschritten wird nach und nach mehr Leichtigkeit in dein Leben einziehen. Ein Beispiel: Du bist die Einzige, die sich um das Sommerfest deines Sportvereins kümmert? Ackerst Tag und Nacht, suchst Sponsorenfirmen für die Tombola, bettelst um Hilfe beim Catering, besorgst Tische und Bänke, schreibst nachts um eins die Einladungen? Die Alternative: Du informierst die Mitglieder, dass du gern das Sommerfest organisierst, wenn sich mindestens fünf (oder zehn) andere an der Organisation beteiligen. Keine Mithilfe, kein Fest.

Wenn du bisher deine Stärken nicht im Hilfeersuchen und -annehmen gesehen hast, kannst du vielleicht jemanden bitten, dir dabei den Rücken zu stärken: Vielleicht hast du einen Bekannten, dessen Klugheit dich überzeugt, oder eine Freundin, deren Lebensweisheit du bewunderst? Zieh solche Menschen zurate und tausch dich mit ihnen aus.

Folgende Fragen können dir dabei helfen, dass aus vielen Minimäuseschritten irgendwann ein Siebenmeilenstiefel wird:

◇   Was muss ich selber machen?
◇   Was kann mir jemand abnehmen?
◇   Wobei kann ich Unterstützung gebrauchen?
◇   Wer kann mich unterstützen?
◇   Wie genau kann diese Unterstützung aussehen?
◇   Erzähl deinen möglichen Unterstützern, was du brauchst. Frag sie, ob sie dir regelmäßig den kleinen Schubser geben, den du nötig hast, um aus der Amanda-Rolle herauszukommen.

Delegieren und Konsultieren – das ist die Devise.

APOKALYPSE ALS CHANCE

»Nehmen Sie sich eine Matte und eine Decke und suchen Sie sich Ihren Wohlfühlort im Raum aus.« Ich verziehe mich gleich einmal ganz nach hinten, ans offene Fenster und schnuppere die würzige Bergluft. Keine Ahnung, was mich hier erwartet, aber ich bin neugierig auf das »Klangbad«, das vom Hotel seinen Gästen angeboten wird. Nach Anleitung strecke ich mich auf meiner Matte aus und kuschle mich in die Decke. Das beginnt schon mal gemütlich, denke ich und entspanne meine Muskeln, die vom gestrigen Bauch-Beine-Po-Programm noch kräftig jammern.

Nach einer kurzen Einführung durch Christian, den österreichischen Klangmeister, geht's los. Er erzeugt leise Töne mit Trommeln, Schellen und Klangschalen. Ich spüre, wie die Klänge wohlig durch meinen Körper strömen. Die Lautstärke steigert sich nach und nach. Wie war das, ich soll meine Gedanken einfach fliegen lassen? Na, schauen wir mal. Und plötzlich hebe ich ab. Ich sehe mich 50 Zentimeter über dem Boden schweben. Nein, ich sehe es nicht, ich fühle es. Ich schwebe, friedlich, frei und unbeschwert.

Dann schlägt Christian den großen Gong, den ich beim Eintreten schon ehrfürchtig betrachtet habe. Wom! Wom! Wom! Er steigert die Lautstärke und erreicht schließlich die Dezibelleistung eines startenden Flugzeugs. Mir haut's fast die Ohren weg.

Und dann erscheint vor meinem inneren Auge plötzlich die Erdkugel, sie dreht sich glühend rot im dunklen All. Und ich spüre: Das ist der Weltuntergang. Die Welt geht als glühender Feuerball in die Ewigkeit ein. Dann bemerke ich, dass ich das Ganze aus der Ferne beobachte, freischwebend im Weltraum. Und eine Stimme in mir sagt mir: »Ich werde immer ein Funke im Feuer oder ein Tropfen im Wasser sein.« In mir breitet sich selige Ruhe aus.

Das Flugzeug landet, Stille, wir dürfen nachruhen. Dabei schüttle ich innerlich den Kopf über mich. Was war das denn im Angesicht der Apokalypse? Dieser Satz fasziniert mich: »Ich werde immer ein Funke im Feuer oder ein Tropfen im Wasser sein.« Und plötzlich kann ich diese Botschaft für mich deuten: Ich mache mir keine Sorgen mehr. Ich mache mir einfach keine Sorgen mehr. Die Welt ist Werden und Vergehen, so Goethe. Und ich bin Teil dieser Welt – in welcher Form auch immer.

Du musst wissen, dass ich bis zu diesem Tag Frau Sorgenvoll war. Sorge um meine Kinder, Sorge um meine Enkelkinder, wenn sie mit den Fahrrädern unterwegs waren. Sorge, ob ich pünktlich zu meinen Aufträgen kommen würde. Sorge, wie's wirtschaftlich weitergeht: Werden wir als Unternehmen überleben? Sorge, wie sich unsere Gesellschaft entwickelt. Sorge um Demokratie und Freiheit. Sorge um den Weltfrieden … (Und das schon lange vor dem Ukrainekrieg). Ich fühlte mich für alles verantwortlich, musste alles im Griff haben. Himmel, war das anstrengend!

Und nun diese völlige Sorglosigkeit. Ich rapple mich am Ende des Kurses auf, verstaue Matte und Decke, bedanke mich herzlich bei unserem Klangmeister, verlasse mit den anderen – ebenfalls etwas entrückt wirkenden – Teilnehmerinnen den Raum. »Viel Wasser trinken«, schickt Christian uns als Segensspruch hinterher.

Ich schwebe in mein Zimmer. Meinen Kindern schreibe ich: »Ich mache mir ab sofort keine Sorgen mehr!« – »Prima, Mami«, kommt zurück, Smiley.

DAS UNTERE ENDE DER SORGENSKALA ANPEILEN

Vielleicht kennst du den Spruch »Sorgen sind wie Nudeln, wir machen uns immer zu viel davon«? Ob du's glaubst oder nicht: Auf meiner Sorgenskala bin ich seither von einer fetten 10 auf eine für mich akzeptable 2 gesunken. Das heißt nicht, dass ich die Augen vor der Welt verschließe. Doch wann immer mich aktuell ein Angstblitz durchschießt, frage ich mich: Kann ich etwas daran ändern oder nicht? Wenn ich etwas tun kann, tu ich's. Wenn nicht, denke ich an meinen neuen Leitspruch: »Ich mache mir keine Sorgen mehr.«

Möchtest du dir auch weniger Sorgen machen? Dann verfolge vier Wochen lang das Prinzip »Kann ich etwas ändern oder nicht?«. Dinge, die du nicht beeinflussen kannst, legst du innerlich ad acta, um die anderen kümmerst du dich aktiv. Trage am Anfang dein Sorgenniveau auf einer Skala von 0 bis 10 ein. Nach vier Wochen notierst du dein neues Sorgenniveau.

Wenn wir ehrlich sind: Die Welt ist in einem Zustand, dass wir uns von morgens bis abends Sorgen machen könnten. Wir helfen der Welt aber damit nicht. Lass uns lieber unsere Energie dafür einsetzen, dass die kleine Welt um uns herum ein bisschen besser wird: Sei verträglich in der Familie, in der Arbeit, in der Nachbarschaft. Schaffe wenigstens Frieden in deiner kleinen Welt.

STEIN DES ANSTOSSES

Schwer atmend stehe ich an der Ampel. Mist, ich bin zu spät. Um 19 Uhr beginnt der Volkshochschulkurs, den ich einmal in der Woche gebe: »Aus Zeitungen die Wahrheit finden.« Ich arbeite seit Kurzem in Vollzeit als Redakteurin bei einer Zeitschrift. Seit meiner Zeit als Reporterin bei einer Münchner Tageszeitung und Betriebsratsmitglied bin ich gewerkschaftlich und politisch aktiv.

Ich bin nach der Arbeit kurz nach Hause gefahren, habe mit der Familie gegessen, ein bisschen mit den Kindern gespielt. Und als ich wieder loswollte, hat sich meine dreijährige Tochter an mein Bein geklammert. »Mami, Mami, bleib da!« Mein Mann hat sie mir abgenommen, sie hat geweint, und ich bin losgerast – mit wehem Herzen.

Die Teilnehmer warten sicher schon. Ich habe im Gewerkschaftshaus schnell den Schlüssel für den Seminarraum zwei Straßen weiter geholt und muss dort noch zu Fuß in den dritten Stock hoch. Eine rote Fußgängerampel zwingt mich zu warten. Während ich von einem Fuß auf den anderen trete, schaue ich auf ein hell erleuchtetes Schaufenster. Und einen Augenblick lang habe ich den verstörenden Wunsch, einen der Steine zu nehmen, die an der Baustelle neben mir liegen, und ihn ins Fenster zu werfen. Ich höre das Glas klirren, sehe die Splitter fliegen.

Dann würde jemand die Männer mit den weißen Turnschuhen rufen. Sie würden mit Tatütata angerast kommen. Sie würden mich auf eine Trage legen. Mir eine Beruhigungsspritze geben. Ich würde in ein kühles, weiß bezogenes Bett gelegt. Und ich dürfte allein in einem ruhigen Zimmer drei Tage lang nur schlafen, schlafen, schlafen.

Natürlich habe ich nicht geworfen. Ich bin brav weitergeeilt und habe meinen Kurs gegeben. Als ich um zehn Uhr nach Hause gekommen bin, haben mein Mann und die Kinder schon geschlafen. Ich habe mir einen Tee gemacht und mich an den Küchentisch gesetzt. Dann habe ich an den Stein gedacht, und er hat mir einen wichtigen Anstoß gegeben. Ich habe eine Entscheidung getroffen: So kann es nicht weitergehen. Ich gehe dabei drauf. Ich hatte wirklich geglaubt, wenn ich mal Kinder hätte, könnte ich mein bisheriges Leben einfach so weiterführen, plus Kinder eben. Aber ich musste mir eingestehen: Auch meine Energie ist endlich. Ich besitze ja wirklich überdurchschnittlich viel davon. Aber jetzt ist Schluss.

Ich nehme mir einen Block und schreibe auf:

1. Worauf will ich nicht verzichten?
   Meine Familie. Ich liebe meine Kinder über alles.
   Meine Arbeit. Ich arbeite gern und mein Verdienst ernährt die Familie.
2. Worauf kann/muss ich verzichten?
   Gewerkschaftsarbeit, Frauengruppe
   Volkshochschulkurse
   SPD-Unterbezirksvorstand
   Mitglied im Bezirksausschuss
   AWO-Ortsvorstand
   Vorstand Terre des Hommes
   Vorstand Eritrea-Hilfswerk in Deutschland

Und ich setze meine Erkenntnis wirklich um. Manches mit echtem Seelenschmerz. Ich engagiere mich gern für die Gesellschaft, bin an vielem interessiert. (Ehrlich gesagt, hatte ich den Ehrgeiz, die erste deutsche Bundeskanzlerin zu werden. Glück gehabt, Angela Merkel!) Meine Eltern waren politisch engagiert, waren in Vereinen und Verbänden und haben mir mitgegeben, dass man sich um das Gemeinwohl kümmern muss.

Jetzt muss ich mich erst mal um mich selbst kümmern. Ich trete von allen Ämtern zurück, scheide aus Vorständen aus, bleibe aber Mitglied. Ich beende meine Kurse, nehme keine neuen mehr an. Wir mieten uns wenig später eine kleine Wohnung auf einem Bauernhof im Allgäu und sind fast jedes Wochenende in der Natur. Später bekomme ich das Angebot, zu einem Frauenmagazin in München zu wechseln – mit einer Vier-Tage-Woche. Bingo!

An meinen Kindern sehe ich, wie notwendig und richtig meine Entscheidung war. Wir schaffen die innige Verbindung, die bis heute anhält. Im Scherz sage ich später oft: Andere haben in die »Lehman Brothers« investiert, ich in die »Asgodom Kids«. Diese Investition war die wichtigste meines Lebens.

Und noch eine gute Wendung: Als ich in der Selbstständigkeit sehr erfolgreich werde, kann ich Initiativen und Organisationen, die dem Gemeinwohl dienen, nicht nur finanziell unterstützen. Ich kann es mir leisten, ihnen kostenlos als Trainerin und Coach zur Seite zu stehen. Das tut ihnen gut und mir.

DAS LEBEN ENTSCHLACKEN

Hast du auch manchmal das Gefühl, dir wird alles zu viel? Vielleicht magst du für dich mal Bilanz ziehen, wie du dein überfülltes Leben entschlacken kannst? Dann schreib die Antworten auf folgende Fragen auf:

◇ Worauf möchte ich nicht verzichten?

◇ Worauf könnte ich verzichten?

◇ Was ist der erste Schritt? Zum Beispiel bis auf Weiteres keine neue Zusatzaufgabe/kein neues Angebot mehr annehmen.

◇ Wie sehen weitere Schritte aus? Vielleicht Mitgliedschaften kündigen, von Ämtern zurücktreten?

◇ Gibt es vielleicht weniger anstrengende Alternativen für das ein oder andere? Den Sportverein etwa sporadisch bei Veranstaltungen unterstützen, statt sich im Vorstand zu engagieren?

◇ Wie kann ich mehr Erholungsphasen einbauen? Etwa zweimal im Jahr ein Wellness-Wochenende buchen oder öfter mal mit der Familie eine Wanderung machen.

Mit deinen Antworten erstellst du dir deinen Businessplan für ein gesünderes Leben.

DINOS DÜRFEN STERBEN

»Schaut mal, das sind die Spuren von Dinosauriern. Die haben vor vier Millionen Jahren hier gelebt. Hier war offensichtliche ihre Wasserstelle, deshalb haben sie Spuren im Schlamm hinterlassen. Und diese Spuren sind dann eingetrocknet und nach und nach versteinert.« Ich bin völlig begeistert von den Saurierspuren im alten Steinbruch von Obernkirchen. Ich kann mich gar nicht sattsehen, fotografiere jede einzelne Spur, als hätte ich sie entdeckt.

Ich bin in meiner alten Heimat, dem Schaumburger Land. Ich verbinde einen Vortrag, den ich dort bei den Landfrauen halte, mit einer nostalgischen Tour in meine Vergangenheit. Meine Tochter Bilen und die drei Enkelkinder habe ich dazu eingeladen. Wir haben uns mein Geburtshaus in Hattendorf angeschaut, das Haus in Rehren, wo ich aufgewachsen bin, eine alte Schule. Und natürlich habe ich ihnen das Gymnasium Ernestinum in Rinteln gezeigt, das ich bis zum Abitur besucht habe.

Heute machen wir den Ausflug auf den Bückeberg, Revier unzähliger Wanderungen mit meinen Eltern. Ein wunderschöner Höhenzug mit herrlichem Mischwald. Mittendrin der Obernkirchener Steinbruch, in dem vor Jahren die Dinosaurierspuren entdeckt worden sind. Die gab es in meiner Kindheit noch nicht. »Schaut mal hier. Das war wohl ein Baby-Dino.«

Meine neunjährige Enkeltochter schaut nicht mal hin und sagt: »Und was habe ich davon?« Ich bin sprachlos und, ehrlich gesagt, auch ein bisschen beleidigt. Ich dachte, ich führe meine Enkel hier in die Naturgeschichte ein. Und standen nicht in der ganzen Wohnung Plastikdinos herum, und sie kannten den Namen von jedem einzelnen? »Aus dieser Phase sind sie schon lange raus«, sagt Bilen entschuldigend.

Auf dem Weg zurück zum Auto und nach dem Versprechen, morgen in ein Wasserrutschen-Paradies zu fahren, sind die Kinder ganz munter und klettern über jeden Baumstamm, den sie sehen. Ich bin wortkarg und in mich gekehrt. Ich habe diesen Satz im Kopf: »Und was habe ich davon?« – »Bildung, Kinder, Bildung!«, hätte mein Vater wohl gekontert. Ich bin etwas ratlos.

Neulich räume ich mein Arbeitszimmer auf. Da gibt es so eine Ecke, auf der sich Papier türmt – Zeitungsausschnitte, Studien, Mitschriften von Vorträgen, also alles, was es mir wert schien, aufgehoben zu werden, um »irgendwann« etwas daraus zu machen. Ziemlich am Fuß dieses Berges finde ich ein Notizheft, in dem ich während eines Kongresses mitgeschrieben habe. Zum Vortrag von Professor Martin Seligman – einem bekannten Psychologen, dem Mitbegründer der Positiven Psychologie – habe ich damals diese Stichworte notiert:

»Wir werden nicht von der Vergangenheit geschoben, sondern von der Zukunft angezogen.

Das Homo-Sapiens-Modell, das auf Wissen gesetzt hat, hat ausgedient.

Wir wechseln ins Homo-Prospectus-Modell (Zukunftserwartung und Ausblick).

Vergangenheit wird total überschätzt!!!

Die Gegenwart dauert zwei Sekunden und wird überschätzt!

Simulationen über die Zukunft sind das, was uns antreibt.«

Schlagartig fallen mir mein nostalgischer Ausflug in die Kindheit, die Dinosaurierspuren und der Ausspruch meiner Enkeltochter ein: »Und was habe ich davon?« Und ich begreife den Zusammenhang: Mit sechs oder neun Jahren hast du nur den Blick nach vorn. Du bist begierig auf das, was kommt. Freust dich ständig auf etwas: »Wie lange noch?« – »Wie oft muss ich noch schlafen?« – »Sind wir endlich da?« Irgendwann dreht sich das. Viele Erwachsene trauern dem nach, was war, und enden im »Früher war alles besser«-Modus. Oder sie leiden daran, wie es früher war. Und manche fühlen sich in der Vergangenheit gefangen, von ihr bestimmt.

Dieses Rückwärtsgewandte ist ein immer wiederkehrendes Thema in meinen Coachings. Und jetzt weiß ich, warum ich so viel Wert darauf lege, mit meinen Klienten und Klientinnen nicht lange in der Vergangenheit herumzubohren, sondern immer den Weg vom Jetzt in zukünftiges Handeln zu suchen. Die Grundlagen meiner Coachingmethode ist die Suche nach Lösungen – und damit die Orientierung hin zur Zukunft. Zum Beispiel:»Ja, bisher konnten Sie nicht Nein sagen. Was brauchen Sie, damit Sie es zukünftig tun können?« Oder:»Sie sagen, Sie kümmern sich nicht genug um sich selbst. Versuchen Sie mal den Satz ›Bisher habe ich mich nicht genug um mich gekümmert‹. Was ändert sich dadurch?«

Und jetzt fällt mir ein, warum ich solch einen Wert darauf gelegt habe, meiner Familie das Umfeld meiner Kindheit zu zeigen: Ich habe damit abgeschlossen. Ich war nur noch Reiseführerin durch diese Welt, nicht mehr Teilhabende und Leidende. Ich war nur noch neugierig, nicht mehr emotional betroffen. Ich bin frei.

Ach ja, noch etwas: Bitte den Nobelpreis für meine wunderbar ehrliche, vorwitzige, kluge Enkelin, die mich daran erinnert hat!

SICH DER ZUKUNFT ZUWENDEN

Hier eine kleine Übung, wenn du manchmal das Gefühl hast, von der Vergangenheit festgehalten zu werden, und du lieber von der Zukunft gezogen werden möchtest:

◇ Gewöhn dir an, das Wort »bisher« einzufügen, wenn du über deine persönlichen Schwächen sprichst. Denn du weißt, du selbst kannst etwas ändern!
◇ Und wenn schlechte Erinnerungen dich plagen, stell dir die Frage: Was habe ich davon?

DER ELEFANT IM RAUM

Bei 99 habe ich Schluss gemacht. Mir hat's gereicht. Ich konnte sie nicht mehr sehen. Das heißt, ich habe sie nicht mehr gesehen. Sie stand nur im Weg rum und machte Arbeit beim Putzen. Ich spreche von meiner Elefantensammlung. Den ersten, einen 40 Zentimeter hohen Holzelefanten, hatte ich 1980 zur Hochzeit bekommen. Ich mag Elefanten. Majestätische Tiere mit tiefen Gefühlen und Familiensinn. Die Herde wird von der klügsten Elefantenkuh geführt, habe ich mal gelesen, das hat mir natürlich gefallen.

Den Holzelefanten nahm ich 20 Jahre später beim Auszug mit in meine eigene Wohnung. Und dort bekam er schnell Zuwachs. In einer Wiesbadener Galerie entdeckte ich zwei Bilder eines französischen Malers, die zwei eindrucksvolle Elefanten zeigen und den Betrachter wütend anzugreifen schienen. Die beherrschten fortan mein Wohnzimmer. Manche Gäste fühlten sich eingeschüchtert von ihnen, ich fand sie nur klasse. (Seit dem Umzug in eine kleinere Wohnung stehen sie leider im Keller.)

Mein Faible für die grauen Riesen sprach sich im Freundeskreis und in der Familie herum. Immer wieder bekam ich fortan Elefanten geschenkt, in allen Größen und Macharten. Und eh ich mich umsah, war ich unter die Sammler geraten. Auf jedem Flohmarkt, in jeder Markthalle der Welt suchte ich nach Elefanten, aus Glas, aus Porzellan, Holz, Stein, Metall oder Wachs. Kurz vor meinem 50. Geburtstag zog ich die Reißleine – stopp! Ich wollte nicht noch mal Dutzende Elefantengeschenke bekommen. Ich merkte, wie beliebig die Sammlung wurde. Der Reiz des Besonderen war weg.

Irgendwann schaute ich nur noch über die Elefanten hinweg wie über das Muster einer alten Tapete, sie sagten mir nichts mehr. So beschloss ich, mich von der Sammlung zu trennen, inserierte in einer Nachbarschaftsplattform und verschenkte die meisten von ihnen an andere Sammler.

Drei kleine und einen großen Elefanten behielt ich. Der Große – einen Meter hoch, einen Meter lang und Gott sei Dank schmal – wechselt öfter mal den Platz in meiner neuen Wohnung, sodass ich immer wieder über ihn »stolpere«. Unter den drei kleinen ist der Elefant aus Pappmaschee, den ich auf der Expo 2000 in Hannover gekauft habe, nachdem ich beim indischen Handleser gewesen war. Er steht als Symbol dafür, wie ich die Angst verloren habe, mein Leben zu verändern.

Ein kleiner weißer-blauer Porzellanelefant mit erhobenem Rüssel aus Thailand durfte bleiben. Als er einmal zu Boden fiel und in mehrere Stücke zerbrach, habe ich ihn liebevoll wieder zusammengeflickt, da bin ich tatsächlich abergläubisch. Er ist mein Symbol für Glück – ich bin dankbar für das Glück, das ich in meinem Leben erfahren habe.

Und der dritte ist ein Glaselefant von Lalique, einer französischen Edelmarke. Er soll mich immer daran erinnern, dass ich mein ganzes erwachsenes Leben lang meinen Lebensunterhalt selbst verdient habe und mir so etwas Schönes leisten konnte. Dieser Elefant steht für hart erarbeiteten Erfolg.

Auf die drei schaue ich jeden Tag, wenn ich am Computer sitze, so wie jetzt beim Schreiben. Und ich freue mich jedes Mal über den Anblick. Manchmal ist weniger mehr.

AUSMISTEN LOHNT SICH

◇   Welche Gegenstände in deiner Wohnung oder deinem Büro siehst du gar nicht mehr, weil du dich an sie gewöhnt hast und/oder sie keine Bedeutung mehr haben? Sortiere sie aus, und verschenke oder verkaufe sie.

◇   Welche Gegenstände magst du nicht mehr, hebst sie aber trotzdem auf, weil …? Auch sie gehören auf den Prüfstand und vermutlich zum großen Teil raus.

◇   Was erfreut dein Auge und dein Herz? Das solltest du unbedingt behalten.

Ausmisten tut gut, weil es Klarheit schafft.

»CHEEK TO CHEEK, BELLY TO BELLY«

Kerzen flackern, Gläser klingen, es ist festlich an diesem Abend im Ballsaal des Londoner Hotels, in dem 300 internationale Speaker den Abschluss des britischen Rednerkongresses feiern. Ich bin als Präsidentin des deutschen Rednerverbands GSA zu Gast, Siegfried begleitet mich das erste Mal. Eine Band spielt, und es wird getanzt.

Meine Beine zucken, ach, ich habe ewig nicht mehr getanzt. »Wollen wir?«, frage ich Siegfried übermütig. Wir leben jetzt seit drei Monaten zusammen und lernen uns gerade besser kennen. Er sieht umwerfend aus in seinem neuen Smoking, den er von Anfang an »No smoking« nennt. Ich liebe seinen Witz, der manchmal trocken und noch öfter geistreich ist.

Beim Apero vor dem Ball sind wir mit Gästen aus Australien zusammengestanden, von denen uns einer gefragt hat, wer wir seien. Ich habe geantwortet: »I'm the president of the German Speakers Association.« – »And I'm the president of the German Listeners Association«, hat Siegfried mit todernster Miene hinzugefügt. Wir sind aus dem Lachen gar nicht mehr herausgekommen. Immer wenn die Australier uns am Abend zwischendurch sahen, hoben sie lachend die Daumen.

Jetzt möchte ich mit diesem schönen, witzigen Mann tanzen. Er zieht einen Flunsch und sagt: »Ich kann nicht tanzen. Ich würde dich nur blamieren.« Ich schmolle, trinke einen Schluck Wein. Schade. Dann ergreife ich spontan seine Hand und schaue ihm tief in die Augen: »Weißt du, warum ich mit dir tanzen möchte? Ich will hier keinen Preis für Tango oder Cha-cha-cha mit dir gewinnen. Ich möchte nur, dass du mich Bauch an Bauch ganz langsam übers Parkett schiebst. Ich möchte deine Wärme spüren und meine Wange an deine schmiegen. Meinst du, das würdest du schaffen?«

Er küsst mich und fragt sanft: »Ganz ohne Ausfallschritt, zwei, drei?« Ich nicke. Er steht auf, macht einen formvollendeten Diener und nimmt meinen Arm. Die Tanzfläche ist rappelvoll, deshalb können wir uns ganz entspannt langsam in die Mitte schieben und uns »cheek to cheek, belly to belly« auf der Stelle minimal bewegen. Es ist himmlisch.

Nach und nach gewöhne ich ihm diese »Ich kann nicht tanzen«-Haltung ab. Wir werden kein Turnierpaar, aber das will ja auch keiner. Er traut sich immer freier, mich über das Parkett zu schieben, er will mich einfach glücklich machen. Nach und nach baut er kleine Drehungen ein und gewinnt offensichtlich selbst Gefallen daran.

Bei den wenigen Gelegenheiten, die sich uns bieten, tanzen wir ausgiebig. Auch »freestyle«, wie er das »Gehüpfe« nennt. Meist muss er nach einer Stunde das verschwitzte Hemd wechseln, weil er sich so austobt. Mein Mann tanzt! Einige Jahre später schenkt er mir zu Weihnachten sogar einen Tanzkurs, also jedenfalls einen Gutschein dafür. Leider schaffen wir es nicht mehr, ihn einzulösen.

Auf einer Weiterbildung in Graz haben wir 2010 Dr. John Gottman und seine Frau Julie Schwartz Gottman erlebt, die bekanntesten Paartherapeuten zu der Zeit. Das Thema war »Evidenzbasierte Paartherapie – die Kluft überwinden«. Nie werde ich eine Aussage von Gottman dort vergessen. Er hat gesagt: »69 Prozent der Probleme in einer Partnerschaft sind nicht lösbar. Menschen sind unterschiedlich, haben verschiedene Charaktere, unterschiedliche Gewohnheiten. Dafür braucht es Toleranz und Kompromisse. So kann Liebe überstehen.« Wie wahr. Ich konnte akzeptieren, dass ich keinen Turniertänzer geheiratet hatte. Und unser Kompromiss hat uns dadurch zu hingebungsvollen Tänzern gemacht.

WENIGER ANSPRÜCHE STELLEN

Lebst du mit einem Menschen zusammen, der dich manchmal mit seinen Gewohnheiten verstört? Bekommst du nicht, was du dir so sehr wünschst? Teilst du Vorlieben des oder der anderen nicht?

Anstatt ihm oder ihr, das, was dir missfällt, übel zu nehmen, überleg lieber, zu welchen Kompromissen du bereit bist. Beantworte dir dazu folgende Fragen:

◇ Wohin kannst du deinen Lieblingsmenschen begleiten, um ihm einen Gefallen zu tun?
◇ Was kannst du akzeptieren, was er tun möchte – dann halt allein?
◇ Was kannst du gut allein machen, ohne den anderen mit-zuschleppen?

Es geht nicht darum, möglichst viel Übereinstimmung zu errei-chen, das kostet nur unnötig Energie und führt eher zu Streit als zu einem guten Zusammenleben. Weniger Ansprüche an den Lieb-lingsmenschen (und an sich selbst) zu stellen, ist mehr. Auch in Be-ziehungen lässt sich also Ballast abwerfen, nämlich der Ballast über-zogener Erwartungen. Damit die Liebe alle Unterschiedlichkeiten überleben kann.

Pläne, Wunder & Zufälle

DU KOMMST AUS DEM GEFÄNGNIS FREI

»Hier, Oma, die schenke ich dir!« Meine Enkeltochter – Mitleid in der Stimme – reichte mir ihre Ereigniskarte. »Du kommst aus dem Gefängnis frei ...«, lese ich laut vor. Eigentlich mag ich das Spiel Monopoly nicht und habe es mindestens 30 Jahre nicht mehr gespielt. Nur auf Bitten meiner drei Enkelkinder habe ich mich bereit erklärt mitzumachen. Ich darf die Raubtierbande drei Tage hüten, während die Eltern verreist sind.

Hat ein Spiel eine Seele? Hat es Gefühle? Kann man es verärgern? Offenbar schon. Denn sage und schreibe sechs Mal schickt das Spielschicksal mich innerhalb einer Stunde ins Gefängnis. Ich bin keine Mathematikerin, aber ich bin sicher, selbst nach der Wahrscheinlichkeitsrechnung ist das überdurchschnittlich oft. Mehrmals erwischt es mich, weil ich drei Pasche hintereinander gewürfelt habe – Gefängnis, sagen die Spielregeln. Dazu kommen zwei Karten, die ich gezogen habe: »Geh in das Gefängnis, geh direkt dorthin, ziehe keine 200 Mark am Los ein.«

Also sitze ich meistens hinter Gittern, während meine Enkel die schönsten Straßen und Gebäude kaufen: Schlossallee, Parkstraße, alle vier Bahnhöfe ... Grmpf. Die ersten fünf Male lachen sie sich tot, wenn Oma mal wieder ins Gefängnis marschiert. Aber dann wird es sogar ihnen zu viel, und aus dem Akt der Nächstenliebe heraus befreien sie mich. (Ja, und vielleicht auch, damit ich die Chance bekomme, mich wieder für sündhaft viel Geld auf ihre Prachtstraßen zu würfeln.)

In Spielen können wir uns selbst erkennen, sagen Psychologen. Glaube ich sofort. »Warum immer ich?«, hätte meine innere Stimme früher gejammert, wenn wieder Gefängnis angesagt war. Und »Warum immer ich?«, habe ich in meinem Leben oft gejammert, wenn mir Unbill geschehen ist.

Inzwischen stelle ich diese Frage nicht mehr. Denn sie hilft mir nicht. Warum muss ich sechsmal ins Gefängnis, meine Enkel kein einziges Mal? Ist das gerecht? Nein, es ist Zufall! Ein Spiel ist nicht gerecht. Wie die Würfel fallen, wie die Karten verteilt werden, ist gnadenlos zufällig, das versuche ich auch meinen Enkelkindern zu erklären, wenn sie sich vom Spiel ungerecht behandelt fühlen.

Und ja, natürlich, auch das Leben ist nicht gerecht. Warum gewinnt die eine im Lotto und der andere verliert seine Arbeit? Warum wird der eine fröhlich 99 und die andere muss früh sterben? Das hat doch nichts mit Gerechtigkeit zu tun. Es geschieht. Es ist Zufall! Schlimmer Zufall meinetwegen. So ist dieses beknackte Leben!

Meine Erfahrung ist: Wenn ich die Zufälligkeit nicht anerkenne, sondern ein böses Schicksal hinter meinen Lebensereignissen vermute, mache ich mich zu dessen Opfer. Vielleicht klingt das in deinen Ohren hart, aber es ist so: Menschen werden geboren, Menschen erleben Schicksalsschläge, Menschen sterben. Täglich.

Natürlich ist es traurig, wenn wir einen lieben Menschen verlieren oder wenn das Leben uns harte Brocken in den Weg wirft. Aber es ist keine Bestrafung, nicht die Folge unserer Gedanken oder unseres Handelns. Kein Racheengel hat zugeschlagen. Sondern das Leben hat doof gewürfelt. Die Kunst besteht wohl darin, das annehmen zu können, akzeptieren zu können, dass es im Leben nicht gerecht zugeht.

Um solche Momente der Ungerechtigkeit aushalten zu können, brauchen wir Menschen um uns herum, die uns beistehen, die uns auffangen, die uns begleiten und die uns helfen, das Lächeln zurückzugewinnen. Gerade deshalb hat mich die Geste meiner Enkeltochter so gerührt: »Hier, Oma, die schenke ich dir.« Und ich kam aus dem Gefängnis frei.

BEISTAND UND MITGEFÜHL KULTIVIEREN

Das Leben ist nicht immer gerecht, manchmal entscheidet nur ein Zipfelchen Glück, wie es sich entwickelt. »Erst hatten wir kein Glück, dann kam auch noch Pech dazu«, hat mal ein Fußballer gesagt.

Erst wenn wir Glück und Pech in unserem Lebensspiel akzeptieren, können wir das Leben annehmen, wie es ist, und müssen nicht daran verzweifeln. Mach dir deshalb klar:

◇ Jeden Tag passiert milliardenfaches Unglück auf der Welt. Kein Mensch hat es »verdient«.
◇ Manchmal trifft es dich oder dir Nahestehende.
◇ Es ist keine Strafe oder Rache des Schicksals, sondern einfach ein Unglück.

Und:

◇ Trau dich, andere um Beistand zu bitten, wenn du Hilfe brauchst.
◇ Such dir Menschen, die dir in schlimmen Situationen beistehen, und rede mit ihnen über deine Ängste.

Andere beutelt das Schicksal natürlich auch. Sei du der Mensch, den sie jetzt brauchen, und sei ihnen eine Hilfe, wenn das Pech zugeschlagen hat:

◇ Schaffe gute Beziehungen zu anderen Menschen.
◇ Sei für sie da, wenn sie dich brauchen.
◇ Hab ein offenes Ohr für andere.
◇ Entwickle Mitgefühl. Stell dir vor, wie sie sich fühlen, und frag nach, was sie brauchen.
◇ Hilf, so gut du kannst.

KOPF ODER ZAHL

»Also, ich stecke da in einer Zwickmühle«, erzählt die Anruferin, die in meiner Call-in-Sendung im Bayerischen Rundfunk als Erstes in der Leitung ist. Unser Thema diesmal: »Entscheidungen treffen«. Ich stehe als Coach für Gespräche zur Verfügung, die live über den Sender gehen. »Dann erzählen Sie mal«, ermutige ich die Frau.

»Ja, also, es geht darum, was ich die nächsten Jahre beruflich machen will. Ich bin 46, und habe mich beworben. Ich habe jetzt ein Angebot aus der Schweiz. Da könnte ich sofort in meinem Beruf anfangen. Feste Stelle, ordentliches Gehalt.« »Aha, das klingt doch nicht schlecht«, antworte ich vorsichtig. »Wo ist denn die Zwickmühle?«

Die Frau stöhnt leise auf: »Ja, ich weiß, aber ich habe gerade auch von der Möglichkeit erfahren, dass ich für ein Jahr in einem spannenden Projekt in Griechenland mitarbeiten könnte. Und ich weiß jetzt nicht, was ich machen soll.«

Was mich an dieser Sendung reizt, ist, dass ich vorher nicht weiß, welche Fragen kommen. Ich kann mich also nicht darauf vorbereiten und habe nur wenig Zeit. Ich verlasse mich wieder mal auf meine Intuition.

Ich sage ins Mikrophon: »Ich habe hier eine Münze, die hat auf der einen Seite einen Kopf und auf der anderen eine Zahl. Jetzt müssen Sie sich nur entscheiden – welche der beiden Möglichkeiten bekommt die Kopfseite zugeordnet und welche die Zahl?«
Die Zuhörerin überlegt kurz und sagt: »Kopf ist Griechenland, Zahl ist der Job in der Schweiz.«

»Okay, ich werfe jetzt die Münze hoch, fange sie mit meiner Hand auf und sage Ihnen, was oben liegt.«

Sie klingt etwas skeptisch: »Okay.«

Ich tu so, als ob ich eine Münze werfe, schaue in meine Hand und sage spontan: »Zahl.«

Drei Sekunden Schweigen. Dann höre ich ein unterdrücktes »Scheiße!«.

»Öha. Wofür steht Ihr Ausruf?«

»Ich will nicht in die Schweiz.«

»Was bedeutet das dann?

»Ich nehme das Angebot für das Projekt in Griechenland an.«

»Alles Gute!« Ich grinse vergnügt, verabschiede mich und die Regie spielt Musik ein.

Die Moderatorin fragt neugierig: »Aber Sie hatten doch gar keine Münze?«

»Die brauche ich in dem Fall auch nicht. Es ist völlig egal, ob ich Kopf oder Zahl sage. Es wird immer eine Reaktion bei der Fragenden hervorrufen. Und allein die ist wichtig. Sagt sie: ›Au prima, ja ganz genau das habe ich mir auch gedacht‹, hat sie Klarheit. Sagt sie: ›O nee, das wollte ich eigentlich nicht‹, wird auch nur klar, was in ihrem Inneren längst entschieden war. Und das hat nichts mit Glücksspiel zu tun. Wenn mir jemand gegenübersitzt, habe ich übrigens immer eine Münze in Griffnähe.«

In Hunderten von Coachings habe ich die Erfahrung gemacht, dass viele Menschen sich innerlich schon längst entschieden hatten – bleiben oder gehen, tun oder lassen, dies oder das. Aber sie spürten es noch nicht. Gedanken, Einwürfe, Normen, Meinungen anderer verwirrten sie immer wieder. Deshalb habe ich für Fälle, in denen bereits alles abgewogen wurde, diese Methode entwickelt.

Und das bedeutet wirklich nicht, dass ich mein Glück oder das meiner Klientinnen und Klienten einem Münzwurf überlasse. Mit Leben spielt man nicht. Das einzig relevante ist die Reaktion meines Gegenübers auf den Münzwurf. Die meisten Menschen spüren sie sogar körperlich. Man nennt das ganz altmodisch »Bauchgefühl«. Die Münze fällt, jemand zuckt zusammen, »O nein«. Oder er nickt bedächtig mit dem ganzen Oberkörper, »Genau«. Ich habe dabei beobachtet: Die körperliche Reaktion tritt sofort ein, erst dann formuliert sich der Gedanke.

DAS BAUCHGEFÜHL ENTSCHEIDET MIT

◇ Wenn du dein Bauchgefühl nutzen willst, probiere doch vor einer Entscheidung den Münzwurf. Du legst die Bedeutung der Seiten fest, beispielsweise Kopf für »Ja«, Zahl für »Nein«. Oder: Kopf für »Urlaub am Meer«, Zahl für »Städteurlaub«. Und dann beobachte deine körperliche Reaktion, wenn du das Ergebnis des Münzwurfs siehst. Was ist dein erster Impuls?

◇ Wenn du deinem Bauchgefühl bisher nicht so recht vertraut hast, kannst du mit dem Münzwurf Klarheit schaffen. Mach vor einer Entscheidung einen Wurf wie oben, schreib dir das Ergebnis deiner körperlichen Reaktion dazu auf. Hat dein Körper mit Ja oder Nein auf den Zufallswurf reagiert? Und dann entscheide umsichtig nach der Faktenlage, deinem Kenntnisstand und allen rationalen Überlegungen, wie du es auch vorher getan hast. Vergleiche hinterher die Ergebnisse. War dein Bauchgefühl richtig? Dann kannst du ihm zukünftig öfter vertrauen.

◇ Wenn dich beide Entscheidungsmöglichkeiten kalt lassen, ist vielleicht die richtige Entscheidung noch gar nicht im Spiel. Dann kannst du noch mal in dich gehen: Fehlen dir noch Informationen? Ist der Zeitpunkt nicht der richtige? Wartest du noch auf eine bessere Idee?

CADBURY WAR MEIN SCHICKSAL

Es ist ein herrlicher Sommertag. Ich bin vielleicht sieben Jahre alt. Wir Kinder aus dem Unterdorf, Jutta, Ilona, Monika, Fritz, Elfriede, Inge und Heini, spielen in der Aue, dem Bach, der durch unser kleines Dorf in Niedersachsen fließt. Wir bauen Dämme, werfen rostige Konservendosen ans Ufer, an denen man sich die Füße aufschneiden kann. Wir suchen schöne Steine, jagen die wenigen kleinen Fische, die im Bächlein leben. Wir laufen immer weiter durch das knöcheltiefe, kühle Wasser und kommen zur Bogenbrücke an der Hauptstraße.

Plötzlich ein tosender Lärm, Kettenrasseln, wir halten uns die Ohren zu. Ich habe Angst. Die Älteren von uns klettern neugierig die Böschung hoch zur Straße und starren mit offenem Mund auf die Panzer, die dort zum Stehen gekommen sind.

Soldaten krabbeln heraus, laufen geschäftig hin und her, Kommandos in einer fremden Sprache ertönen. Wir Kleineren trauen uns auch heran. Ein Soldat steht auf seinem Panzer und macht uns Kindern Zeichen, dass wir näher kommen sollen. Ich sehe zum ersten Mal in meinem Leben einen schwarzen Menschen. Er zieht etwas aus seiner Tasche und will es uns zuwerfen. Fritz traut sich als Erster, eines der rot-silbrigen Päckchen aufzufangen – Schokolade. Jetzt gibt es kein Halten mehr. »Kad-bu-ri«, liest Jutta vor, sie geht schon in die dritte Klasse.

Ich fange auch ein Päckchen, stecke mir ein Stück Schokolade in den Mund und lutsche es verzückt. Der Soldat freut sich und zeigt beim Lachen viel Zähne – und ich lächle schüchtern zurück. Als ich nach Hause komme, reden meine Eltern schon über das Manöver, das in unserem Landkreis stattfindet. »Das sind Tommies«, sagt mein Vater, so nannte man damals bei uns die englischen Soldaten.

Ich sehe heute noch das lachende Gesicht vor mir. Und es erklärt mir vielleicht, warum ich schon in der Pubertät schwarze Sänger und Schauspieler besonders mag, die im Fernsehen auftreten. Eines Tages sehen wir einen Auftritt von Ray Charles, er trägt eine schwarze Sonnenbrille, spielt Klavier und singt, sein Mund ganz nah am Mikrofon. Sein Körper schwingt mit der Musik mit. Völlig gebannt sehe ich ihm zu. Mein Vater fängt an zu motzen: »Wer ist denn der Affe? Der beißt ja gleich ins Mikrofon.«

Ich schreie ihn an. Noch mal: Ich – schreie – meinen – Vater – an: »Der ist doch blind, weißt du das nicht?« Ich bin außer mir.

Mein Vater sieht mich völlig verdattert an und sagt ganz kleinlaut: »Nein, das wusste ich nicht. Tut mir leid.«

Im Fernsehen läuft wenig später der Film »Rat mal, wer zum Essen kommt« mit Sidney Poitier. Der schwarze Schauspieler spielt einen Arzt, der sich in eine junge Weiße verliebt. Ihre Eltern sehen sich als liberal und weltoffen. Aber als ihre Tochter ihren Freund vorstellt, wird er nicht gerade mit offenen Armen empfangen. Ich sitze gebannt vor dem Fernsehgerät, fiebere mit und bin erleichtert, als es ein Happy End gibt.

Kurze Zeit später sagt mein Vater zu mir: »Du kannst nach Hause kommen mit wem du willst, aber nicht mit einem N…« Als hätte er es geahnt.

1972 machen wir unsere Abifahrt nach Paris. Ich bin völlig fasziniert, wie viele schwarze Menschen ich dort sehe. Ganz selbstverständlich. Abends gehe ich mit meinen besten Freundinnen in eine Disco und tanze den ganzen Abend mit einem interessanten jungen Mann aus dem Senegal. Die Faszination hält an.

Mein Vater stirbt mit nur 56 Jahren im Dezember 1972. Da bin ich schon für die Journalistenausbildung in München. Im Januar 1973 gehe ich dort das erste Mal in eine Disco. Ein sehr gutaussehender Schwarzer fragt, ob der Platz neben mir noch frei sei. Er stellt sich als Petros, Medizinstudent aus Eritrea, vor. Ich antworte schüchtern: »Ja.« Er fordert mich zum Tanzen auf. Ich verliebe mich in ihn und heirate ihn auch später, obwohl er weder Petros heißt noch Medizin studiert. Aber das ist eine andere Geschichte …

Kleiner Nachtrag: Im Jahr 1998 bin ich als Journalistin auf einem Wirtschaftstreffen, dem World Economic Forum in Davos. An einem Nachmittag nehme ich an einem Fahrsicherheitstraining eines Sponsors auf einem zugefrorenen See teil. Beim Mittagessen zum Auftakt mit den anderen Teilnehmern, vorwiegend Unternehmer und Manager, sitze ich einem sympathischen Engländer gegenüber. Mein Sitznachbar fragt ihn, aus welcher Branche er komme. Er antwortet kurz: »Chocolate.« Ich will einen Scherz machen und sage lachend: »Then you are Mister Cadbury?« Das ist die einzige englische Schokoladenmarke, die ich kenne. Er verneigt sich ein bisschen und antwortet: »Yes, I am.« Wow! Er ist es.

EINFLÜSSE UND SCHLÜSSELERLEBNISSE ERKUNDEN

Wir leben alle unsere Muster. Manchmal wissen wir nicht, warum wir das eine lieben, das andere nicht mögen. Wenn du deiner Identität auf die Schliche kommen möchtest, schreib doch mal auf:

◇ Wie hat dich die Landschaft geprägt, in der du aufgewachsen bist?
◇ Welche Bräuche mochtest du oder hast du gehasst?
◇ Welche Lieblingsspeisen gab es in deiner Familie?
◇ Welcher Lehrer/welche Lehrerin hat dich begeistert?
◇ Welcher andere Erwachsene hat dich beeinflusst?
◇ Was war dein Cadbury-Erlebnis?

Vielleicht werden dir die Gründe für manche Vorlieben oder Abneigungen bewusst. Und du wunderst dich weniger, wie du wer geworden bist.

BIS ZUR RASEREI

Ich wache im Hotelzimmer auf. Gestern Abend war es spät. Ich erinnere mich an die lustige Runde, in der wir nach dem Abendessen noch in der Bar gesessen haben. Es hat mir leidgetan, mich um elf Uhr verabschieden zu müssen, aber ich muss ja heute weiter nach Köln. Weil die Lokführer streiken, habe ich mir ausnahmsweise einen Flug buchen lassen. Ich schalte den Wecker aus, gähne, strecke mich und greife zum Handy.

Eine Nachricht ploppt auf: Parallel zum Lokführerstreik streiken heute auch noch die Piloten. Ich bin innerhalb einer Sekunde hellwach. Mist! Was mache ich nun? »Leihwagen«, schießt es mir durch den Kopf. Ich telefoniere alle Autovermietungen ab, die ich kenne. Mietwagen sind seit der Früh überall ausgebucht. Keine Chance, großer Mist!

Ich soll heute Nachmittag in Köln einen Vortrag halten. Muss ich den absagen? Der Kunde hat 300 Geschäftspartner aus Köln und Umgebung eingeladen, ich soll die Keynote halten. Nein, ich brauche eine bessere Lösung. Ich scrolle gewohnheitsgemäß kurz durch Facebook und habe plötzlich eine Idee. Das nennt sich doch »Social Media«, wie wäre es, wenn ich teste, wie sozial meine Kontakte sind? Ich schreibe einen Post: »Hilfe, ich muss heute von Frankfurt nach Köln. Ich muss um 14 Uhr dort sein. Wer kann mich fahren? Macht mir ein Angebot!«

Eine Minute später habe ich einen Fahrer. Eine Facebook-Freundin bietet mir ihren Mann an. Er könnte mich in zwei Stunden abholen, ob das reichen würde. Was sie dafür möchte: Ich soll ihn auf der Fahrt zu seinen beruflichen Perspektiven coachen. Ich sage lachend zu. (Übrigens: Erst danach hat sie ihren Mann informiert.)

Zwei Stunden später sitze ich im Auto neben ihm, nennen wir ihn mal Stefan. Stefan nennt mir seinen Berufswunsch: Er möchte

Coach für Formel-1-Rennfahrer werden. Ich schaue ihn verdutzt von der Seite an. »Sie wollen was?«

»Coach für Formel-1-Rennfahrer.«

»Aha«, ist mein erster, sehr deutsch geprägter Skeptiker-Impuls. Und der legt gedanklich nach: »Ja klar. Sonst noch was? Mhm, du willst also Formel-1-Rennfahrer-Coach werden. Denen helfen, noch schneller durch die Gegend zu rasen?« Ja, sorry, ich bin halt keine Amerikanerin, die spontan jubeln würde: »Great idea! Gorgeous! You can make it! Yeah! Let's start!«

Gott sei Dank halte ich die Klappe. Mein Verstand schaltet jetzt automatisch in den Coaching-Modus. Wir Coaches sind schließlich nicht auf der Welt, um die Träume unserer Klienten abzuschießen, sondern auf Umsetzung abzuklopfen. Statt selbst neunmalklug daherzureden, geht es darum, die innere Weisheit der Klienten zu wecken, zu verstärken und anzuregen.

»Klingt interessant«, bringe ich nach einer winzigen Pause freundlich heraus. »Wie sind Sie auf diese spektakuläre Idee gekommen? Und haben Sie schon ein Konzept zur Umsetzung?«

Wir haben ein wirklich spannendes Autobahn-Coaching. Während er fährt (glücklicherweise nicht wie ein Rennfahrer), erzählt er mir, warum, wieso, weshalb – alles sehr überzeugend. Ich höre zu, verstehe, schreibe mit. Und es entwickelt sich ein Plan. Die zwei Stunden Fahrt vergehen wie im Flug. Er setzt mich vor meiner Vortrags-Location ab, und ich überreiche ihm meine Mitschrift, viel Erfolg!

VERSTEHEN STATT ABKANZELN

Wie du schon weißt – ich bin vom Sternzeichen her Klugscheißer, Aszendent Besserwisser. Ich habe aber meine Lektion gelernt: Erst mal Klappe halten. Dann nachfragen, verstehen wollen, abwägen.

Haust du auch schnell mal Bemerkungen raus, die die Äußerungen eines anderen pulverisieren können? Und tut dir später leid, dass du die Person so richtig abgekanzelt hast? Dann versuch, immer möglichst schnell in den Sachverhaltsmodus zu schalten, und zwar so:

◇ Wiederhole erst mal ganz sachlich die Aussage deines Gegenübers: »Sie meinen, Sie sollten es wagen, zu …? Wo sehen Sie die Vorteile davon?«
◇ Frag ohne Ironie nach: »Welche Überlegung steckt dahinter, wenn Sie meinen, dass …? Entspricht das Ihrer Erfahrung?«
◇ Bitte um Details: »Wie genau würden Sie dann in Zukunft …?«

Diese Fragen verschaffen unserem Kritikergehirn die Zeit, sich erst mal zu beruhigen und der anderen Meinung zuzuhören. Vielleicht kommen Argumente, die total einleuchten.

Und dann kannst du deine Meinung zu den Ausführungen äußern, du kannst deine Einschätzung abgeben – ohne den anderen gleich für blöd zu erklären.

DAS INDISCHE PARADOX

Er sitzt in einem kleinen Verschlag auf der Rückseite des indischen Pavillons. Genau so hätte ich mir einen indischen Handleser vorgestellt, wenn ich mir jemals einen indischen Handleser vorgestellt hätte. Und nun lausche ich gebannt seinen Worten. »Be careful with your voice«, sagt er gerade. Woher weiß er, dass ich mich vor einem Jahr als Rednerin selbstständig gemacht habe? Anzusehen ist es mir sicher nicht. Ich habe mich leger angezogen für meinen Besuch auf der Expo 2000 in Hannover: Jeans, Turnschuhe, Baumwollpullover, Rucksack. Es sind schließlich einige Kilometer zu laufen, wenn ich alle Pavillons und Ausstellungshallen anschauen will.

Ich war ziemlich geschafft, als ich aus dem modernen indischen Pavillon – einer Konstruktion aus Stahl und Glas, deren Dach gefaltete Hände darstellte – ins Freie getreten war. Das Gebäude war wie ein Mandala aufgebaut, Schicht für Schicht ging es ins Innerste der Ausstellung mit dem Titel »Die Kunst, in Harmonie zu leben«.

Müde und auf der Suche nach was zu Essen, schlenderte ich die Holzhütten an der Außenseite des Pavillons entlang, in denen es Souvenirs aus Indien gab. Da ich damals Elefantenfiguren sammelte, kaufte ich einen einfachen, kleinen, bunt bemalten Elefanten. Plötzlich zog mich ein Schild magisch an: »Palm Reading/ Handlesen«. Ich wusste sofort, das mache ich. Ich ging zur Anmeldung, zahlte die Gebühr von 30 Euro, musste nichts ausfüllen, nichts erzählen, bekam einen Hocker vor der kleinen Holzhütte zugewiesen und wartete eine halbe Stunde, bis ich dran war. Ich weiß nicht, was mich getrieben hatte, ich bin nicht so der spirituelle Typ, aber es war wie ein Sog gewesen.

Jetzt starre ich gebannt auf die zarten, aber kräftigen Hände, mit denen der Inder die meinen dreht und knetet. Es ist nicht unangenehm. Er fragt mich nichts, betrachtet nur die Furchen der Handfläche, sieht sich jeden einzelnen Finger an. Und dann sagt er in seinem indisch-englischen Singsang: »In ten years you will be on the climax of your career.« Ich bin verwirrt. Woher will er wissen, wie es mir mit 57 gehen wird?

Doch trotz meiner Zweifel spüre ich in meinem tiefsten Inneren, dass er weiß, was er da sagt. Ich deute auf meinen Ehering und frage: »What about love?« Er betrachtet lange schweigend meine Hände und sagt nach einer Weile ganz ruhig: »You will sacrifice your love for your work.« Ich opfere meine Liebe meiner Arbeit? Obwohl dieser Satz mich schockiert, weiß ich in meinem Inneren, dass er recht haben könnte. Der Handleser gibt mir ein Zeichen, dass die Sitzung zu Ende ist. Ich stottere ein »thank you« und verlasse die Hütte.

Drei Jahre später eröffne ich meinem Mann, dass ich mich von ihm trennen und aus der gemeinsamen Wohnung ausziehen werde. Ich traue mich, obwohl er früher schon öfter angekündigt hatte, dass er das niemals akzeptieren würde. Und mir in einem heftigen Streit sogar gedroht hatte: »Dann bringe ich uns alle um!« Ich weiß, es klingt total bescheuert, aber ich bin mutig, weil mir der Handleser ja bestätigt hat, dass ich 2010 noch leben werde, mir also vorher nichts geschehen kann. (Du musst das nicht verstehen, ich verstehe es selbst nicht. Das ist eben das indische Paradox, wie ich diese Situation heute nenne.)

Die Reaktion meines Mannes auf meinen Trennungswunsch war verblüffend. Er schwieg eine ganze Weile, dann sah er mich freundlich an und sagte: »Ja, dann musst du das wohl tun. Ich möchte, dass du glücklich bist.« Er hat mir sogar beim Umzug geholfen, als ich 2003 in meine eigene Wohnung gezogen bin und ein großes Büro bezogen habe.

Ach ja, interessiert es dich, wie das Jahr 2010 verlief? Ich war als Rednerin ausgebucht und hochbezahlt. Ich hatte einen Bestseller geschrieben, der in neun Sprachen übersetzt wurde. Ich bekam einen bekannten Coaching Award. Ich wurde in die Hall of Fame des Rednerverbands GSA gewählt – und mir wurde vom Bundespräsidenten das Bundesverdienstkreuz am Bande für mein soziales Engagement verliehen. Nicht ganz unerfolgreich dieses Jahr, oder? Man könnte es auch als Höhepunkt meiner Karriere bezeichnen.

WUNDER GIBT ES IMMER WIEDER

Was ziehst du aus dieser Geschichte für dich heraus? Vielleicht den Mut, an Wunder zu glauben und dem Schicksal zu vertrauen? Darauf, dass das Leben Gutes mit dir vorhat?

Viktor Frankl hat einmal gesagt: »Mensch sein heißt ja niemals, nun einmal so und nicht anders sein müssen, Mensch sein heißt immer, immer auch anders werden können.« Also, was du bisher geglaubt hast, muss nicht das sein, was du in Zukunft glauben wirst. Oder: Nur weil du etwas für unmöglich hältst, muss es nicht unmöglich sein.

Ich bin jedenfalls mit der Lebenserfahrung offener für Dinge geworden, die man vielleicht nicht erklären kann.

UND ES FÜGT SICH DOCH

»Was will ich eigentlich vom Leben?« war ihre Ausgangsfrage. Helene hält nun die Karte in der Hand, die sie aus einem Stapel gezogen hat. Darauf zu sehen ist eine Reihe von grünen Pflänzchen in hellbrauner Erde, wohl vor Kurzem erst aus einem Samen gekeimt. Unten auf der Karte steht ein Wort: Ergebnisse. Helene schaut sich die Karte ganz genau an. Ich sehe: In ihrem Kopf arbeitet es.

Ich liebe die Arbeit mit Bildkarten im Coaching. Ich habe 2015 von einer Kollegin einen Hinweis auf dieses Coaching-Game namens »Points of You« bekommen. Es sind keine Voraussagekarten, sondern jede Karte zeigt ein Foto und ein Stichwort und gibt so Anstöße für Emotionen und Intuition. Meinen Sohn Semhar steckte ich mit meiner Begeisterung an. Er hat 2015 die Coach-Ausbildung bei mir absolviert und leitet seitdem die Asgodom Coach Akademie.

Nachdem auch unsere anderen Ausbildungsteilnehmer und -teilnehmerinnen die Magie des Tools gespürt hatten, bestellten und benutzten wir es regelmäßig. Bis es die deutsche Version nirgendwo mehr gab, und wir Nachfragen nicht mehr bedienen konnten. Wir hatten wohl alles aufgekauft. Semhar recherchiert und kontaktiert die Erfinder in Israel und findet heraus, dass es eigene Ausbildungen zu der Methode gibt. Im Gespräch stellt sich heraus, dass im Herbst 2017 die »Points of You«-Trainer-Ausbildung auf Englisch in der Nähe von Warschau stattfindet.

Wir beschließen, uns als Mutter-Sohn-Tandem dafür anzumelden. Drei Tage später flattert ein toller Auftrag für mich ins Haus, genau in dieser geplanten Woche. Ich ringe mit mir, aber Einnahmen in der Sommerpause sind auch nicht zu verachten. Schweren Herzens verzichte ich auf Warschau, und Semhar muss allein fahren. Als er nach einer Woche wiederkommt, hat sich sein Leben auf den Kopf gestellt. Hier aus seiner Erzählung, was geschehen ist:

In den ersten Ausbildungsstunden bekommen die Teilnehmenden einen Überblick über den Ablauf und die Bildkarten-Methode. Für die Dauer des Seminars sollen sie sich einen »Buddy« suchen. Semhar sieht sich um und ruft zum anderen Ende des Raums den Namen einer Teilnehmerin, die er sich als seinen Buddy wünscht. Später versichert er immer wieder, dass das eine total untypische Aktion für ihn war. In der Regel würde er zu diesem Zeitpunkt ruhig aufstehen und schauen, wer noch nicht vergeben ist. Aber an diesem Tag steuert er direkt auf diese Frau zu und signalisiert ganz unmissverständlich, dass sie doch bitte sein Übungs-Buddy sein soll. Leena, so heißt sie, hat sich eigentlich schon mit einer anderen Teilnehmerin zusammengetan. Nach einem kurzen Augenkontakt mit der Ausbildungsleiterin entscheidet sie sich aber jetzt doch für Semhar.

Sie arbeiten intensiv zusammen an den Aufgaben und gehen in den nachfolgenden Pausen zusammen an den nahe gelegenen See, an dem das Seminarhotel liegt. Ohne zu flirten oder andere Hintergedanken. Sie tauschen sich aus und nutzen die Magie des Tools für tiefe Konversationen und saugen die Weisheit der Methode gemeinsam auf. Nach zwei Tagen sind sie schon verliebt. So haben mir es beide versichert.

Nach fünf Tagen wissen sie, dass sie zusammenbleiben werden. Leena, gebürtige Lettin, lebt in England und arbeitet dort als Fotografin und Foto-Therapeutin. Vier Wochen später besucht Semhar sie in der kleinen englischen Stadt, in der sie mit ihren beiden Kindern wohnt. Acht Wochen später kommt sie das erste Mal nach München. Ich freue mich für ihn, er wirkt total entspannt und glücklich.

Sie beschließen zu heiraten. Leena wird mit den Kindern, fünf und 16 Jahre alt, nach München ziehen. Am 3. Januar 2018 verloben sie sich. Am 6. Januar kommen die beiden zu uns zum Kaffee. Ich mag Leena vom ersten Augenblick an, eine zauberhafte Schwiegertochter, zart und stark zugleich, die sofort auch mein Herz gewinnt. »Und wo ist der Verlobungsring?«, frage ich, als wir auf das junge Paar trinken. Semhar sagt: »Dafür reicht das Geld derzeit noch nicht.« Und die beiden küssen sich.

Da fällt mir etwas ein. »Wartet, ich komme gleich zurück«, rufe ich und verschwinde in meinem Schlafzimmer. Ich habe doch in der Schmuckschatulle einen alten Ring von meiner Oma Clara. Ich finde den schlichten Goldring mit dem blassrosa Stein, wahrscheinlich Rosenquarz, wahrscheinlich aus den 1930er-Jahren. (Ja, der ist wirklich schön.) Ich habe ihn nie getragen, weil er mir zu klein war. Jetzt weiß ich, wofür ich ihn aufgehoben habe.

Ich drücke Semhar den Ring in die Hand. »Wenn ihr den mögt, könnt ihr diesen Ring als Verlobungsring haben. Der ist von meiner Großmutter väterlicherseits.« Semhar schiebt Leena den Ring über den Finger. Passt. Ich umarme beide. »Ich wünsche euch alles Liebe.«

Im Sommer wurde dann geheiratet. Es gab eine große, fröhliche Party. Die Trauungszeremonie selbst verbrachten die beiden allein am Tegernsee. Meine beiden neuen Enkel waren bei mir und wir malten den Eltern ein Hochzeitsgeschenk.

Und hier schließt sich der Kreis: Die ältere, Merija, wir nennen sie Mary, ist inzwischen eine fantastische Illustratorin. Die 21-Jährige hat die Bilder zu diesem Buch gezeichnet. Und das bringt mich wieder zur Bildkarte vom Anfang. Das Pflänzchen der jungen Liebe ist aufgegangen und hat mir einen wundervollen Familienzuwachs geschenkt. Was will man mehr als dieses »Ergebnis«?

DANN IST ES SO!

Oft passiert zufällig genau das Richtige. Ein Plan – zum Beispiel der, an einem Seminar teilzunehmen – erfüllt sich vielleicht oder eben auch nicht. Wie heißt ein alter Spruch? »Willst du Gott zum Lachen bringen, dann mache einen Plan.« Wer weiß, ob die beiden die Chance gehabt hätten, sich zu verlieben, wenn ich in Warschau dabei gewesen wäre?

Ich erlebe immer wieder, dass Menschen mit dem Lauf ihres Lebens hadern: »Hätte ich doch … Wäre ich doch nicht …« Aber niemand von uns weiß, wie sich unser Leben entwickelt hätte, wenn … Ich möchte dich ermutigen, anzunehmen, was ist. Schluss mit dem nutzlosen »Hätte, Wennste, Wärste«!

Wenn dir etwas Unverhofftes passiert, hilft dir vielleicht eine der folgenden Fragen:

◇ Was ist anders geworden durch diese Wendung?
◇ Von was und wem hängt mein Glück ab?
◇ Wie schaffe ich es durch die Schwierigkeiten hindurch?
◇ Wofür werde ich in einem Jahr vielleicht dankbar sein?
◇ Was macht mir mehr Sorgen – was ich habe oder was ich nicht habe?
◇ Was ist der nächste Schritt?

TRÄUME AUF EIS

»Ich möchte auch Eiskunstlauf-Weltmeisterin werden«, seufze ich und träume davon, wie Marika Kilius von Hans-Jürgen Bäumler übers Eis getragen zu werden. Die beiden Paarläufer sind die absoluten deutschen Sportstars in den 1960er-Jahren. Wenn ich abends im Bett liege, male ich mir aus, wie ich auch bei schöner Musik übers Eis gleite, im Rampenlicht stehe, die Gold-Medaille umgehängt bekomme, und von meinem Eispartner geherzt werde.

Tja, leider habe ich als Kind nie Schlittschuh laufen gelernt. Wie auch, in unserem kleinen Dorf in Südniedersachsen? Da sind ja im Winter höchstens Pfützen zugefroren. Und später in München habe ich mich lange an der Bande festgehalten, bis ich mich endlich getraut habe, mit Freundinnen ein paar staksige Schritte über das Eis des Olympia-Eisstadions zu wagen.

Von meinem Eiskunstlauf-Weltmeisterinnen-Traum habe ich schon öfter in Vorträgen erzählt, als Beispiel, dass man erst etwas können muss, wenn man darin meisterhaft werden will. Und ich habe immer viele Lacher eingeheimst, wenn ich dann eine angedeutete Pirouette drehte.

Ich erinnere mich, wie nach einem Vortrag im Haus der Wirtschaft in Stuttgart ein Zuhörer zu mir an die Bühne kam und sagte: »Also das mit dem Schlittschuhlaufen und dieser Weltmeisterin. Wenn Sie das wirklich wollten, könnten Sie das heute noch werden!« Häh? Er erklärt ganz ernsthaft: »Es gibt auch die Ü70-Meisterschaft im Eislaufen. Wenn Sie sich ranhalten ...« Erst denke ich: »Was für eine Unverschämtheit.« Dann: »Recht hat er.« Wenn ich es wirklich, wirklich gewollt hätte, hätte ich etwas dafür tun können. Und mir fällt ein Spruch von Siegfried ein: »Sag nicht, du kannst nicht, sag, du willst nicht.«

Diese Erfahrung habe ich auch oft im Coaching gemacht. Menschen glauben, sie müssten eigentlich etwas tun, wollen es aber in

Wirklichkeit gar nicht. Kein Wunder, wenn Vorhaben wie »Ich müsste pünktlich aus dem Büro nach Hause gehen«, »Ich müsste mein Abitur nachmachen«, »Ich müsste einfach früher aufstehen« scheitern. Das Ziel ist also, vom Müssen übers Wollen zum Tun zu kommen.

ZIELE VERWIRKLICHEN MIT DEN VIER GROSSEN A

Wie du ein Vorhaben am besten umsetzen kannst, habe ich unter den vier großen A zusammengefasst:

◇   Das erste A steht für Absicht: Es ist ein großer Unterschied, ob du einen Traum hast oder ein Ziel. Deshalb spreche ich von meinem Kindheitstraum. Aber es war nicht wirklich ein Ziel. Der Unterschied: Einen Traum kannst du dein Leben lang pflegen. Ein Ziel kannst du konkret ansteuern. Dafür brauchst du eine klare Absicht. Das heißt, du musst das Ziel klar vor dir sehen, eine Vision davon formulieren.

◇ Das zweite A steht für Ambivalenz: Ich nenne Ambivalenz die Schiffschaukel der Ängste. Und die stellen sich fast immer ein, wenn ich mich entscheide, etwas zu verändern. »Was wird der Chef sagen, wenn ich pünktlich den Schreibtisch verlasse?« »Wie soll ich dann meine Arbeit schaffen?« »Was heißt das für meine Karriereaussichten?« Ich empfehle dir, alle Ängste, die du in deinem Kopf hast oder die von außen an dich herangetragen werden, aufzuschreiben. Und dann klopf jeden Punkt darauf ab, ob er wirklich ein Hindernis für dein Vorhaben ist.

◇ Das dritte A steht für Attraktivität: Je attraktiver das Ziel ist, umso mehr kannst du dafür investieren. Wenn »Ich müsste mein Abitur machen« dich nicht wirklich motiviert, dann überleg dir, was du Tolles erreichen kannst, wenn du dein Abitur nachgemacht hast. Also, wofür lohnt es sich, die Mühe auf sich zu nehmen?

◇ Das vierte A steht für Aktion: Wenn deine Absicht klar ist, wenn deine Ängste ausgeräumt sind und du wirklich für die Sache brennst, kannst du ein Konzept oder einen Plan machen, wie du vorgehen wirst. Und diesen Plan dann Schritt für Schritt umsetzen.

Die vier A erhöhen die Chance, dass du aus einem Traum ein erreichbares Ziel machst.

GO WITH THE FLOW

»… müssen wir leider unsere geplante Veranstaltung verschieben. Wir melden uns, wenn ein Live-Meeting wieder möglich ist.« Bilen, unsere Geschäftsführerin, kam mit der neuen Hiobsbotschaft zu mir und sagte: »Wir sollten dringend eine Gesellschafterversammlung einberufen. Wir müssen etwas tun.« Das war schon die fünfte Absage in dieser Märzwoche 2020. Das Jahr hätte alles gehabt, um das erfolgreichste seit Beginn meiner Selbstständigkeit zu werden (noch erfolgreicher als das Indische-Paradox-Jahr). Allein ein einziger Kunde hatte 24 Vorträge für Kundenveranstaltungen in ganz Deutschland gebucht. Und dann kam Corona.

Mit sieben Angestellten arbeiteten wir damals in traumhaften Büroräumen am Prinzregentenplatz in München, Bogenhausen, mit großen integrierten Seminar- und Coachingräumen, Altbau, Parkett, weiße Flügeltüren – und einer albtraumhaften Miete. Das alles rechnete sich bei voller Auslastung. Aber plötzlich ging live gar nichts mehr. Dafür wurden jeden Monat sieben Gehälter, Tausende von Euro Miete plus Nebenkosten abgebucht. Auf der Einnahmenseite stand nicht einmal ein Zehntel der »normalen« Auftragslage.

Bilen, Semhar und ich setzten uns am nächsten Morgen zusammen. Allen dreien war uns klar, dass in absehbarer Zeit nichts mehr normal werden würde. Wir beschlossen einen drastischen Maßnahmenkatalog:

1. Sofort die Büroräume kündigen, damit wir spätestens im Juni die Fixkosten drastisch senken.
2. Alle Arbeitsplätze werden ab sofort ins Homeoffice verlagert.
3. So viele Angebote wie möglich werden auf Remote gestellt, also verschoben (dieses Wort hatte ich vorher noch nie gehört gehabt).
4. Bilen wird alle unsere Vortragskunden auf die Möglichkeit von digitalen Vorträgen ansprechen.
5. Semhar wird die seit zwei Monaten angelaufene Coachingausbildung auf digital umstellen.
6. Ich werde meine Coachings und Beratungen ab sofort nur noch digital anbieten. Gute Erfahrungen damit hatte ich schon lange mit Klienten und Klientinnen aus dem Ausland gemacht.
7. Semhars und mein Arbeitszimmer zu Hause werden zu Studios mit hochwertigem Mikrofon, Schalldämmung und Greenscreens für den Hintergrund aufgerüstet.
8. Wir werden unsere festangestellten Mitarbeiterinnen ermutigen, sich andere sichere Arbeitsplätze zu suchen, da die Auftragslage auf unabsehbare Zeit unsicher sein wird.
9. Wir werden alle Möglichkeiten ausschöpfen, Zuschüsse zu beantragen, die einen sanften Übergang ermöglichen.

Gleich danach setzten wir uns mit unseren Kolleginnen zusammen und erläuterten den Plan. Alle stimmten zu. Das eine oder andere Homeoffice musste von uns aufgerüstet werden, Verbindungen wurden optimiert, Abläufe neu geregelt. Eine Kollegin rief noch am selben Tag ihren alten Chef an, der sie mit Kusshand zurücknehmen wollte. Eine Mitarbeiterin wollte sich sowieso irgendwann mit einer Dienstleistung selbstständig machen und forcierte ihre Planung.

Am Ende der Woche meldete sich die Ansprechpartnerin unseres wichtigsten Kunden: »Wir wollen die Vortragsreihe auf jeden Fall machen. Aber wir verschieben den Auftakt erst mal auf September. Dann sehen wir weiter.« War absehbar, aber wieder wurde das Einnahmeloch tiefer. Unsere Rücklagen schmolzen wie Schnee in der Märzsonne, obwohl wir die Kosten drastisch reduzieren konnten und unsere Mitarbeiterinnen Kurzarbeitergeld bekamen, das wir aufstockten.

Unsere Coachingausbildung lief digital besser als erwartet. Semhar hatte uns technisch gepusht. Alle Teilnehmenden hatten Verständnis. Nach drei Ausbildungswochenenden sagte eine: »Es ist genauso spannend wie bei unseren Live-Treffen. Das Einzige, was fehlt, ist das Kuscheln.« Ja, der persönliche Kontakt fehlte uns allen.

Im Juni rief mich die Geschäftsführerin unseres Großkunden persönlich an, um mir zu versichern: »Unser Vertrag steht, machen Sie sich keine Sorgen. Dieses Jahr wird's zwar aufgrund der Pandemie nichts mehr, aber ab nächstem Frühjahr ziehen wir die Vortragsreihe auf jeden Fall durch. Sie läuft dann eben bis Herbst 2021.«

Ich hatte das erwartet, konnte mir aber nicht verkneifen zu sagen: »Wenn es uns dann noch gibt.« Dann erzählte ich ihr ganz offen von unserer Situation. Ich weiß nicht, ob das nach gängigen Kunden-Umgangsregeln klug war. Mir war es wichtig. Und dann geschah ein Wunder – drei Tage später kam eine Mail von ihr: »Da wir unsere schönen Veranstaltungen im nächsten Jahr auf jeden Fall machen werden, bieten wir Ihnen an, Ihnen jetzt schon einen Abschlag auf die Gesamtsumme zu überweisen. Würde Ihnen das helfen? Dann schicken Sie uns eine Rechnung.«

Ja, das konnte uns helfen. Wir konnten den Sommer überbrücken, ab Herbst hatten sich viele Unternehmen auf digitale Vorträge eingestellt und das Geschäft lief langsam wieder an. Unsere festen Mitarbeiterinnen verließen uns in Freundschaft. Die beiden Mini-Jobberinnen unterstützen uns weiterhin. Die Vortragsreihe haben wir 2021 erfolgreich durchgeführt, einige Treffen live, andere hybrid. Bei allen Schwierigkeiten haben wir uns und unsere Fähigkeiten ausgebaut und viel dazugelernt.

KEINEN SATTEL FÜR EIN TOTES PFERD

»Wenn du entdeckst, dass dein Pferd tot ist, steig ab!« heißt ein Spruch, der angeblich von den Dakota-Indianern stammt und der in der Wirtschaft gern kolportiert wird. Du kannst dir sicher vorstellen, was damit gemeint ist: Es hilft nichts, einem toten Pferd anderes Futter hinzulegen, ihm einen neuen Sattel zu kaufen oder zu überlegen, was das Pferd könnte, wenn es nicht tot wäre. Genauso ist es mit Unternehmen oder Start-ups oder selbstständiger Arbeit. Es ergibt beispielsweise keinen Sinn, an Gewohnheiten festzuhalten, obwohl Kunden längst etwas anderes erwarten, etwa Faxe zu schicken, wenn kaum noch jemand Faxe empfangen kann. Oder an alten Produkten festzuhalten, die sich nur noch schwer verkaufen lassen. Aber auch im privaten Bereich, etwa wenn es darum geht, sich aus einer totgelaufenen Beziehung zu lösen, lässt sich das Sprichwort als Ratschlag anwenden. Ich habe mal einem Seminarteilnehmer geraten: »Geben Sie Ihrer Frau doch die Möglichkeit, noch einmal jemanden zu finden, der sie wirklich liebt.« Er hat es begriffen.

FREUDE DURCH EIN
PUZZLE-LEBEN

»Verzettle dich nicht!« Diese Warnung habe ich immer wieder gehört, als ich 1999 beschloss, mich selbstständig zu machen. Vor allem Männer rieten mir: »Konzentrier dich auf ein Thema, nur so kannst du der Rhetorikpapst oder der Selbst-PR-Papst werden.«

»Häh?«, dachte ich. »Ich will gar nicht Papst werden. Und Päpstin auch nicht. Ich würde mich zu Tode langweilen, wenn ich mich für den Rest meines Lebens nur noch mit einem Thema befassen dürfte. Außerdem weiß ich viel zu viel. Hallo. Ich bin Journalistin, erkenne Veränderungen und Trends sehr schnell und reagiere spontan darauf. Da werde ich mich doch nicht 30 Jahre lang an einem Thema festkrallen!«

Und ich bin gut mit meiner Entscheidung für Vielfalt gefahren. Vielleicht könnte ich als Irgendwas-Päpstin Millionärin sein. Aber statt eines Nerd-Daseins bin ich lieber mitten drin im prallen Leben, greife Trends auf und setze Themen. Ich habe eine Nase für die Bedürfnisse von Menschen und genug Fantasie, um Ideen zu entwickeln. Irgendwann habe ich erkannt, dass ich ein perfektes Puzzle-Leben führe, und alle Puzzle-Stücke erfüllen mich mit Begeisterung und Engagement.

Natürlich kann man sich verzetteln. Wenn man viel anfängt und nichts zu Ende bringt. Dann hängst du ewig dem Traum des Erfolgs nach, ohne dich in der Realität beweisen zu müssen. Wenn eine Frau beispielsweise eine Weiterbildung nach der anderen macht, aber sich nie traut, ihr Wissen endlich auch in der Praxis anzuwenden. »Ich bin noch nicht gut genug. Ich weiß noch nicht genug.« So kannst du alt werden, aber dich nie ausprobiert haben. Das ist in der Tat schade.

Doch sich auf verschiedenen Feldern zu erproben, die Vielfalt zu lieben, nenne ich eben nicht Verzetteln. Ich nenne das Puzzle-

Leben. Ich liebe mein Puzzle-Leben, das mich nie in Routine verfallen lässt: Ich habe 36 Bücher geschrieben, halte Vorträge zu verschiedenen Themen von Gelassenheit bis Führungsstärke. Ich gebe Seminare zu aktuellen, wechselnden Themen. Ich mache Einzelcoachings und moderiere Team-Meetings. Die Ausbildung von Rednern und Rednerinnen sowie Coaches macht ein großes Puzzle-Teil aus. Außerdem schreibe ich Kolumnen für Zeitschriften und bin gerne Gast in Podcasts und Radiosendungen und hatte schon selber welche. Zum Puzzle gehört auch die Zeit für meine Familie, die Enkelkinder und mein soziales Engagement.

Seit Jahren beobachte ich in Seminaren und Coachings, dass vor allem Frauen, aber auch immer mehr jüngere Männer zu einem solchen Puzzle-Leben tendieren. Sie wollen sich nicht beschränken (lassen). Sie haben keinen Bock auf eine vorgezeichnete Fahrstuhlkarriere – unten rein, oben raus. Oder zu wissen, an welchem Tag sie in Rente gehen werden. Bunt soll ihr Leben sein. Spannend, he-

rausfordernd, divers. Und damit, so bin ich fest überzeugt, werden sie in der sich verändernden Welt immer ihren Platz finden.

Neulich habe ich gelesen, dass – das wurde glaubhaft belegt – der Wunsch nach kürzeren Arbeitszeiten von immer mehr Menschen geteilt wird. Sie wollen nicht mehr nur für die Arbeit leben, sondern von der Arbeit leben – und Zeit für andere Betätigungen haben. Ein Puzzle-Leben vereint alle Felder, die Menschen glücklich machen. Die psychologische Forschung hat fünf Bereiche dafür definiert:

◇ Zeit, ihre Stärken für ihren Lebensunterhalt zu nutzen und sich darin zu entwickeln
◇ Zeit für erfüllende Beziehungen in der Familie und mit Freunden
◇ Zeit für Flow-Erlebnisse, im Hobby und in der Freizeit
◇ Zeit, sich selbst und anderen etwas Gutes zu tun
◇ Zeit für sich, um den Sinn ihres Handelns immer wieder erfahren und reflektieren zu können

EIN ABWECHSLUNGSREICHES LEBEN FÜHREN

Hast du auch Sehnsucht nach einem bunten, abwechslungsreichen Leben? Dann zeichne doch mal dein angestrebtes Lebens-Puzzle auf, mit sechs bis zwölf Teilen, je nachdem, wie breit du dich aufstellen möchtest. Beschrifte die einzelnen Puzzle-Teile, zum Beispiel mit »Festanstellung XX Stunden«, »Freiberuflich X anbieten«, »X-Kurse anbieten«, »Zum Thema X Menschen/Unternehmen beraten«, »Mich bei X engagieren«, »Mich mit Thema X beschäftigen«.

Und dann gewichte die einzelnen Stücke: Womit kannst du Geld verdienen? Was bringt dir am meisten Freude? Was brauchen Menschen, wozu du einen Beitrag leisten kannst? Was ist dein Zutun für eine lebenswerte Welt?

Ich wünsche dir fröhliches Puzzeln. Und vergiss nicht: Träumen ist das Einfache, Umsetzen das Interessantere.

LETZTE LEKTION – STATT EINES NACHWORTS

»Ich brauche nur noch eine lustige Idee, aber mir fällt nix mehr ein. Hilfe!«, schreibe ich in unsere Familien-WhatsApp-Gruppe, zwei Tage vor dem Abgabetermin für dieses Buch.

Meine Tochter antwortet: »Schreib genau darüber.«

Ich: »Du bist ein guter Coach, Tochter.«

Also, dann versuch ich's mal.

Wie schreibt man über Hirnleere, wenn man selbst Hirnleere hat? Fangen wir doch mal ganz von vorne an: Wie entsteht eigentlich Hirnleere? Manche Menschen müssen lange dafür meditieren. Oder viel Alkohol trinken. Oder einen Test absolvieren – du weißt ja, Stress macht blöd. Hirnleere.

Bei mir ist es ganz einfach: Wenn ich alle Geschichten geschrieben habe, die mir eingefallen sind oder zu denen ich mir irgendwann mal Notizen gemacht hatte oder von denen ich weiß, dass sie in Vorträgen immer gut ankommen. Wenn auch den besten Freundinnen nichts mehr einfällt, wenn die Lektorin hofft, dass du rechtzeitig fertig wirst, dann ist das Hirn leer.

Seitdem blättere ich in meinen hundert Spickzetteln, die wild in meinem Büro verteilt sind, von DIN-A3-Bögen über Reisetagebücher bis zu abgerissenen Serviettenschnipseln. Ja, okay, zwei drei Klopapierschnipsel sind auch dabei; ich habe immer einen Stift parat im Badezimmer, man weiß ja nie, wann einem die besten Einfälle kommen.

Ich sehe, 70 Zettel sind abgehakt. Well done. Die anderen bringen mich schon selbst zum Gähnen und scheinen mir für das Nachwort gänzlich ungeeignet. Die Ausschlusskriterien:

1. Diese Geschichte habe ich schon in Buch drei verballert, diese im vorletzten, jene im letzten (nur zwei Geschichten-Blockbuster haben es in dieses Buch geschafft, wer erkennt sie?).

2. Diese Geschichte war vielleicht wichtig in meinem Leben – aber was sollen die Leser/innen damit anfangen? What is the learning?
3. Diese Geschichte ist ein Referat, aber kein Aha-Moment.
4. Diese Geschichte – kicher, kicher – ist viel zu intim.
5. Diese Pointe ist zu schlüpfrig.
6. Dieser Witz hat einen Bart.
7. Diese Geschichte betrifft Mitglieder meiner Ursprungsfamilie, die ich nicht desavouieren möchte.
8. Diese Geschichte ist l-a-n-g-w-e-i-l-i-g.
9. L-a-n-g-w-e-i-l-i-g
10. L-a-n-g-w-e-i-l-i-g

Wenn ich etwas in meinem Leben gelernt habe, dann dies: »Langweile nie dein Publikum, deine Leserschaft – und schon gar nicht dich selbst.«

Na, das ist doch ein wichtiger Impuls. Und deswegen kann ich dieses Buch damit abschließen.

DANK AN WUNDERBARE MENSCHEN

Dankbarkeit macht glücklich. Das habe ich von Martin Seligman gelernt, dem Mitbegründer der Positiven Psychologie. Deshalb danke ich vor allem ihm sowie den Professor/innen Barbara Fredrickson, Robert Biswas-Diener, Michael Lehofer, Joachim Bauer, Kim Cameron, Siegfried Greif, Philip Streit und John Gottman. In ihren Kursen und Weiterbildungen habe ich das Fundament für meine Coaching-Methode und für ein gelingendes Leben erhalten.

Ich bedanke mich bei meinen Kindern Bilen und Semhar, die jedes Kapitel gelesen und kommentiert haben, ohne euer Okay hätte ich dieses Buch nicht gemacht. Ihr und eure Familien seid der Sonnenschein meines Lebens. Und danke für das Nacken-/Schulter-Massagegerät, das mir geholfen hat, durchzuhalten.

Ich danke meinen Freundinnen, die mich an Geschichten aus meinem Leben erinnert haben: Elke, Simone, Heidi, Gabi und vor allem Inge, die mir wertvolle Erinnerungen aus meinem Dorfleben geschenkt hat. Außerdem Dank an meine Nachbarin Varpu, die mich zwischendurch mit Leckereien und Scrabble-Spielen aufgeheitert hat.

Ich bedanke mich bei Nikola Teusianu vom Verlag Gräfe und Unzer, die die Hoffnung nicht aufgegeben hat und mich schließlich überzeugen konnte, doch noch einmal ein Buch zu schreiben. Dank an meine Lektorin Ulrike Auras, die meine Texte besser gemacht hat. Es war eine Freude, mit euch zu arbeiten.

Ich danke meiner Enkeltochter Mary, 21, die mich nicht nur als Oma Sabine in ihr Herz geschlossen, sondern auch die Illustrationen zu diesem Buch gezeichnet hat.

Und für immer: Danke, Siegfried.

IMPRESSUM

© 2023 GRÄFE UND UNZER VERLAG GmbH,
Postfach 860366, 81630 München

**GRÄFE
UND
UNZER**

Gräfe und Unzer ist eine eingetragene Marke der
GRÄFE UND UNZER VERLAG GmbH, www.gu.de

ISBN 978-3-8338-9053-6
1. Auflage 2023

Projektleitung: Nikola Teusianu
Lektorat: Ulrike Auras
Umschlaggestaltung und Layout: Katja Wohnrath, ki 36 Editorial Design, München
Herstellung: Felix Robitsch
Satz: Uhl + Massopust, Aalen
Reproduktion: LUDWIG:media, Zell am See
Druck und Bindung: Livonia, Riga

Umwelthinweis

Nachhaltigkeit ist uns sehr wichtig. Der Rohstoff Papier ist in der Buchproduktion
hierfür von entscheidender Bedeutung. Daher ist dieses Buch auf PEFC-
zertifiziertem Papier gedruckt. PEFC garantiert, dass ökologische, soziale und
ökonomische Aspekte in der Verarbeitungskette unabhängig überwacht werden und
lückenlos nachvollziehbar sind.

Die GU-Homepage finden Sie unter www.gu.de

Bildnachweis

Cover: Quirin Leppert; Innenteil (Illustrationen): Mary Melbarde

Syndication: www.seasons.agency

Wichtiger Hinweis

GRÄFE
UND
UNZER

Ein Unternehmen der
GANSKE VERLAGSGRUPPE